JN025902

【改訂第2版】

教職概論

佐久間裕之 編著 *Sakuma Hiroyuki*

玉川大学出版部

はじめに（2021年改訂版より）

　本書は、『教職概論』（玉川大学出版部、2012年2月刊）の改訂版となります。おかげさまで前著は方々の大学等でご利用いただき増刷を重ねました。一方、教職界の変化はこの間めざましく、教育法規や学習指導要領の改訂、新たな答申などを反映した教職入門の標準テキストが求められています。本書はこの要求に呼応すべく前著を改訂し、教育職員免許法施行規則に定められた「教育の基礎的理解に関する科目」の「教職の意義及び教員の役割・職務内容（チーム学校運営への対応を含む。）」を扱うテキストとして、次の8章構成で編まれました。

　まず第1章「教職の意義」では教職観の歴史的変遷を踏まえて、教職の持つ今日的意義について考察しています。第2章「教員の職務」では、教員の職務内容の多様性と教員が守るべき服務義務について解説しています。また近年の法規の改正を反映しました。第3章「教員の資質能力」では、我が国で求められている教員の資質能力について重要答申等を中心にまとめています。また教員の資質能力との関連で「教職課程コアカリキュラム」や新学習指導要領の「社会に開かれた教育課程」についても解説を加えています。第4章「教員養成」では教員養成の歴史について、戦前と戦後の変化に着目して解説しています。教員養成に関する近年の政策動向や、教員免許法の改正内容も盛りこみました。第5章「教員資格と教員の採用」では、教員の基礎資格としての教員免許状と教員採用の機会について、最新の動向を踏まえて解説しています。第6章「教員の研修と評価」では、教員の資質能力の向上にかかわる教員の研修制度と教員評価のシステムについて、最新の情報を反映しています。第7章「教員と学校経営」では、学校組織の特質や校務分掌組織の

実際を踏まえて、チーム学校運営にかかわる重要事項を盛りこんで解説しています。そして新たに第8章「教職をめぐる新たな諸課題」を増補しました。教職関係者が顧慮すべき重要課題として、インクルーシブ教育、特別支援教育、子供の貧困、外国籍の子供、個別最適化学習の問題を取り上げて解説しています。

　本書の執筆にあたっては、①各章で取り上げる「基本用語」を詳しく解説し、②各章のテーマにかかわる教職界の「現状と課題」について考察し、③各章末に「学修課題」を設け、読者の学修・研究に役立てること、を基本的な方針としました。また、本書を読む上で参考となる教育関連の法令等も巻末に掲載しました。

　本書が、教職志望者はもちろんのこと、教職に関心を持つ一般の方々にも広く読まれ、「教員とは如何なる存在か」、「教職とは如何なる職業か」について考えるきっかけを提供できれば幸いです。

　最後になりますが、本書改訂版の出版に際し多大なご配慮を頂いた玉川大学出版部、特に編集課の林志保氏に深甚なる謝意を表します。

　　2020年（令和2年）9月

編著者　佐久間裕之

改訂第2版の刊行にあたり

　本書『教職概論』（玉川大学出版部、2012年2月刊）は、2021年2月に改訂版が刊行されました。しかし刊行の直前、2021年1月に中央教育審議会から重要な答申「『令和の日本型学校教育』の構築を目指して～全ての子供たちの可能性を引き出す、個別最適な学びと、協働的な学びの実現～」が発表されたり、「教育公務員特例法及び教育職員免許法の一部を改正する法律（令和4年法律第40号）」の成立で令和4年7月1日に教員免許更新制が廃止されるなど、教職界はめまぐるしく変化しています。本書はこのような新しい動向を踏まえた改訂第2版となります。この改訂を機にコラムも設けました。ご高覧いただければ幸いです。

　2023年（令和5年）9月

編著者　佐久間裕之

教職概論●目　次

装幀：渡辺澪子

第1章　教職の意義

　本章では、「教師聖職者論」、「教師労働者論」、「教師専門職論」というそれぞれの立場から、「教職の意義」について論じていく。

　そこでまず第1節では、教職の意義を論じる前の予備作業として、教育基本法に示された「教育の目的」や「教育の目標」を確認しながら、日本の学校教育の基本的構造を確認する。第2節では、従来からいわれてきた「教師聖職者論」に基づく教職の意義について考えていく。第3節では、「教師聖職者論」と真っ向から対立する「教師労働者論」がどのような思想に基づいているかを明らかにすることで、その意義がどこにあるかを示していく。そして第4節では、「教師専門職論」が「教師聖職者論」、「教師労働者論」とどのような関係を有して存在するかを確認する。最後の第5節では、それぞれの観点を念頭に置いたうえ、教育の最重要拠点が「学校」、「家庭」、「地域社会」のいずれにあるかを考えることで教職の意義を総括する。

第1節　**教職とは**

　読者の多くは小・中・高校で出会った多くの先生たちの姿を見て、そこに何らかのすばらしさを見出し、教員を志そうと思った人も多いのではないだろうか。だが教員を志す以上は、漠然としたイメージで教職をとらえるのではなく、教職とはどのような職で、何を目的とする職なのかを明確に理解することが必要である。それによってはじめて教職の意義を自ら認識することができ、自身がどのような教員になろうと思うか、あるいはならねばならないかを具体化できるようになる。

　2011年（平成23年）3月11日に起きた東日本大震災の爪痕の映像は全世界に配信されたが、諸外国では頻発するはずの大規模な略奪や暴動が日本では一切起こらず、被災者たちが悲しみをじっと堪え忍びつつ、かつ己を律し互いに協力し合う姿に海外メディアが高い評価と驚きをあらわにしたことは記憶に新しい。非常時にこそ国民の真価が問われるというが、こうした日本人の美徳はまさに教育の賜といえるのではあるまいか。

　教職とは、「読み書きそろばん」に象徴される知育（学力）だけにかかわるのではなく、むしろこうした日本人の美徳を受け継ぎ育てていく職業であることをこの章では示していきたい。

教職の意味

　教職を論じる以上、まずは教職の意味を確認することから始めよう。岩波書店『広辞苑』（第7版）には、教職とは「児童・生徒・学生を教育する職」と記されている。これは、いわゆる小学校（児童）・中学校（生徒）・高等学校（生徒）・大学（学生）において教育に携わる職業を意味しているが、園児が欠けている点を考えれば、もう少し正確に押さえておく必要があるだろう。

　学校教育法第1条には「この法律で、学校とは、幼稚園、小学校、中学校、義務教育学校、高等学校、中等教育学校、特別支援学校、大学及び高等専門学校とする。」と記されている。これを「一条校」というが、この規程からすれば、教職とは学校教育法に定められたこれらの学校において、「園児・

児童・生徒・学生を教育する職」というように「園児」を入れて規定した方がより正確だろう。そして、大学や高等専門学校以外の教職に就くには、文部科学省の定める教職課程の必要単位を修得して教育職員免許状（いわゆる教員免許）を取得する必要があり、それは公立・私立を問わずである[1]。

学校教育が目指すもの

ところで、学校と学習塾の違いはどこにあるだろうか。両者の違い、それを一言でいえば「教育の目的」にある。教職の意義を理解するためには、まずは「教育の目的」について押さえておかねばならない。

教育の目的は、教育基本法第1条に示されるように「人格の完成」である。

第1条　教育は、人格の完成を目指し、平和で民主的な国家及び社会の形成者として必要な資質を備えた心身ともに健康な国民の育成を期して行われなければならない。

この人格の完成を目指して「知育」、「徳育」、「体育・食育」それぞれを総合的かつ調和的に行っていくのが学校教育の基本構造であり、それは教育基本法第2条「教育の目標」第1項で明確に示される。

第2条　教育は、その目的を実現するため、学問の自由を尊重しつつ、次に掲げる目標を達成するよう行われるものとする。
1　幅広い知識と教養を身に付け、真理を求める態度を養い、豊かな情操と道徳心を培うとともに、健やかな身体を養うこと。

敷衍して記せば以下のようになる。

「幅広い知識と教養を身に付ける」→知育
「真理を求める態度を養い、豊かな情操と道徳心を培う」→徳育[2]
「健やかな身体を養う」→体育・食育[3]

13

　学習塾が「知育」のみを教育の目的とするのに対し、公教育の目的である「人格の完成」は、教育基本法前文に示される「民主的で文化的な国家」を形成する役割を担い、それによって「世界の平和と人類の福祉の向上」に貢献することになる。

　さて、教育基本法が教育の抽象的な理念を述べるのに対し、それを具体化したのが「学習指導要領」である。「学習指導要領」とは、教育基本法の理念を達成すべく、学校教育法に基づき、小・中・高校等の校種ごとに、それぞれの教科等の目標や大まかな教育内容を定めたものであるが、その一番のポイントは、従来と同様「生きる力」である。

　「生きる力」とは「確かな学力」、「豊かな人間性」、「健康・体力」という3つの項目から成り立っており、その内容は以下の通りである。

「確かな学力」　基礎的な知識・技能を習得し、それらを活用して、自ら考え、判断し、表現することにより、さまざまな問題に積極的に対応し、解決する力。
「豊かな人間性」自らを律しつつ他人とともに協調し、他人を思いやる心や感動する心などの豊かな人間性。
「健康・体力」　たくましく生きるための健康や体力（文部科学省 2010：7）。

　これらの内容を一見すれば明らかなように、「学習指導要領」は、教育基本法第2条第1項で記された「知育」、「徳育」、「体育・食育」という構造を具体化した形で受け継いでいることが明らかとなる。すなわち、「確かな学力→知育」、「豊かな人間性→徳育」、「健康・体力→食育・体育」であり、教育基本法における「人格の完成」を「生きる力」という具体的観点からとらえたのが今日の学習指導要領であるといえよう[4]。

善き社会を目指す2つの方法

　教育基本法前文に記された「民主的で文化的な国家」を善き社会と考えてみると、教育の目的には、善き社会を形成しようという意図が示されているのだが、そもそも善き社会を作るにはどのような方法があるだろうか。

14

　大枠で考えれば、そこには2つのアプローチの仕方が存在する。1つはその構成員を善き人間、すなわち人格者にしようとする人格的アプローチの仕方である。もう1つは、法律を中心とした制度によって善き社会を作っていこうとする制度的アプローチである。

　両者の違いは、社会全体においては教育的アプローチと政治的アプローチという形で置き換えてみるとわかりやすいが、この構造は社会全体だけでなく、教育現場という小さな社会にもあてはまることなので、それについて考えてみよう。

　多くの学校では「校則」が存在する。その内容は学校ごとに千差万別だが、いずれも善き学校を目指すための制度的アプローチとして考えることができよう。では、校則を遵守させさえすれば、善き学校といえるのであろうか。わかりやすい例を示しながら考えてみよう。

　教員は、試験時のカンニングを防止するために、試験中は目を光らせておかねばならない……と一般的には考えられている。事実、大学では教室の人数に応じて試験監督の人数が規定され、さらに高校でもカンニングした生徒に対する停学等の罰則が校則によって定められているのが普通である。では、こうした規則の存在は何を意図しているのであろうか。そこに存在するのは、罰則という力による抑止力である。むろんこの抑止力がカンニングを防止させ、正直者がバカを見ないシステムとなっていることは論をまたない。

　だが、善き学校を作るには、こうした制度的な方法のみでよいのであろうか。むしろ、たとえ試験監督がいなくてカンニングできる状態であったとしても、あえてそれをしないという意志を生徒に確立させることこそが、教員に課せられた使命といえるのではあるまいか[5]。

　制度を主としたアプローチは、「罰を恐れるがゆえにカンニングをしない」という他律的な意志の働きを生じさせる。確かに善き学校を作るために校則は存在するが、校則でがんじがらめに児童・生徒を縛り上げることで、善き学校を目指すという制度的なアプローチの仕方だけでなく、仮に校則がなくても、まっとうな児童・生徒を作り出すという人格的アプローチの仕方の存在を教員は忘れてはならないのではあるまいか。なぜなら、教育が「人格の完成」を目的とする以上、教員は制度的なアプローチよりも人格的なアプロ

ーチを主眼とすべき職業といえるからである。

　教員が人格的アプローチにかかわる職業であることを押さえたうえで、次に教職の意義を見出すべくいくつかの教職観について考えてみよう。

第２節　「聖職者論」から見た教職の意義

　教職に対する見方はさまざまであろうが、ここでは一般的に示される３つの観点（「聖職者」、「労働者」、「専門職」）から教職をとらえ、それぞれの観点から生じる「教職の意義」について考えてみたい。

教員は聖職者か

　教職を聖職とする見方は戦前から生じており、戦後、陰が薄くなったとはいえ、今日でも脈々と続き、その名残は至る所に見られる。教員の犯罪に対して、「聖職者であるはずなのに、なぜそんなことをするのか」という批判はメディアでよく耳にする。他方、教員の犯罪を根拠として「教師が聖職者であるわけがない」とも言われるし、最近頻発する教員の性犯罪を揶揄して、「聖職者ではなくむしろ性職者である」との声も聞かれるが、「聖職」という語はもはや完全否定という形でとらえる方がよいのであろうか。

　教職課程を履修している学生たちに、「教師聖職者論」に対する賛否を問うてみると過半数が否定的である。その理由はおおむね次のようなものである。

（１）「聖職」とは世俗から超越した宗教性を前提にする。ゆえに教師に「聖職」という言葉はあてはまらない。

（２）「教師＝聖職者」であるとすれば、「特権階級的な意識」を持つことになりよくない。

（３）聖職者といわれるようなすばらしい先生を見たことがない。

　現実的に考えてみれば、教員が聖職者でないのは自明のことである。若い

頃から仏門に入れられて禁欲的な生活を送ってきたならいざしらず、物欲の
なかで功利的な大学生活を過ごしてきた学生が、教員採用試験に合格し、教
職に就いたその日から聖職者に成るなどあり得ない。とはいえ、それでも
「教師聖職者論」が今日でも根強く残る理由はどこにあるのだろうか。「教師
聖職者論」を一蹴するのは簡単だが、その前にあえてその根拠を問うてみた
い。

「教師聖職者論」はどこから生じたか

　「教師聖職者論」を肯定する少数派学生の意見を示すと、それはおおむね
以下のような内容である。

　　教育が「人格の完成」を目指す以上、教師も自ら「人格者」になるべき。
　　ゆえに、教師は「聖職者」であらねばならない。

　ここでのポイントは、教師を聖職者とみなす、いわゆる「教師聖職者論」
は、現実に教員が「聖職者である」ということを意味するのではなく、教員
は「聖職者を目指さねばならない」という意味で語られるということである。
つまり、「聖職者ではありえない」という事実認識は、「聖職者を目指しては
いけない」という命題を導き出すわけではなく、むしろ「聖職者ではあり得
ないからこそ、聖職者を目指すように努力すべきである」という当為命題と
して考えられている。そしてここでいわれる「聖職者」とは、俗界から切り
離された宗教的な次元で語られるわけではなく、人格者の比喩として語られ
ている[6]。
　ところで、教師が聖職者といわれるようになった根拠はどこにあるのだろ
うか。一般に言われることは戦前の天皇と教育勅語との関連である。「聖諭」
という言葉がある。これは「天子の勅諭。みことのり」(岩波書店『広辞苑』
第7版)を意味するが、大日本帝国憲法第3条で「神聖」と規定された天
皇[7]、その宸筆である「教育勅語(教育ニ関スル勅語)」は、当時はまさに
「聖諭」であった。それゆえ聖諭遂行の任を与えられている教員という職も
聖なる職業、すなわち聖職であるという理解である。

　しかし、この理解だけで教職を聖職と規定するには少し無理が生じるように思われる。なぜなら、ひとつには、いわゆる聖諭遂行の任に携わるのは教員だけでなく当時の文部省の役人たちも含まれるが、彼らを聖職とは通常称さないし、またもうひとつには、教育勅語より8年ほど前に出された「軍人勅諭」も「聖諭」に違いないが、軍隊のことを「皇軍」と称しても、「聖軍」とは通常称さないからである。さらに、「聖諭遂行の任」という観点から教師を聖職者と理解したとしても、戦後、教育勅語が完全に廃棄されたと同時に、「教師聖職者論」も消滅しなければならないはずなのに、現実にはそうはならず、今もその考えはメディアをはじめとする人々の心に残存しているからである。

　このように考えてみれば、「神聖な天皇が出した聖諭遂行の任」という観点から「教師聖職者論」を理解するのではなく、もっと別の観点から考えてみる必要もあるのではないだろうか。「聖諭」に携わる当時の教員と文部省の役人と帝国軍人の職責を考えてみた場合、一言でいえば、教員は「教育勅語に示された有徳な人を育てる仕事」であり、役人は「教育勅語遂行のための制度（法令）を作りそれを執行する仕事」であり、軍人は「皇国を守る仕事」である。そのように考えてみれば、教育勅語の「有徳な人を育てる」という概念から「教師聖職者論」の根拠を考えてみる必要もありはしまいか。

「教師聖職者論」を支える「徳」について

　教育勅語の内容を一言で表すなら、忠孝に基づく道義国家の建設である。その具体的内実は十二の徳[8]を有する人作りである。こうした道義国家の建設を自分（天皇）も皆（国民）も一緒にやっていこうというのが教育勅語の趣旨であるが、この趣旨に基づいて児童生徒に教育を行うのが教員の使命であった。

　同時に、こうした徳を修めることは、教育勅語の末尾に示される如く、天皇自らにも課せられるものであり、むろん教員自身にもあてはまる内容のものである。つまり、教員が教育勅語の教えを子供たちに示すということは、彼らを有徳な人物に教育すると同時に、自らも有徳な人間を目指す必要があったのである。

　だが、教員自身が有徳な人間を目指すこと、これは何も教育勅語によって
はじめて示されたものではない。教育勅語発布の10年ほど前の1881年（明
治14年）に頒布された「小学校教員心得」の第1条には次のように示されて
いる。

　　人を導きて善良ならしむるは、多識ならしむるに比すれば、更に緊要
　なりとす。故に教員たる者は、殊に道徳の教育に力を用ひ、生徒をして
　皇室に忠にして国家を愛し、父母に孝にして長上を敬し、朋友に信にし
　て卑幼を慈し、及び自己を重んずる等、すべて人倫の大道に通暁せしめ、
　かつ常に己が身を以て之が模範となり、生徒をして徳性に薫染し、善行
　に感化せしめんことを務むべし（原文はカタカナ。傍点・句読点筆者）。

こうした忠孝や朋友の信といった内容は、教育勅語に示される十二徳の内容
と重なるものであり、特に傍点部分は教員自身に率先垂範を課したものであ
る。すなわちここには、児童生徒を有徳な人へと教育するのであれば、まず
は教員自身がその模範とならねばならないことが示されている。
　そして、こうした自らの徳を希求する教員自身の態度は、聖なる様相を帯
びたものとして扱われた。新渡戸稲造は1899年（明治32年）に著した『武
士道』で教師のあり方について次のように言う。

　　教える者が、知性ではなく品性を、頭脳ではなくその心性を働きかけ
　る素材として用いるとき、教師の職務はある程度まで聖職的な色彩を帯
　びる。「私を生んだのは父母である。私を人たらしめるのは教師であ
　る。」この考えがいきわたるとともに、教師が受けた尊敬はきわめて高
　かった。そのような信頼や尊敬を若者にいだかせるような人は必ずすぐ
　れた人格をもち、学識に恵まれていなければならなかった。……精神的
　な価値にかかわる仕事は、僧侶、神官であろうと、教師であろうと、そ
　の報酬は金銀で支払われるべきものではない。それは無価値であるから
　ではなく、価値がはかれないほど貴いものであるからだ。……彼ら（教
　師）は逆境に屈することのない、高貴な精神の威厳ある権化であった。

　　　　彼らはまた学問がめざすところのものの体現者であり、鍛錬に鍛錬を重
　　　　ねる自制心の生きた手本であった（新渡戸　1993：105-107、傍点筆者）。

　新渡戸の叙述からも見て取れるように教師の品性や心性などの精神的価値、
さらには鍛錬に鍛錬を重ねる自制心、これらが相まって教師の職務は「聖職
的な色彩」を得たのである。
　このように考えてみると「教師聖職者論」は、聖論遂行という観点からと
らえるよりも、むしろ教員が自らに課す人格性の希求という観点からとらえ
る方がより自然であることになる。教育勅語から教育基本法に代わった現代
においても「教師聖職者論」が息づいているのはなぜかというと、それはい
ずれの時代においても教員が徳の教育や人格教育に携わる以上、自らの徳・
人格を同時に高めねばならないという当為命題がその根底に存するからであ
る。
　何ら難しい論理ではない。児童生徒を人格者にするのが教育の目的である
以上、教員自身もその規範となるような人格者を目指さねばならないという
ことである。つまり「教師聖職者論」は、「教師は聖職者（人格者）ではな
いが、聖職者（人格者）を目指さねばならない」という当為命題として理解
してこそ初めてその意義を持つものである。
　そしてこの構造は、新旧の教育基本法における教育の目的が「人格の向
上」ではなく、「人格の完成」とされたことと同一の構造を有することにな
る。

「教師聖職者論」を支える「人格の完成」について

　戦後の1947年（昭和22年）に教育基本法が制定され約60年の歳月を経た
後、2006年（平成18年）に同法が改正された。だが、新旧いずれの教育基本
法においても教育の目的は「人格の完成を目指す（めざす）」という形で同
一内容である。
　ここで少し考えてみよう。そもそもなぜ教育の目的が「人格の向上」では
なく、「人格の完成」とされたのか。教職を志す者は、当然一度は疑問に思
わなければならない事項である。

　「人格の完成」という語は超越的様相を帯びている。なぜなら、つねに不完全性を伴う人間に対し、その人格を「完成させること」は到底不可能であり、それは究極の理念としての意味しか持ち得ないからである。こうした点への疑問から、「完成」という語の是非に関しては、2006年の教育基本法改正の際の国会審議において取り上げられた。その様子を紹介しておこう。

　当時野党であった民主党の中井洽は当時の文部科学大臣小坂憲次に対し、人格の完成とはおよそ人間には到達不可能な神的な超越性を有しているがゆえに改めた方がよいのではないかという認識の下、次のような質疑をした[9]。

　　人格の完成というのはどういうことを言うのでしょうか。また、大臣は、人格が完成したというのはどういう人だとお思いになっていらっしゃいますか。例を挙げることができますか。全然構いません、おっしゃってください。

それに対し、小坂は次のように答えている。

　　人格の完成というのは、私は神のことだと思うのでございますね。ですから、神のような全知全能を備えたものを目指すといっても、これは到底到達できるものではございません。だからこそ目指すのであって、それが実現するということは恐らく一生を通じてなし得ないかもしれない、しかし常にそれを目指せということで、「人格の完成を目指し」と言っているんだと私は思っておるわけでございます。

「人格の向上発展」か「人格の完成」か

　教育基本法改正に際して野党民主党は、2006年5月23日に政府案への対案として、「日本国教育基本法案」を衆議院に提出している。それによれば、教育基本法第1条の教育の目的は、「教育は人格の向上発展を目指し……」という形で示されている。これは中井洽が言うように教育の目的を超越的理念としてではなく、現実的なレベルで規定したものである。

　確かに、「人格の完成」よりも「人格の向上発展」のほうがより身近で到

21

達可能な目的のように思われるし、上述の通り、文部科学大臣も人格の完成とは「一生到達できないもの」との認識を示している。にもかかわらずあえて、「到達不可能なものを目指す」ことを選んだその根拠はどこにあるのだろうか。実はこの議論は、約60年前の1947年旧教育基本法制定の折にも議論された問題でもある。当時の議論を遡って見てみよう。

旧教育基本法作成当時の「草案」（教育基本法案要綱案〈昭和21年11月29日〉）において、教育の目的は「人間性の開発をめざし……」となっていた。ところがこの部分は「人格の完成をめざし」に代えられてしまった。その理由はなにゆえであったのか。この修正は、当時の田中耕太郎文相の強い意思によるものとされているが、教育の目的を超越的な理念にしなければならない根拠が以下の田中の言に示されている。

田中曰く、「人格は自由と分離すべからざる関係にある。人間が本能、衝動、情欲等を制御克服し、道徳的に行動する場合において、自由であり、自主的である。……以上のべたところによって人格は、教育基本法第1条の前身ともいうべき教育刷新委員会の建議中にいわれている『人間性の開発』の人間性と同じ意義のものではないことがわかる。……人間性の開発という表現は現実の人間性を意味するものと誤解される懸念があるから、人格の完成を以て一層適当とするのである」（田中 1961：72-78）。

こうした田中の言は、彼自身も言及しているようにカント倫理学に依拠しているが、現実的なレベルで、つまり表面上「善い人」といわれるような人を作るのではなく、その内面においてたとえ不可能であるとしても、本能、衝動、情欲などから切り離された道徳的自由を駆使することで、その完全性を教育の目的に据えるべきとの考え方である[10]。このような形で教育の目的を、人間には決して到達できない完全性とすることによってつねに人間の可謬性・不完全性が自覚され、それによって教育の無限性が措定されることになる。

つまり「聖職」と「人格の完成」は、いずれも人間には到達不可能な超越的な理念としての意味を共有することで結びつくこととなり、それに伴って教育の無限性が生じてくるのである。

児童生徒への教育が人格の完成を目指す以上、教員自身も人格の完成とい

う究極の超越的理念に向かって無限の努力をすること、このことこそが「教師聖職者論」の根本的な意味といえるのではあるまいか。「聖職」の概念を現実的でないとして全面否定するよりも、新渡戸が言うように「鍛錬に鍛錬を重ねる自制心の生きた手本」を目指すこと、すなわち教員自身が「人格者」を目指すという当為命題ととらえてこそはじめて、「教師聖職論」の積極的な意義が生じることになる。

第3節　「労働者論」から見た教職の意義

日本教職員組合（日教組）における「労働者」の意味

　戦後、東西冷戦が始まり、また新憲法による思想・言論の自由が認められるようになったことで、「日本教職員組合」（以下、「日教組」）は東側陣営に共感し、教師を「労働者」と規定し、従来の「教師聖職者論」を真っ向から否定した。戦後の 1947 年に結成された日教組は、1952 年（昭和 27 年）に「教師の倫理綱領」を出したが、その綱領のポイントは以下の通りである。

　　1　教師は日本社会の課題にこたえて青少年とともに生きる。
　　2　教師は教育の機会均等のためにたたかう。
　　3　教師は平和を守る。
　　4　教師は科学的真理に立って行動する。
　　5　教師は教育の自由の侵害を許さない。
　　6　教師は正しい政治をもとめる。
　　7　教師は親たちとともに社会の頽廃とたたかい、新しい文化をつくる。
　　8　教師は労働者である。
　　9　教師は生活権をまもる。
　　10　教師は団結する（日本教職員組合編　1967：295、1970：1168）。

このなかでいわゆる「教師労働者論」の根拠となるのは、「教師は労働者である」と規定した 8 番目、並びに 9、10 番目の項目である。8 番項目の解

説では次のように示される。

　　教師は学校を職場として働く労働者である。教師は、労働が社会にお
　けるいっさいの基礎であることを知るが故に、自己が労働者であること
　を誇りとする。歴史の現段階において、基本的人権をことばの上だけで
　なく、事実の上で尊重し、資源と技術と科学とをあげて万人の幸福のた
　めに使用する新らしい人類社会の実現は、労働者階級を中心とする勤労
　大衆の力によってのみ可能である。教師は労働者としての自己の立場を
　自覚して、強く人類の歴史的進歩の理想に生き、いっさいの停滞と反動
　を敵とする（1952年の倫理綱領解説。日本教職員組合編 1970：1170、傍点
　筆者）。

そして、それから9年後の改定版では同項目の解説部分が以下のように示
される。

　　教師は学校を職場として働く労働者であります。しかし、教育を一方
　的に支配しようとする人びとは、「上から押しつけた聖職者意識」を、
　再び教師のものにしようと、「労働者である」という私たちの宣言に、
　さまざまないいがかりをつけています。私たちは、人類社会の進歩は働
　く人たちを中心とした力によってのみ可能であると考えています。私た
　ちは自らが労働者であることの誇りをもって人類進歩の理想に生きるこ
　とを明らかにしました（1961年の解説。同：1172）。

　1961年（昭和36年）の倫理綱領改定において、日教組は「教師聖職者論」
を全否定し、教師労働者観に則って「人類進歩の理想」を目指すことが教師
の倫理であることを根本理念として明確に示している。そして、社会主義国
家がのきなみ瓦解した現代においても、この綱領を破棄あるいは改定してい
ないところを見ると、教師労働者観は今日に至るもまだ生きていると見なさ
ねばならないだろう。
　そこで日教組の言う「教師労働者論」を正確に理解しておこう。「教師の

倫理綱領（1952年版）」８番項目解説の末尾部分に示された文章、すなわち、「教師は労働者としての自己の立場を自覚して、強く人類の歴史的進歩の理想に生き、いっさいの停滞と反動を敵とする」とはどのようなことを意味しているのか。これを知らねば「教師労働者論」を正しく理解することはできない。

　結論を先に示せば、日教組が語る「労働者」は、労働基準法第９条（「『労働者』とは、職業の種類を問わず、事業又は事務所に使用される者で、賃金を支払われる者」）に規定されるような、いわゆる「勤労者」の意味ではない。マルキシズムに則った労働者革命の担い手としての「闘う労働者」なのであり、その使命は社会主義・共産主義社会を作ることにある。その点を以下確認していこう。

　日教組の立場から「教師聖職論」を批判した石倉一郎は次のように言う。

　　倫理綱領のあの条項は、決して単に教師が労働力の販売者であるという経済学上の事実を示すだけでなく、その思想の基底にはむしろこのようなマルクス主義の人間観、歴史観が横たわっていると解すべきであろう。私があの綱領の作成者の一人から直接聞いた処でも、あの「労働者である」という場合の労働者とは歴史の進歩を担う階級としての労働者、かかる歴史的使命にかかわるものとしての労働者という意味に解釈されるべきもののようである。……もし教師がこの労働者階級の使命を自覚し、それを明確に意識した時には、明日の社会を築く人間を形成するというその業務そのものが、正にその特質によって、直接に人類社会の歴史の進歩を推進し、働く人たちの新しい社会をつくるための営みの重要な一つとなり、近代的労働者階級の歴史的使命と共通するものとなろう（石倉 1975：21、傍点筆者）。

つまり、教師を、資本家に対する階級的対立概念である「労働者」と規定することで、教師に「労働者階級の歴史的使命」の自覚を必要とさせるのである。では、「労働者階級の歴史的使命」とは何か。それは、労働者革命によって、資本主義的搾取をはじめとするあらゆる形態の搾取から人間を解放し、

社会主義・共産主義の社会を目指すことに他ならない[11]。

争議行為を正当化する労働者としての教師

　また、こうした政治的な使命を担う労働者としてだけではなく、経済闘争も含んだ労働者として規定される。教師の倫理綱領の 9 番項目「教師は生活権をまもる。」の解説では以下のように示される。

　　　教師はこれまで、清貧にあまんずる教育者の名のもとに、自己の生存に必要な最低限の物質的要求さえ、口にすることをはばかってきた。自己の労働にたいする正当な報酬を要求することは、過去の教師にとって思いもよらぬことであった。そこから教育への正しい意欲と情熱は消え失せ、疲労と怠慢と迎合が教師の生活を支配した。教師は自己の生活権をまもり、生活と労働のための最善の条件をたたかいとることを、自分の権利とし、義務とする（1952 年の倫理綱領。日本教職員組合編 1970：1170）。

「生活と労働のための最善の条件をたたかいとること」が「権利」であり「義務」である」ことから、地方公務員法で禁じられている争議行為（ストライキ）も日教組にとっては正当化されることになる。

　ところで、当時の教員の給与はどうであったか。戦前からのいわゆる「教師聖職者論」に基づき、教員は「清貧」を甘受しなければならず、その意味で教員の経済的待遇は他の職業に比して悪かったのは事実であり、それは「教育補助」の対象になるほどであったという。

　たとえば、1967 年（昭和 42 年）、教職について 13 年目の Y 教諭は、妻と 2人の子供といういわゆる標準世帯であるが、本給 4 万 9,500 円、それに扶養手当や暫定手当を入れて計 5 万 4,800 円であった。ここから税金、共済掛金等が差し引かれ、手取りが約 4 万円余りになる。この金額は、「家計が苦しい方のための教育補助」（修学困難な児童及び生徒に係る就学奨励についての国の補助に関する法律、1956 年に成立）の対象基準に該当したという。この制度は、「生活保護」の対象には至らないが、それに近い「準要保護」の家庭に

対して行われるもので、給食費、学用品、修学旅行費などを補助する制度である。大学を出て、10年以上も教師をまじめにやってきて、それで「準要保護家庭」とは何とも不合理ではないかとY教諭は思ったという（村松1968：174-176）。

　こうした安い給与に対して給与改善を求めるべく、日教組は1967年10月26日に、「始業時1時間の授業カット」によるストライキ闘争を行った。いわゆる10.26ストである。前年の10月21日にも「午後半日休暇闘争」と題したストライキ（いわゆる10.21スト）を行っているが、こうした違法ストライキを正当化する根拠となるのが、この「教師は生活権をまもる」という条項であることは押さえておかねばならない。

階級闘争のために団結する労働者としての教師
　社会主義・共産主義実現のための政治的闘争や違法ストも辞さずという経済的待遇改善闘争は、一人だけではとうてい不可能であり、団結が求められる。「教師の倫理綱領」の10番項目「教師は団結する。」の解説は、以下のように示される。

　　　教師の歴史的任務は、団結を通じてのみこれを達成することができる。教師の力は、組織と団結によって発揮され、組織と団結はたえず教師の活動に勇気と力を与える。しかもこんにち個人としての教師の確立は、団結を通じてかちとる以外に道はない。教師は組合運動を通じて世界の教師と結合し、全労働者と手をにぎる。団結こそは教師の最高の倫理である（日本教職員組合編 1970：1170）。

これは、『共産党宣言』の末尾に示される「万国の労働者よ、団結せよ！」に呼応するものである。8〜10番項目の解説文からも明らかなように、「労働者」である教員は組合運動を通じて世界の全労働者と団結して労働革命を起こし社会主義・共産主義社会樹立という歴史的使命を果たすこと、これが日教組のいう教師の倫理なのである。

　こうしたことから、日教組のいう「教師労働者論」は、一般に考えがちな

「勤労者としての教師」を意味するのではなく、その根底にはこうしたマルキシズムの理念が流れていることを理解しておかねばならない。こうした日教組の革命思想を危惧した当時の荒木文部大臣は参議院の文教委員会（1960年9月1日）で「教師の倫理綱領」に対して次のように述べる。

> 私が指摘しますように革命理論というか、階級闘争理念は明らかに書いてある。またその階級闘争理念に基づいて教育の場において社会革命をしろ、それをモットーとしていくのだということも明らかにしている。これを読んでそう感じとらないやつは感じとらないやつが誤りであると私は思います（日本教職員組合編 1967：297）。

それゆえ、日教組が行ってきた「日の丸・君が代反対闘争」や、教育基本法改正の際の反対闘争、日本の伝統的道徳や道徳教育への反対闘争（一例として「心のノート」反対運動）などの思想的根拠も、マルクス・エンゲルスの『共産党宣言』に書かれている一節、すなわち、「法律、道徳、宗教は、プロレタリアート〔労働者〕にとってはことごとくブルジョア的偏見であり、その背後には必ずそれだけのブルジョア的利益が隠されている」（マルクス・エンゲルス 1977：48）というような階級闘争観の下で考える必要がある。

　このように考えてみた場合、そこから生じる教職の意義も自ずと明らかとなる。それは資本主義社会の文化や伝統をブルジョア的と言ってことごとく批判・破壊し、自らが信じる社会主義・共産主義の思想を広めることで、日本をそうした国家へと変えていくことである。

　今日の日教組のどれほどの組合員がこうした原理的な革命思想を有しているかは不明だが、社会主義の崩壊が著しい現代において、その綱領を廃棄していない以上、「教師労働者論」の根本原理が革命思想に基づくという事実だけは押さえておく必要があるだろう[12]。

政党ごとのさまざまな教職観

　ところで、同じマルキシズムを標榜する共産党も、当時の社会党と同様に「教師聖職者論」を否定するかと思われたが、そうではなかった。1974年

（昭和49年）4月17日の共産党の新聞「赤旗」には次のように記されていた
という。

> 自民党の『教師＝聖職論』に単純に機械的に反発して、教師は労働者
> であるだけで『聖職』ではないなどというのも、正しくありません。
> ……子供たちを歴史の形成者とする教育の仕事は極めて精神的文化的な
> ものであり、その専門家たる教師の活動は、子供の人格形成にも文化の
> 発展にも、直接の重大な影響をもっています。この意味では教職は確か
> に聖職と言ってもよいでしょう（石倉 1975：10）。

これを受けて社会党の機関誌「社会新報」は、赤旗のいわゆる「教師聖職者
論」擁護を徹底的に批判したが、赤旗も再批判を行い、この論争はさらにエ
スカレートし、野党政党の教職観議論にまで発展した。参考までに示すと、
当時の公明党は教師を「使命職」と規定し、民社党は「勤労者の性格を持つ
聖職」と規定したのである（同：13）。
　実は、こうした多彩な教職観のなかに日教組も認める共通な事項も存在す
る。それは、「教師が子供の人格形成という特殊な任務を持つ専門職」であ
ることである。これは当時の日教組執行委員長槙枝元文も認めたことであり
（同：14参照）、問題はそれを「聖職」としての専門職とみなすか、それとも
「労働者」としての専門職とみなすかの違いに還元される。つまり教師が
「専門職」であることは、どの政党においても認める内容であったのである。
そこで次に「専門職論」について考えてみよう。

第4節　「専門職論」から見た教職の意義

ユネスコ「教員の地位に関する勧告」

　教員を「専門職」とする教職観は、1966年（昭和41年）にユネスコが採択
した「教員の地位に関する勧告」による。この勧告は146項に及ぶものであ
るが、重要な項目を以下に示しておこう。

・適用範囲

この勧告は、保育所、幼稚園、初等学校、中間学校又は中等学校（技術教育、職業教育又は美術教育を行なう学校を含む。）のいずれを問わず、中等教育段階の修了までの公私の学校のすべての教員に適用する。（2項）

・指導原則

教職は、専門職と認められるものとする。教職は、きびしい不断の研究により得られ、かつ、維持される専門的な知識及び技能を教員に要求する公共の役務の一形態であり、また、教員が受け持つ生徒の教育及び福祉について各個人の及び共同の責任感を要求するものである。（6項）

・教員の責務

すべての教員は、その専門職としての地位が相当程度教員自身に依存していることを認識して、そのすべての職務においてできる限り高度の水準に達するよう努めるものとする。(70項)

・教員の給与

教員の給与は、類似の又は同等の資格を必要とする他の職業に支給される給与に比して有利なもの（とする。）(115項のb。カッコ内筆者)

専門性について

特に義務教育における教員の「専門性」とは、大学教員における「専門性」とはまったく異なっている。上記の「教員の地位に関する勧告」に示された適用範囲を日本の学校種にあてはめれば、幼稚園から高等学校までのすべての教員に該当する。このことは何を意味するか？　それは単なる教科（学問）の専門性ではないということである。

大学の教員における専門性との違いを考えればわかりやすい。大学の教員には教員免許は必要とされない。大学教員は専門分野に対する高度な専門的知識を有しておけばそれで事足りる。したがって、教育職員免許法施行規則に記された「教職科目」（たとえば「教育原理」、「教職概論」、「指導法」など）を履修しておく必要はなく、その意味で教育基本法に記される「教育の目的」が何であるかを知らなくとも、専攻分野に関する高度な専門性さえ有しておればそれで事足りるといっても過言ではない[13]。

　だが、教員免許を必要とする教員（幼稚園から高等学校）の専門性は、教育の目的が「人格の完成」であり、それを「知育」、「徳育」、「体育・食育」によって行うという基本構造上、それぞれの教科に関する専門性[14]だけでなく、人格教育に直結する徳育（道徳教育）についての専門性も重要となる。

　道徳教育における専門性とは「感情」ではなく、「理論」に基づく教育の専門性を意味する。たとえば、『学習指導要領解説　特別の教科　道徳編』ではすでに小学校5、6年生で児童に教えなければならない道徳の内容として、「自律的に判断し」、「真理を大切に」、「正義の実現」というような哲学的で抽象的な概念がいくつも示されているが、当然のことながら自律、真理、正義などの概念を論理的に説明できる専門的能力を持つ必要が出てくる[15]。こうした能力を有してこそはじめて「専門職」といえるのであり、単に「感情」による道徳教育であれば、これこそ人生経験を積んだ年長者であれば、教員でなくとも誰でも可能な内容となってしまう。

　上記のユネスコの「指導原則」、「教員の責務」の項目を見てもわかるように、教員には、「きびしい不断の研究により得られ、かつ、維持される専門的な知識及び技能」が要求され、しかもそれは、「できる限り高度の水準に達する」ことが必要とされる。

　こうした専門性の高度化という観点から2008年（平成20年）に教職大学院が創設されたのであり、また「教員の給与」で示されるように、教員の給与が「同等の資格を必要とする他の職業に支給される給与に比して有利」となるのも、こうした専門性や道徳性に対する不断の努力が前提されるがゆえであることを理解しておく必要がある。

聖職者的専門職と労働者的専門職

　このような形で「専門職」を理解した場合、教員に対する「聖職者論」と「労働者論」と「専門職論」は、三者がパラレルな関係でないことが明らかとなる。つまり3つの観点がそれぞれ独立して存在するのではなく、2つの専門職観に収斂される。すなわち聖職者的専門職と労働者的専門職である。

　では、いずれの観点から教職を理解することが教職の意義につながるであろうか。労働者的専門職観を有する石倉一郎は次のように言う。

　　　教師は労働者階級の一員としての意識に目覚めた時には、その業務の
　　特性、その特殊な役割そのものが労働者階級一般の使命に合致して、労
　　働者性を何ら薄めず、逆にそれを倍加する関係になるのである（石倉
　　1975：84）。

「その特殊な役割」とは「教師の仕事が（子供の人間形成に当たるという意味
で）重要な精神的任務を持っていること」（同：19）を意味する。

　つまり、教員が労働者として革命思想を自ら有するだけでなく、それを子
供の人間形成という精神的任務に合致させたとき、言い換えれば子供たちに
革命思想を教育するとき、教員は倍加された労働者的専門職となることにな
る。もし、教育の目的が「共産主義社会の完成」であるならば、こうした労
働者的専門職観を採用することは当然のことであろう。

　しかし、日本の今日の教育の目的が「人格の完成」である以上、日本の伝
統的道徳や文化に沿った人格者を形成していくことが教育に課せられた使命
であり、教員自身もその人格教育を自らに課さねばならないというような聖
職者的専門職観をとってこそ、教職の意義が生じることになる[16]。

第5節　教職を取り巻く現状と課題

教育における第一の場はどこか

　前節までの議論で、「教師聖職者論」を字義通り解釈するのではなく、「人
格者」を目指すという無限の当為命題としてとらえてこそ、はじめて教職の
意義が生じうることを示し、こうした当為命題を自らに課した「専門職」と
しての意義が教員にあることを明らかにした。本節では、こうした観点から
教職を取り巻く現状と課題を見てみたい。

　周知の如く、教育は「学校」と「家庭」と「地域社会」が連携して行うこ
とが重要とされている。この三者のなかで、教育における第一の場はどこに
なるであろうか。筆者が行った講演会や授業のなかでこの質問を行った場合、
一般人や学生を対象とした場合にはその8割近くが「家庭」と答え、2割く

32

らいが「学校」、そして「地域社会」がほんの僅かであった。ところが、教員を対象とした場合には、ほぼ100％が「家庭」と答えていた。このことは何を意味するであろうか。

　教員が多くの子供たちと接する場合、聞き分けのよい子は教員にとって手間のかからない有り難い存在であり、聞き分けの悪い子は手間のかかるお荷物的存在という意識を本音の部分では有している。教員も「人の子」であるがゆえにこうした感情を持つことは致し方あるまいが、両者の違いを家庭環境や家庭教育の結果と考えるのが一般的である。こうした観点から、教員にとって教育における第一の場は、願望をこめた形で「家庭」であることになる。曰く、「しっかりとした家庭教育をしておいてくれれば、教師はもっと楽になれるのに」。

　ところが教育における第一の場を家庭と考えることは正しいのであろうか。確かに教育基本法第10条には、「父母その他の保護者は、子の教育について第一義的責任を有する」ことが記されている。子の教育の第一義的責任を負うのはその保護者であることはいうまでもない。だが、それは家庭が教育の第一の場であることを意味するのであろうか。

家庭は安らぎの場、養育の場

　学校と家庭を対比して考えた場合、教員とて家に帰れば学校という職場での緊張から解放され、愚痴をこぼす場でもある。一般家庭においてはなおさらのこと、職場、同僚、上司部下、舅姑、他の親たちに対する愚痴を心置きなく言うことのできる唯一の場が家庭でもある。家庭は、緊張から解放された「本音の場」という意味を有しているがゆえに、「安らぎの場」でもあり得る。

　こうした家庭のなかで、他者の悪口を言っている親が子供に対して「他人の悪口を言ってはいけません」というような教育をしたところで、説得力はあるまい。ましてや一般家庭は、教職に関する専門科目を履修した教育のプロ集団ではないし、その親の教育方法も親の性格によってまちまちである。「モンスターペアレント」に象徴されるごとく、我が子だけしか見ない家庭も存在するし、「教育ママ」に見られるように知育のみを教育と考える家庭

も多々存在する。その意味で、家庭を教育の場と考えるのには無理がありは
しまいか。むしろ家庭は外での緊張をいやすための「安らぎの場」であり、
子供たちを育てる「養育の場」にすぎないと考える方が妥当であろう。

　家庭を教育における第一の場と教員が考えた途端、「聞き分けの悪い子は
家庭のせいだ」というような責任転嫁の思想が芽生えてくる。しかし、「家
庭はそもそも養育の場であるから十分な教育は不可能である。それゆえ、教
育の専門職（プロ）である我々がそれを補ってよりよい人格に教育すること
が我々に課せられた責務である」という気概を持ってこそ、教育が専門職で
あることの意義が生じてくるのではあるまいか。

家庭教育

　学校を「教育の場」、家庭を「安らぎの場」、「養育の場」と考えることは、
家庭での教育を放棄させることを意味するのではない。そうではなく、教育
の専門家ではない保護者たちに教育の目的をはっきりと教員が示し、正しい
教育観に基づいた共通の目標に向かって学校と家庭が子供たちを教育する体
制をつくることを意味する。家庭においては「お受験組」といわれるように、
「知育」を教育の本質と考える家庭もあるだろうし、またまったくの放任主
義の家庭もあろう。こうした家庭に教育の目的が「人格の完成」であること
を示す必要性が生じてくる。

　このことは当然のことながら、「徳育」に大きくかかわってくる問題であ
る。どのような徳育を家庭で行うことが必要なのかを具体的な形で家庭に示
すことから始めないと、教育の素人である家庭に教育をゆだねようとしても
とうてい無理な話である。「知育」に力をいれることと、「徳育」を重要視す
ることは決して矛盾することではない。知育に力をいれながらも同時に徳育
にかかわることの重要性とその方法を、教員が家庭に示してこそ初めて家庭
における子弟教育が可能となる。学校と家庭が連携して徳育にかかわるとす
れば、その前提として教員から家庭へのアプローチが必要なのである。

　小学生も高学年になると、「そもそもなぜ勉強をしなければならないのか」
と疑問を持つようになるし、また高校受験を控えた中学3年生は、「なるべ
く偏差値の高い高校に行きなさい」という親の言葉に対して、「無理してそ

んな高校に行かなくても行ける高校に行けばいいじゃないか」と反論するようになる。子供の将来の幸せを願い、少しでも有名な上級学校に行かせたいという願いは親の本音として存在しているが、子供がそれに反発したとき、親はどう答えればよいのか。恐らく多くの親はとまどいを持つだろう。そのとき、教育の専門職である教員は、そうした親に何と助言すればよいのか。

その答えは、学習指導要領には記されていない。教員自身の教育観、人生観の現れとなって生じてくる。偏差値の高い高校に行って有名大学に行けば、就職や結婚にも有利で、他人からの高評価も得られる……というような親の考えと同じ功利的な面から語るか。それとも、どの高校・大学に行くかよりも、まずは最善の努力をせよ、その結果として進学先を決めればよい……という形で努力的な面から語るか。さらには、人生には必ずチャンスが何度か与えられている。高校入試、大学入試等はそうした与えられたチャンスのひとつだ。それをものにできるか否かで人生は変わってくる……という人生論的な面から語るか。

こうした問いは、価値判断を伴う問いであるがゆえに「これが正解」というものはないが、少なくとも教員であれば、複数の考え方とその中のどれが教育の目的に適っているかを示すだけの力量を備えておく必要がある。そしてこうした家庭への教育的助言は、保護者から相談を受けてからというよりも、日頃から学級通信のようなもので家庭に示しておいてこそ意味を持つ。

教職の意義は、人格の完成へと至るための教育を児童生徒に課すだけでなく、自らもその規範となるように努力し、かつ家庭にも徳育の方法を示すことにある。子供に対してだけでなく、家庭に対しても教員が教育の目的を示し、同時に自らに対する規範意識を有してこそ、教員は教育者という名に値するようになるのである。

「善き人間とは何か」を問うことが哲学者の意義であるとするならば、教育者の意義とは、「善き人間とは何か」を知り、さらに自らを善き人間に高め、そして子供たちを善き人間に導いていくことなのである。

学修課題

（1）「教師聖職者論」から導き出される教職の意義とは何か。
（2）「教師労働者論」から導き出される教職の意義とは何か。
（3）「教師専門職論」から導き出される教職の意義とは何か。

〈引用・参考文献〉
・石倉一郎『教師聖職論批判』（三一書房、1975年）
・田中耕太郎『教育基本法の理論』（有斐閣、1961年）
・新渡戸稲造、奈良本辰也訳『武士道』（三笠書房、1993年）
・日本教職員組合編『日教組20年史』（労働旬報社、1967年）
・日本教職員組合編『日教組20年史資料編』（労働旬報社、1970年）
・村松喬『教育の森―教職の条件』（毎日新聞社、1968年）
・マルクス・エンゲルス、塩田庄兵衛訳『共産党宣言』（角川書店、1959年）
・マルクス・エンゲルス、マルクス・エンゲルス全集刊行委員会訳『ゴータ綱領批判 エルフルト
　綱領批判』（大月書店、1977年）
・森口朗『日教組』（新潮社、2010年）
・文部科学省「新学習指導要領 生きる力 保護者用パンフレット」（2010年）
・山口意友『教育の原理とは何か―日本の教育理念を問う』（ナカニシヤ出版、2010年）

〈註〉
1）周知のように大学教員にはこうした教員免許状は存在しない。なぜ免許状が必要でないのかという疑問を持つ人も多いだろう。これは大学が「教育」を主とする他校種と違って、「学術の中心として、高い教養と専門的能力を培うとともに、深く真理を探究して新たな知見を創造」（教育基本法第7条）するような「研究」機関でもあるからである。
2）「真理を求める態度」は、それが科学的な真理の場合には知育に属し、道徳的な真理であれば徳育に属すことになるが、「真理の探究」、「真理を大切に」という文言が『学習指導要領（平成29年告示）解説 特別の教科 道徳編』「道徳科の内容（小学校5・6学年、中学校）」に記されているので、ここではさしあたり「徳育」に入れておく。
3）「食育」の重要性が言われ出したのは、教育基本法改正の前年、すなわち2005年（平成17年）施行の「食育基本法」による。その前文には以下のように記されている。
「子どもたちが豊かな人間性をはぐくみ、生きる力を身に付けていくためには、何よりも『食』が重要である。今、改めて、食育を、生きるうえでの基本であって、知育、徳育及び体育の基礎となるべきものと位置付けるとともに、様々な経験を通じて『食』に関する知識と『食』を選択する力を習得し、健全な食生活を実践することができる人間を育てる食育を推進することが求められている。」（「食育基本法」前文の一部）
4）『学習指導要領』の改訂（小学校2020年度から、中学校2021年度から、高等学校2022年度から）に伴い、文部科学省は「生きる力－学びの、その先へ」（傍点筆者）と題したリーフレットを発刊している。そこでは3つの要素が示されている。すなわち①「知識及び技能」、②「思考力、判断力、表現力」、③「学びに向かう力、人間性等」であり、そこでは、これら「三つの

力をバランスよく育む」ことの重要性が示される。これは『学習指導要領』第1章「総則」の
「3」で示される内容に対応するのだが、実はここで注意すべき点がある。この3つの要素は
あくまでも「学び」、すなわち生きる力の「確かな学力」に対応する内容であるという点であ
る。すでに示したように「生きる力」は、「確かな学力（知育）」・「豊かな人間性（徳育）」・
「健康体力（体育・食育）」の3つが合わさったものであり、これは『学習指導要領』第1章
「総則」の「2」の（1）（2）（3）においてそれぞれ詳細に示されている。また同リーフ
レットの2頁目には「これまで大切にされてきた、子供達に「生きる力」を育む、という目標は、
これからも変わることはありません」と記されている。それゆえ、このリーフレットは「生き
る力」における「確かな学力（知育）」の部分を、「新たな学び」（すなわち上記の①②③）と
してより詳細に示したものと理解する必要がある。つまり、「生きる力」の3要素（「知育」
「徳育」「体育・食育」）を前提した上で、その「学び（知育）の先にある要素」として上記①
②③を理解すべきであり、両者を混同しないことが重要である。（なにゆえ文科省は、「生きる
力」の3要素と混同されるような、こうしたリーフレットを出したのであろうか。事実、ウェ
ブ上ではこれらを混同して、「生きる力」を「知育」「徳育」「体育・食育」ではなく、上記の
①②③として解説しているものも散見される。）

5) これを実際に行っているのが、ノーベル賞受賞者・山中伸弥氏の母校でもある大阪教育大学附
   属高等学校天王寺校舎である。
6) 同じような形で「医師聖職者論」もある。
7) 大日本帝国憲法第3條「天皇ハ神聖ニシテ侵スヘカラス」。
8) 教育勅語における十二徳とは、その2段落目に記された「孝行・兄弟愛・夫婦の和・朋友の
   信・恭謙・博愛・修学修行・知能啓発・德器成就・公益世務・遵法・義勇」の徳のことを指す。
9) 第164国会「教育基本法に関する特別委員会」第12号（平成18年6月8日衆議院）。拙著『教
   育の原理とは何か―日本の教育理念を問う』ナカニシヤ出版、23頁参照。
10) この考え方はカントの「適法性」と「道徳性」の違いを考えればわかりやすい。前者は善き行
    為をしているようでも、その心中は欲望や下心などのような別の意図があるのに対し、後者は
    こうした傾向性から独立した道徳的に自由な意志によるものである。
11) 当時の日教組委員長槇枝元文が北朝鮮を讃美していたことは有名だが、それは北朝鮮も日教組
    もともに社会主義・共産主義の社会を目指すという「近代的労働者階級の歴史的使命」を共有
    していたからと考えられる。日教組についての基本的な考え方を知るには、森口朗『日教組』
    （新潮新書、2011年）が役に立つ。
12) 日教組の言う「労働者」の概念がマルキシズムに依拠しているのがわかったとして、では社会
    主義と共産主義はどう違うのかという疑問が生じてこよう。これについては、さしあたり以下
    のような理解でよいだろう。マルクスによれば、資本主義から共産主義への過程には過渡期が
    あり、「生まれたばかりの共産主義」（第1段階）では、「能力に応じて働き、それに応じて受
    け取る」という等価交換であるが、「共産主義のより高度な段階」においては「各人はその能
    力に応じて働き、各人にはその必要に応じて受け取る」ことになるという（マルクス・エンゲ
    ルス『ゴータ綱領批判 エルフルト綱領批判』大月書店、1977年、43-45頁参照）。つまり、共
    産主義の第1段階が社会主義であり、より進んだ第2段階が共産主義である。こうした共産主
    義の進行について、『共産党宣言』ではまず労働者は階級的に団結し、革命によって自らが支
    配階級となるが、次に階級対立の条件を廃止することで、自らの階級的支配権を廃止するよう
    になると示される（マルクス・エンゲルス、塩田庄兵衛訳『共産党宣言』角川書店、1978年、
    62頁参照）。この最初の段階が社会主義で最終段階が共産主義である。それゆえ、最終的な共
    産主義においては階級的支配が一切存在しない、いわば無政府共産主義と考えられる。だが、

これが絵に描いた餅であることは、西欧における社会主義国家の崩壊という史実や、アジアの社会主義諸国がどのような国であるかを考えれば、すぐにわかることでもある。

13) 大学教員については、ユネスコ「高等教育教員の地位に関する勧告」がある。

14) ここでいう専門性とは、低学年の児童にわかりやすく教えるという技術的な専門性や、全教科についての知識的な専門性である。小学校教員の最大の問題点は、教科に関する知識的な専門性の低さが挙げられるだろう。確かに6学年という広範囲の年齢層を受け持ち、かつ全教科担任制という点からすれば、致し方ないともいえるが、難関私立中学の入試問題を小学校教員が解けなければどうなるかを考えてみる必要もある。たとえば、放課後に、ある児童が自分では解けない高度な算数の問題を教員に質問してきた際、教員がそれに答えることができなければ、児童や保護者は学校に見切りを付けて塾を主体とするようになる。こうした点から考えれば、小学校教員に求められる専門性のレベルは、他校種よりも格段に高いともいえるだろう。

15) それぞれの概念は、哲学の根本を支える問題なので、そう簡単に答えを出すことはできないが、少なくとも、「自律と他律の違い」や「真理とは認識と対象の一致」(認識論)であるとか、「正義における配分的正義と矯正的正義の違い」(アリストテレス)の説明を行うくらいの能力は必要であろう。

16) こうした点を押さえたうえで、教員を「高い専門性と職業倫理によって裏付けられた特別の専門的職業」と位置づけた中央教育審議会答申(1971〈昭和46〉年)や、その後の教育職員養成審議会の答申を理解することが重要である。これらの答申の詳細については、「第3章 教員の資質能力」で論じられる。

第2章 教員の職務

　本章では、教員の職務内容と服務の問題を取り上げる。

　まず第1節では、「教員」、「教育職員」、「教職員」、「教育公務員」等を取り上げて、法令等でどのように規定されているのか確認する。次に第2節では、「公の性質」を持つ学校教員の身分保障と分限・懲戒処分について解説する。第3節では、教員の職務内容を俯瞰し、その多様性について言及する。第4節では、教員の服務として職務上の義務と身分上の義務を取り上げて解説する。最後に第5節では、教員の職務をめぐる現状と課題について、3つの観点から論じる。

第1節　教員の名称と法的規定

　学校の「先生」をあらわす法令上の用語には「教員」、「教育職員」、「教職員」、「教育公務員」などがある。しかも、法令によって使用される用語が異なっている。ここではまず、代表的な法令を挙げて、それを確認することからはじめよう。

教員

　まず、教育基本法を取り上げてみよう。教育基本法は日本国憲法の精神に基づき、我が国の教育の基本的なあり方を明示した法律である。この第9条には「法律に定める学校の教員」との表記がみられる。「法律に定める学校」とは、学校教育法第1条に定められた幼稚園、小学校、中学校、義務教育学校、高等学校、中等教育学校、特別支援学校、大学及び高等専門学校を指している。これらの教育機関において幼児・児童・生徒・学生の教育に直接的に携わる者が「教員」と呼ばれる。

　前述の学校教育法は、日本国憲法及び教育基本法の理念を受けて、我が国の学校制度の基本を定めた法律である。この第7条でも、「学校には、校長及び相当数の教員を置かなければならない」と、「教員」の表記が使用されている。なお、学校教育法ではこの第7条にみられる通り、「校長及び相当数の教員」、あるいは第8条と第11条の「校長及び教員」や第9条の「校長又は教員」のように、「校長」と「教員」が区別されている。

教育職員

　教員の免許に関する基準を定めた教育職員免許法では、法律の名称にも「教育職員」という用語を使用し、第2条第1項でその該当者を次のように規定している。すなわち、「教育職員」とは、学校教育法第1条に定める幼稚園、小学校、中学校、義務教育学校、高等学校、中等教育学校及び特別支援学校並びに就学前の子どもに関する教育、保育等の総合的な提供の推進に関する法律に規定する幼保連携型認定こども園の主幹教諭、指導教諭、教諭、

助教諭、養護教諭、養護助教諭、栄養教諭、主幹保育教諭、指導保育教諭、保育教諭、助保育教諭及び講師のことであると。また、この条文には、「教育職員」を「以下『教員』という」との表記もみられる。つまり、「教育職員」は「教員」と同義の表現として用いられているのである。

教職員

「教職員」もよく使用される用語である。これについては、公立の義務教育諸学校における学級規模と教員配置の適正化を図るための、公立義務教育諸学校の学級編制及び教職員定数の標準に関する法律第2条第3項に次のように記されている。すなわち、「教職員」とは、校長、副校長及び教頭、主幹教諭、指導教諭、教諭、養護教諭、栄養教諭、助教諭、養護助教諭、講師、寄宿舎指導員、学校栄養職員並びに事務職員を指していると。したがって、「教職員」という用語は直接教育に携わる教員のみならず、教員の教育活動を間接的に支える職員をも含むものであることがわかる。

教育公務員

この他、地方公務員のうち、地方公共団体が設置する公立学校の学長、校長（園長を含む）、教員及び部局長並びに教育委員会の専門的教育職員を「教育公務員」と呼ぶ（教育公務員特例法第2条参照）。

教育公務員に関する特例として、地方教育行政の組織及び運営に関する法律第37条には、「県費負担教職員」の規定がある。「県費負担教職員」とは、市町村立学校の教職員のことを指している。市町村立学校の教職員は市町村の職員であるが、その任命権は市町村が所属する都道府県教育委員会が有する。また、給与に関しても市町村ではなく都道府県が負担し支給する（義務教育費国庫負担法によってその3分の1は国が負担）。こうした特例によって、市町村の財政格差などが教育格差につながらないよう配慮されているのである。

以上、学校の「先生」をあらわす法令上の用語について言及した。前述の法令やそれ以外のものも含めて、教員等の名称とその名称が指し示す範囲を一覧にしたものが表2-1である。

表2-1　教員等の名称

法　令	名　称	範　囲
教育基本法 （第9条）	教　員	「法律に定める学校の教員」：国、地方公共団体及び法律に定める法人が設置した学校（第6条）の教員 （学校教育法第1条に定められた学校、すなわち幼稚園、小学校、中学校、義務教育学校、高等学校、中等教育学校、特別支援学校、大学及び高等専門学校の教員）
学校教育法 （第7、27、37、49、60、69、70、82、92、120条等）	教　員	教授、准教授、助教、助手、講師、副校（園）長、教頭、主幹教諭、指導教諭、教諭、助教諭、養護教諭、養護助教諭、栄養教諭、講師
教育公務員特例法 （第2条）	教育公務員	地方公務員のうち、地方公共団体が設置する公立学校の学長、校長（園長を含む）、教員及び部局長並びに教育委員会の専門的教育職員
	教　員	公立学校の教授、准教授、助教、副校（園）長・教頭、主幹教諭（幼保連携型認定こども園の主幹養護教諭及び主幹栄養教諭を含む）、指導教諭、教諭、養護教諭、養護助教諭、栄養教諭、主幹保育教諭、指導保育教諭、保育教諭、助保育教諭、講師
地方教育行政の組織及び運営に関する法律（第37条）市町村立学校職員給与負担法（第1、2条）	県費負担教職員	市（特別区を含む）町村立の小学校・中学校・義務教育学校・中等教育学校の前期課程・特別支援学校の校長、副校長、教頭、主幹教諭、指導教諭、教諭、養護教諭、栄養教諭、助教諭、養護助教諭、寄宿舎指導員、講師、学校栄養職員、事務職員 市（指定都市を除く）町村立の高等学校における定時制の課程の校長、副校長、教頭、主幹教諭、指導教諭、教諭、助教諭、講師
公立義務教育諸学校の学級編制及び教職員定数の標準に関する法律（第2条第3項）	教職員	公立の小学校・中学校・義務教育学校・中等教育学校の前期課程、特別支援学校の小学部、中学部の校長、副校長、教頭、主幹教諭、指導教諭、教諭、養護教諭、栄養教諭、助教諭、養護助教諭、講師、寄宿舎指導員、学校栄養職員、事務職員
教育職員免許法 （第2条第1項）	教育職員	幼稚園・小学校・中学校・義務教育学校・高等学校・中等教育学校・特別支援学校並びに幼保連携型認定こども園の主幹教諭（主幹養護教諭及び主幹栄養教諭を含む）、指導教諭、教諭、助教諭、養護教諭、養護助教諭、栄養教諭、主幹保育教諭、指導保育教諭、保育教諭、助保育教諭、講師
義務教育諸学校における教育の政治的中立の確保に関する臨時措置法（第2条第2項）	教育職員	小学校・中学校・義務教育学校・中等教育学校の前期課程・特別支援学校の小学部・中学部の校長、副校長、教頭、主幹教諭、指導教諭、教諭、助教諭、講師
公立の義務教育諸学校等の教育職員の給与等に関する特別措置法（第2条第2項）	教育職員	公立の小学校・中学校・高等学校・義務教育学校・中等教育学校・特別支援学校・幼稚園の校（園）長、副校（園）長、教頭、主幹教諭、指導教諭、教諭、養護教諭、栄養教諭、助教諭、養護助教諭、講師、実習助手、寄宿舎指導員
学校教育の水準の維持向上のための義務教育諸学校の教育職員の人材確保に関する特別措置法（第2条第2項）	教育職員	小学校・中学校・義務教育学校・中等教育学校の前期課程・特別支援学校の小学部・中学部の校長、副校長、教頭、教育職員免許法第2条第1項に規定する教員

出典：筆者作成

　ところで、教員を意味する「先生」や「教師」という言葉は、これまで述べてきた法令上では使用されていない。しかし、「学習指導要領」においては使用されている。たとえば、「教師と児童との信頼関係」（「小学校学習指導要領（平成29年告示）」第1章総則第4「児童の発達の支援」）、「教師と生徒との信頼関係」（「中学校学習指導要領（平成29年告示）」第1章総則第4「生徒の発達の支援」）、「先生を敬愛し」（「小学校学習指導要領（平成29年告示）」第3章 特別の教科 道徳第2「内容〔第1学年及び第2学年〕」）等々を挙げることができる。学習指導要領は法令ではない。しかし学校の教育課程は、学校教育法施行規則に定めるもののほか、教育課程の基準として文部科学大臣が公示する「学習指導要領」（幼稚園では「幼稚園教育要領」）によるものとされている（学校教育法施行規則第38、52、74、84、108、129条参照）。したがって、行政解釈上、「学習指導要領」は法規命令の性格を持つものととらえられている。ともあれ、特に「先生」という言葉は、教員同士、あるいは幼児、児童生徒や保護者が教員に対して「〜先生！」と呼びかけるときにも使用される、大変なじみのある言葉であることはいうまでもない。

第2節　教員の身分

教員の身分とは

　一般に身分という言葉は、特定の社会ないし集団のなかで個人が占める地位を意味する。この地位は、生得的地位（ascribed status）と獲得的地位（achieved status）に大別される。前者は、人種、民族、性別、血統、家柄、遺産など、生得的な要因と結びついており、後者は、職業、収入、学歴、資格、教養の程度など、後天的に獲得される要因と結びついている。

　教員の身分という場合、広義では学校教育法第1条に定められた学校、すなわち幼稚園、小学校、中学校、義務教育学校、高等学校、中等教育学校、特別支援学校、大学及び高等専門学校に勤務する教員の身分を指す。また狭義では、教育職員免許法第2条第1項で示された幼稚園、小学校、中学校、義務教育学校、高等学校、中等教育学校、特別支援学校並びに幼保連携型認

定こども園に勤務する教育職員の身分を指している。いずれにせよ、教員の身分という場合、それは生得的地位ではなく、獲得的地位に属することはいうまでもない。

　周知のように第二次世界大戦後、我が国では、それまで師範学校を中心に閉鎖的に行われてきた教員養成を転換し、「大学における教員養成」と「開放制」に基づく教員養成という、2大原則に基づいて教員養成が行われてきた。「大学における教員養成」の原則によって、教員養成の学術的水準ならびに教師の専門職性の向上が目指され、また「開放制」に基づく教員養成の原則によって、教員を希望する者は、教職課程を設置した大学で履修し、教育委員会での所定の手続きを経て、教育職員免許状を取得することができるようになった。無論、免許状を取得するだけで直ちに教員になれるわけではない。たとえば公立学校教員の場合、教員採用候補者選考を経て、任命権者による任命を受けなければならない。また、教育職員免許状の授与・採用候補者選考の受験についても、一定の条件が定められているので注意が必要である（詳しくは第5章参照）。

「公の性質」を持つ学校の教員

　さて、前述のような教員の身分に関して、法的にはどのような規定が見られるであろうか。教員の身分を規定する法的根拠を次にみていくことにしよう。まず、教育基本法第6条第1項では、国立・公立・私立の別を問わず、「法律に定める学校は、公の性質を有するものであって、国、地方公共団体及び法律に定める法人のみが、これを設置することができる」と定められている。ここに記された「法律に定める学校」は、国が設置する国立学校、地方公共団体（都道府県及び市町村）が設置する公立学校、そして学校法人が設置する私立学校に分類される（学校教育法第2条の2）。しかし、この規定にあるように学校は国立・公立・私立の別を問わず、「公の性質」を持ち、公教育の場として重要な役割を果たす機関であるととらえられている。さらに私立学校に関しては教育基本法第8条で、私立学校が「公の性質及び学校教育において果たす重要な役割」を持つことを改めて明記している。そして、私立学校の自主性を尊重しつつ助成やその他の適切な方法で、「私立学校教

育の振興」に努めるよう国や地方公共団体に対して求めているのである。

「公の性質」を持つ学校に勤務する教員もまた、国立・公立・私立を問わず、ともに公教育の担い手として重要な使命を持つ存在であるととらえられている。それゆえ、教育基本法第 9 条第 1 項ではさらに、教員について、「法律に定める学校の教員は、自己の崇高な使命を深く自覚し、絶えず研究と修養に励み、その職責の遂行に努めなければならない」と定められているのである。

また、公教育の担い手としての重要な使命を持つ教員であるがため、「その使命と職責の重要性にかんがみ、その身分は尊重され、待遇の適正が期せられる」（同法第 9 条第 2 項）と手厚い身分保障が求められている。

教員の身分保障

教員の身分は実際にはどのように尊重され、待遇の適正化がどのように図られているのか。まず、公立学校の教員は、前述のように「教育公務員」であり、地方公務員としての身分が保障されている。また、公務員としての教員に関する分限処分や懲戒処分についても、身分保障の見地から配慮がなされている。

分限とは身分保障の限界を意味しており、分限処分とは、教員がその職務を十分に果たすことができない場合の処分を指している。分限処分には降任、免職、休職、降給などがある（地方公務員法第28条）。

一方、懲戒処分は、教員が公務員としての服務義務に違反した場合の制裁を指し、これには戒告、減給、停職、免職がある（同法第29条）。

しかし、これらの処分を恣意的に行うことはできない。すなわち、分限処分や懲戒処分は公正になされなければならないし、法令が定める事由によらなければ、こうした処分を行うことはできない。また、処分の種類も法律によって限定されている。したがって、もし身分上の不利益な処分を受けるようなことがあれば、教員は処分事由の説明書を請求したり、処分不服の申し立てをすることができる。

私立学校教員の場合も、前述の通り法律に定める学校の教員である限り公教育の担い手であり、公務員としての教員と同程度の身分保障がなされてい

るものと解されなければならない。

第3節　教員の職務と権利

　教員はどのような職務を果たすべき存在であるか。それは、端的にいえば「教育をつかさどる」存在である（学校教育法第37条第11項、第49条、第62条、第70条参照）。教員には、教育に従事し、その任務をまっとうする権利が保障され、そのために前述のような身分保障がなされている。このことと表裏一体をなして、当然のことながら教員には「教育をつかさどる」という職務が求められ、さらには後述する服務を果たす義務が求められるのである。

　ところで「つかさどる」という言葉は、一般にはあることを職務・任務として取り扱うこと、担当することを意味している。したがって、たとえば学校教育法に記された「児童の教育をつかさどる」（第37条第11項）という場合は、小学校に通う児童の教育を自らの職務・任務として担当することを指している。

　ここで小学校を例として、学校教育法に規定された「校長及び相当数の教員」（第7条）が、それぞれどのような職務を担うものとされているのか、それを次頁の表2-2で示すことにする。

　さて、以下では、学校教育法が定める教員のうち、公立小中学校の「教諭」を例として、その職務である「教育をつかさどる」ことの内実について、みていくことにしよう。

学習指導

　「教師は授業で勝負する」といわれるように、教員の職務内容としてまず挙げられるのが学習指導である。学習指導は学校の教育課程に基づいて行われていく。

　小学校の教育課程は、国語、社会、算数、理科、生活、音楽、図画工作、家庭、体育及び外国語の各教科、特別の教科である道徳、外国語活動、総合

表2-2　学校教育法に定める校長及び教員の職務（小学校の場合）

名　称	職　務	根　拠
校　長	校務をつかさどり、所属職員を監督する。	学校教育法第37条第4項
副校長	校長を助け、命を受けて校務をつかさどる。	同条第5項
	校長に事故があるときはその職務を代理し、校長が欠けたときにはその職務を行う。	同条第6項
教　頭	校長（副校長を置く小学校にあっては、校長及び副校長）を助け、校務を整理し、必要に応じ児童の教育をつかさどる。	同条第7項
	校長（副校長を置く小学校にあっては、校長及び副校長）に事故があるときは校長の職務を代理し、校長が欠けたときは校長の職務を行う。	同条第8項
主幹教諭	校長（副校長を置く小学校にあっては、校長及び副校長）及び教頭を助け、命を受けて校務の一部を整理し、児童の教育をつかさどる。	同条第9項
指導教諭	児童の教育をつかさどり、教諭その他の職員に対して、教育指導の改善及び充実のために必要な指導及び助言を行う。	同条第10項
教　諭	児童の教育をつかさどる。	同条第11項
養護教諭	児童の養護をつかさどる。	同条第12項
栄養教諭	児童の栄養の指導及び管理をつかさどる。	同条第13項
助教諭	教諭の職務を助ける。	同条第15項
講　師	教諭又は助教諭に準ずる職務に従事する。	同条第16項
養護助教諭	養護教諭の職務を助ける。	同条第17項

出典：筆者作成

的な学習の時間並びに特別活動（学級活動、児童会活動、クラブ活動、学校行事）から編成されている。

　中学校の教育課程は、国語、社会、数学、理科、音楽、美術、保健体育、技術・家庭、外国語の各教科、特別の教科である道徳、総合的な学習の時間並びに特別活動（学級活動、生徒会活動、学校行事）から編成されている。

　教員は、以上のような教科指導と教科外指導の両面にわたり、教育課程の担い手として学習指導を担当することになるのである。

生徒指導と学級経営

　学習指導と並んで重要な意義を持つのが生徒指導である。生徒指導に関する教員向けのテキスト、文部科学省の『生徒指導提要』（2010年3月）は2022年12月に改訂された。それにより生徒指導の定義と目的が表2-3のように明記されたのである。

表2-3　生徒指導の定義と目的

○生徒指導の定義
　生徒指導とは、児童生徒が、社会の中で自分らしく生きることができる存在へと、自発的・主体的に成長や発達する過程を支える教育活動のことである。なお、生徒指導上の課題に対応するために、必要に応じて指導や援助を行う。

○生徒指導の目的
　生徒指導は、児童生徒一人一人の個性の発見とよさや可能性の伸長と社会的資質・能力の発達を支えると同時に、自己の幸福追求と社会に受け入れられる自己実現を支えることを目的とする。

出典：文部科学省『生徒指導提要（改訂版）』（2022年12月）より筆者作成

　生徒指導と言えば、かつては児童生徒の規律の乱れや問題行動等が起こってから事後的に対応する「リアクティブ」（「即応的・継続的」）なイメージが強かった。しかし現在は生徒指導の定義と目的が示すように、全ての児童生徒の自己実現へ向けた自発的・主体的な成長・発達過程を日常的に支援する「プロアクティブ」（「常態的・先行的」）な面が重視されている。

　さらに、民主的な国家・社会の中で児童生徒一人一人が自らの幸福を追求し自己実現を図っていけるようにするには何が最も重要だろうか。生徒指導ではそれを児童生徒一人一人による「自己指導能力」の獲得に見ている。その獲得へ向けて彼らを育成することは、生徒指導の究極的な目標とされてきた。しかし、このような目標の達成は学校教育の一分野、一領域として捉えられるものではない。学校の教育活動全体が射程に入ってくるのである。したがって、生徒指導は各教科、道徳、総合的な学習（探究）の時間、特別活動、小学校ではさらに外国語活動といった教育課程内の取り組みに関わるだけではない。休み時間や放課後の個別指導、学業不振な児童生徒のための補充指導、問題行動（いじめ、不登校など）への対応、教育相談、校則の指導など、教育課程外を含むあらゆる活動の中で、組織的に取り組まれなければならない。

　生徒指導に取り組むにあたり、まずもって教員は学級の中で基盤となる児童生徒理解の深化、児童生徒との信頼関係の構築、児童生徒同士が豊かな集団生活を営めるような教育的環境の形成に努めなければならない。したがって学級経営と生徒指導は密接に関連し合っている。

　なお、学級経営を具体的に進めるにあたっては、直接的な児童生徒との人格的触れあいは当然重要であるが、その他、例えば①学級目標の設定と学級経営案の作成・実施・評価、②出席簿、指導要録、通知表の作成・管理、③義務ではないが学級通信の発行、⑤集金等の事務、⑥保護者会の準備・実施等の実務も担任として担わなければならない。

キャリア教育と進路指導

　ところで、生徒指導における児童生徒一人一人の「自己実現」の問題は、キャリア教育とも密接に関連している。『キャリア教育の推進に関する総合的調査研究協力者会議報告書』（平成16年1月28日、以下『報告書』）によれば、「キャリア」や「キャリア教育」は極めて包括的な言葉で、多様な意味合いで受容されてきた。そのことを踏まえつつ、『報告書』は「キャリア教育」を「児童生徒一人一人のキャリア発達を支援し、それぞれにふさわしいキャリアを形成していくために必要な意欲・態度や能力を育てる教育」、端的には「児童生徒一人一人の勤労観、職業観を育てる教育」と定義している。

　『報告書』は、キャリア教育という考え方が1970年代初頭のアメリカで始まり、日本の学校教育における進路指導に影響を与えてきたことを指摘している。前述の『生徒指導提要（改訂版）』では、中学校及び高等学校におけるキャリア教育の中に進路指導が包含されていること、小学校でも特別活動の「学級活動・ホームルーム活動」で「一人一人のキャリア形成と自己実現」が内容項目になっていることが取り上げられている。そして、「小・中・高を通じたキャリア教育の積み重ね」が重要だと指摘している。

　進路指導に関しては、これまでありがちであった「進路決定の指導」への偏重を改め、「進路発達の指導」と「進路決定の指導」を一連の流れとして、系統的に展開することが重要視されてきた。

　なお、「進路発達」に関しては、例えば表2-4のように職業的な発達段階

49

表2-4　学校段階別に見た職業的（進路）発達段階、職業的（進路）発達課題

小学校段階	中学校段階	高等学校段階
職業的（進路）発達の段階		
進路の探索・選択にかかる基盤形成の時期	現実的探索と暫定的選択の時期	現実的探索・試行と社会的移行準備の時期
職業的（進路）発達課題 各発達段階において達成しておくべき課題を、進路・職業の選択能力及び将来の職業人として必要な資質の形成という側面から捉えたもの		
・自己及び他者への積極的関心の形成・発展 ・身のまわりの仕事や環境への関心・意欲の向上 ・夢や希望、憧れる自己イメージの獲得 ・勤労を重んじ目標に向かって努力する態度の形成	・肯定的自己理解と自己有用感の獲得 ・興味・関心等に基づく職業観・勤労観の形成 ・進路計画の立案と暫定的選択 ・生き方や進路に関する現実的探索	・自己理解の深化と自己受容 ・選択基準としての職業観・勤労観の確立 ・将来設計の立案と社会的移行の準備 ・進路の現実吟味と試行的参加

出典：国立教育政策研究所生徒指導研究センター「児童生徒の職業観・勤労観を育む教育の推進について（調査研究報告書）」2002年より筆者作成

と発達課題の視点で捉える見方もある。

　「進路発達の指導」に関しては、現在、例えば職場体験やインターンシップ（就業体験）をはじめ、ボランティア活動、社会人・職業人講話等々、様々な体験活動が実施されている。なお、小学校について一部前述したが、新学習指導要領（小・中学校は平成29年3月、高校は平成30年3月告示）では、特別活動（学級活動及ホームルーム活動）の内容として「一人一人のキャリア形成と自己実現」が取り上げられた。さらに児童生徒が各自のキャリア形成に関わる「活動を記録し蓄積する教材等を活用」するよう求めている。これに関連して現在、「キャリア・パスポート」が導入されている。これは児童生徒が各自のキャリア形成に関する諸活動を振り返り、自己の変容や成長を自己評価するのに役立てるポートフォリオとなるものである。教員はこれら一連の指導に取り組まねばならない。

　しかし、パンデミック、生成AIの台頭など、まさしくVUCA時代を迎えた今日、職業観・勤労観、起業観も変貌してきており、従来型の「進路・職業の選択」が揺さぶられる地殻変動が起きている。児童生徒以上に教員にとっては、まさしく未踏の原野へ進むがごとくの現状であろう。

その他にも、教員は、児童会・生徒会活動や部活動に関する指導、学校行事の計画・実施・評価に従事する。さらには、学校運営上必要な校務分掌においてそれぞれ係を分担する。

以上のように、教員の職務は実に多種多様である。一見すると、教員の職務として専ら学習指導のみが注目されそうである。しかし、学習指導は教員の職務の一部分に過ぎない。無論、学習指導は教員にとって極めて重要な職務である。しかし、それ以外のさまざまな職務の遂行にも多くの時間が割かれているのである。

第4節　教員の服務

服務とは

教員が勤務に際して守るべき規律のことを服務という。前述の通り、法律に定める学校には国が設置する国立学校、地方公共団体が設置する公立学校、学校法人が設置する私立学校がある。それに伴って、国立学校に勤務する教員は国立大学法人の職員として、公立学校の教員は地方公務員として、私立学校の教員は学校法人職員としての服務に従わなければならない。本節では、代表的な服務内容として公立学校の場合を例として取り上げていく。しかし、教育基本法に定められているように、法律に定める学校はいずれも「公の性質」を有するものであり（第6条）、「自己の崇高な使命を深く自覚し、……その職責の遂行に努めなければならない」（第9条第1項）と規定されており、このことが服務に共通する精神となっているものと解される。

服務の根本基準

公務員としての身分を有する教員に関して、地方公務員法第30条では、「すべて職員は、全体の奉仕者として公共の利益のために勤務し、且つ、職務の遂行に当つては、全力を挙げてこれに専念しなければならない」と服務の根本基準が定められている。

この基準に基づく教員の服務義務は、職務上の義務と身分上の義務とに分

かれている。職務上の義務は、勤務時間を中心として、教員が職務遂行上守らなければならない義務である。身分上の義務は、勤務時間中であるか否かにかかわらず、教員がその身分を持つ限り、守らなければならない義務である。これには後述する「秘密を守る義務」のように、職務を退いた後でも守らなければならない義務も含まれている。

職務上の義務

まず職務上の義務について、順を追って説明していくことにしよう。公立学校における教員の職務上の義務には次のものがある。

（1）服務の宣誓

服務の宣誓については、地方公務員法第31条において「職員は、条例の定めるところにより、服務の宣誓をしなければならない」と定められている。

この条文にあるように、新たに公立学校の教員となった者は、職務につく前に服務の宣誓をしなければならない。宣誓の内容・手続きに関しては、それぞれの地方自治体の条例で定めることとされている。宣誓に当たって使用される宣誓書（教育公務員）の様式例は図2-1の通りである。

宣 誓 書

　私は、ここに、主権が国民に存することを認める日本国憲法を尊重し、且つ、擁護することを固く誓います。

　私は、地方自治及び教育の本旨を体するとともに公務を民主的且つ能率的に運営すべき責務を深く自覚し、全体の奉仕者として、誠実且つ公正に職務を執行することを固く誓います。

　　年　　月　　日

　　　　　　　　　　　　　　　　　　氏　名　　　　印

図2-1　宣誓書（教育公務員）の様式例

出典：窪田眞二・小川友次『教育法規便覧　令和2年度版』学陽書房、2020年、306頁

（2）法令等及び上司の職務上の命令に従う義務

　これに関しては、地方公務員法第32条に「職員は、その職務を遂行する
に当つて、法令、条例、地方公共団体の規則及び地方公共団体の機関の定め
る規程に従い、且つ、上司の職務上の命令に忠実に従わなければならない」
と定められている。ここで「上司」といわれる存在は、職務を指揮監督する
機能や権限を有する上級の職にある者を指している。校長以外の教職員にと
っては教育委員会及び校長がその「上司」に該当する。校長にとっての「上
司」は教育委員会である。なお「県費負担教職員」の場合、その任命権者は
都道府県教育委員会であるが、職務上の「上司」となるのは勤務校の設置者
である市町村教育委員会である。
　「職務上の命令」として校長が発するものには、たとえば校務分掌や研修
命令・出張命令などがある。無論、上司からの命令であればどのような命令
にも従わなければならない、ということではない。法令等に違反せず、職務
にかかわりのある命令でなければならない。

（3）職務専念義務

　地方公務員法第30条には、「すべて職員は、全体の奉仕者として公共の利
益のために勤務し、且つ、職務の遂行に当つては、全力を挙げてこれに専
念しなければならない」と定められている。また第35条では、「職員は、法
律又は条例に特別の定がある場合を除く外、その勤務時間及び職務上の注意
力のすべてをその職責遂行のために用い、当該地方公共団体がなすべき責を
有する職務にのみ従事しなければならない」とされている。これらに規定さ
れているように、教員は公共の利益のために、全力を挙げて「教育をつかさ
どる」という自己の職務に専念する義務を負っている。したがって、勤務時
間中、その注意力のすべてを職責遂行のために用いることが求められている
のである。
　ただし、「法律又は条例に特別の定がある場合」には、職務専念義務が免
除されることがある。法律に定めがある場合としては、①休職（地方公務員
法第28条）、②停職（同法第29条）、③兼職・兼業に従事する場合（同法第38
条、教育公務員特例法第17条）、④勤務地を離れて研修を行う場合（教育公務

員特例法第22条)、⑤労働基準法に基づく免除：休憩（労働基準法第34条）、休日（同法第35条）、年次有給休暇（同法第39条）、産前産後休暇（同法第65条）、育児時間（同法第67条）、生理休暇（同法第68条）、⑥育児休業（育児休業、介護休業等育児又は家族介護を行う労働者の福祉に関する法律第6条）、⑦災害救助に従事する場合（災害救助法第7条、第8条）などがある。

身分上の義務

では身分上の義務にはどのようなものがあるのか。その重要な点について、職務上の義務と同様に、公立学校における教員の場合について、以下に述べていくことにしよう。

（1）信用失墜行為の禁止

地方公務員法第33条には、「職員は、その職の信用を傷つけ、又は職員の職全体の不名誉となるような行為をしてはならない」と定められている。この条文にある「信用失墜行為」の具体的な内容に関する規定はない。しかし、社会通念や法的立場から見て、教職の信用や名誉を損なうような事態であると考えられる。たとえば、法令違反、犯罪、公序良俗に反する行為などがこれに該当する。教職という仕事は、子供の人格形成に直接的に大きな影響を及ぼすものである。したがって教職に従事する者には、他の一般公務員以上に高い倫理観が求められる。

（2）秘密を守る義務

地方公務員法第34条には、「職員は、職務上知り得た秘密を漏らしてはならない。その職を退いた後も、また、同様とする」と定められている。この条文は、職務に関連して得た秘密についての守秘義務を規定したものである。この場合の秘密には、たとえば、未発表の公文書、未使用の試験問題、会議の内容等の公的秘密と、教職員の人事記録や子供の出生事情・成績等の個人的秘密がある。

なお、法令による証人や鑑定人等となり、職務上知り得た秘密を発表する場合には、任命権者の許可を受けなければならない。また、秘密の漏えいと

いった事態に陥らないように、情報の管理についても細心の注意を払う必要
がある。

（3）政治的行為の制限

　地方公務員法第36条には、「職員は、政党その他の政治的団体の結成に関
与し、若しくはこれらの団体の役員となつてはならず、又はこれらの団体の
構成員となるように、若しくはならないように勧誘運動をしてはならない」
と定められている。さらに教育公務員特例法第18条では、「公立学校の教育
公務員の政治的行為の制限については、当分の間、地方公務員法第36条の
規定にかかわらず、国家公務員の例による」とされている。公立学校の教員
は、政治的中立性を維持しなければならない。それゆえに地方公務員である
にもかかわらず、当該地方公共団体の区域以外でも国家公務員と同様に政治
的行為が制限されているのである。

　なお、選挙運動に関しても、公職の立候補は制限されており（公職選挙法
第89条、第91条）、教員はその地位を利用して選挙運動を行うことは禁止さ
れている（公職選挙法第136条の2、第137条）。

（4）争議行為等の禁止

　地方公務員法第37条には、「職員は、地方公共団体の機関が代表する使用
者としての住民に対して同盟罷業、怠業その他の争議行為をし、又は地方公
共団体の機関の活動能率を低下させる怠業的行為をしてはならない。又、何
人も、このような違法な行為を企て、又はその遂行を共謀し、そそのかし、
若しくはあおつてはならない」と定められている。教育公務員である公立学
校の教員の場合も、同盟罷業、怠業、その他の争議行為を行うことが禁止さ
れている。

　同盟罷業（ストライキ）とは、ある目的達成のために団結して仕事を休ん
だりすることである。一方、怠業（サボタージュ、スローダウン）は、団結し
て故意に仕事の能率を低下させ、仕事を遅滞させることを指す。さらに「そ
の他の争議行為」として、たとえば、労働争議における不法占拠、ピケッテ
ィング（見張り番を置くこと）などもある。教員がこれらのことを行えば授

業等の学校業務に重大な支障をきたすのみならず、何より児童生徒への影響も大きい。争議行為によって学校教育の正常な運営が阻害され、学校教育に対する国民の信頼を失うことがないようにしていかなければならない。

(5) 営利企業等の従事制限

　地方公務員法第38条には、「職員は、任命権者の許可を受けなければ、商業、工業又は金融業その他営利を目的とする私企業（以下この項及次条第1項において「営利企業」という。）を営むことを目的とする会社その他の団体の役員その他人事委員会規則（人事委員会を置かない地方公共団体においては、地方公共団体の規則）で定める地位を兼ね、若しくは自ら営利企業を営み、又は報酬を得ていかなる事業若しくは事務にも従事してはならない」と定められている。この条文にあるように、公立学校の教員は全体の奉仕者という立場から、また職務専念義務の観点からも、営利企業等に従事することが制限されている。ただし、教育公務員特例法第17条によって、本務の遂行に支障がないと任命権者が認める場合、特例として、任命権者の許可を受けて「教育に関する他の職を兼ね、又は教育に関する他の事業若しくは事務に従事する」ことができる。

　なお、「教育に関する他の事業若しくは事務」の範囲については、1959（昭和34）年2月27日付の人事院職員局長の回答によって、次の5つの場合が示されている。

1　公立または私立の学校または各種学校の長およびこれらの学校の職員のうち、教育を担当し、または教育事務（庶務または会計の事務に係るものを除く。以下同じ。）に従事する者の職
2　公立または私立の図書館、博物館、公民館、青年の家その他の社会教育施設の職員のうち、教育を担当し、または教育事務に従事する者の職
3　前2号のほか、教育委員会の委員、指導主事、社会教育主事その他の教育委員会の職員のうちもっぱら教育事務に従事する者ならびに地方公共団体におかれる審議会等で教育に関する事項を所掌するものの構成員の職

4　学校法人および社会教育関係団体（文化財保護またはユネスコ活動を主たる目的とする団体を含む。）のうち、教育の事業を主たる目的とするものの役員、顧問、参与または評議員の職ならびにこれらの法人または団体の職員のうち、もっぱら教育を担当し、または教育事務に従事する者の職

5　国会、裁判所、防衛庁〔現防衛省〕または公共企業体に付置された教育機関または教育施設の長およびこれらの機関または施設の職員のうち、もっぱら教育を担当し、または教育事務に従事する者の職[1]

第5節　教員の職務をめぐる現状と課題

適格な人材確保をめぐって

　我が国において、「学校教育の成否」は、その担い手である教員が鍵を握っているととらえられている。したがって、教員として適格な人材を確保することが重要な課題となる。この「適格な人材を確保する」という課題に対して、今日、教員の養成・採用・研修の各段階を通じて取り組みがなされているわけである。以下においては、この課題に対する取り組みを、(1) 教員の研究と修養、(2) 教員の分限・懲戒処分、(3) 教員のメンタルヘルスの保持の3点から述べていくことにする。

(1) 教員の研究と修養

　これまで教員の職務について述べてきたことから、学校教育の直接の担い手としての教員に求められているものは、実に多種多様であることがわかる。一般に学校の教員といえば授業場面を思い浮かべるであろうが、教員の職務は単に知識・技能の伝達にとどまるものではないことは明白である。教員は子供たちとの「人格的触合い」をその本質とする教育作用の担い手であり、教員という職業は、「幼児・児童・生徒の人格形成に大きな影響を及ぼすもの」（教育職員養成審議会答申「教員の資質能力の向上方策等について」1987年）である。

　それゆえ教員には子供の人格形成に影響を及ぼす、「教育者としての使命感」が求められているのである。教員に対してこのように教育者であることを求める思想を挙げるならば、たとえば、沢柳政太郎の教育者論やドイツのボルノー（Bollnow, O. F.）の「人間性への教育者」論など、洋の東西を問わず、枚挙に暇がない[2]。問題は、ではいかにしてこのような教育者としての使命を全うできるのかという点にある。それは聖人君子のような優れた人格者でなければ無理な話であろうか。たとえば、ディースターヴェーク（Diesterweg, A. W.）や小原國芳など優れた教育実践家たちは、教育者を人格的に完成された存在とはみなしていなかった。むしろ、絶えず自らの不十分さを自覚し、自己修養を怠らず、成長し続ける存在であり続けることこそが、同じように成長し続ける子供にかかわる教育者の条件であると考えていたのである[3]。今日の我が国の教育界においても、改正教育基本法第9条に記されているように、同様のとらえ方が重視されているとみることができる。

　2006年（平成18年）12月22日、改正教育基本法が公布・施行された。この基本法は、教員に関して旧法第6条第2項の規定を基本的に受け継ぎつつも、新たに教員に関する独立した第9条を次のように定めている。

　　第9条　法律に定める学校の教員は、自己の崇高な使命を深く自覚し、
　　　　絶えず研究と修養に励み、その職責の遂行に努めなければならない。
　　2　前項の教員については、その使命と職責の重要性にかんがみ、その
　　　　身分は尊重され、待遇の適正が期せられるとともに、養成と研修の充
　　　　実が図られなければならない。

この第9条を旧法第6条第2項と比べると、「自己の使命」が「自己の崇高な使命」に改められ、「絶えず研究と修養に励み」と「養成と研修の充実が図られなければならない」との文言が付加されている。2006年5月31日に行われた衆議院教育基本法に関する特別委員会において、「『絶えず研究と修養に励み』と新たに規定した理由は何か」との質問に対して、当時の生涯学習政策局長は次のように述べている。すなわち、教員は「教育を受ける者の人格の完成を目指し」、「その育成を促すという大変重要な職務を担う」存在

である。それゆえ、「教員一人一人の資質の向上」と「指導力不足教員、あるいは教員による非違行為」への的確な対応のため、今回の教育基本法の改正では、「自己の崇高な使命を深く自覚し、絶えず研究と修養に励むべきこと、また養成と研修の充実が図られなければならないことを新たに規定している」と（田中監修 2007：127）。

　この改正教育基本法に見られるように、我が国の教育界では今日、人格の完成に関与する重責を担う教員に対して、その「崇高な使命」を果たすため絶えざる研究と修養が求められているのである。

（2）教員の分限・懲戒処分

　教員の研究と修養への取り組みが推進される一方で、教員として適格性に欠けたり勤務実績が良くない等、地方公務員法第28条に規定される分限処分事由に該当する教員に対する分限処分を的確かつ厳正に行うことも求められている。この関連で、「指導が不適切な教員」への対応を取り上げることにする。

　教員としての適切な人材を確保するという観点から見て、今日、所謂「指導が不適切な教員」への対応が重要な課題となっている。「指導が不適切な教員」とは、「知識、技術、指導方法その他教員として求められる資質能力に課題があるため、日常的に児童等への指導を行わせることが適当ではない教諭等のうち、研修によって指導の改善が見込まれる者」であり、かつ直ちに「分限処分等の対象とはならない者」を指す（文部科学省「指導が不適切な教員に対する人事管理システムのガイドライン」2022年8月一部改定）。

　「指導が不適切な教員」の存在は、子供に悪影響を及ぼし、学校教育への信頼をも傷付けてしまう。それゆえ、都道府県・指定都市教育委員会では、このような教員に対する継続的な指導・研修（「指導改善研修」という）を行う体制を整えるとともに、必要に応じて「免職その他の必要な措置を講ずる」（教育公務員特例法第25条の2）など、分限処分を実施するための人事管理システムが運用されている。

　しかし、「指導が不適切な教員」に見えるケースであっても、指導が不適切になる原因が、明らかに精神疾患等心身の故障による場合は、指導改善研

修によらず、病気の治療に専念させ、医療的観点に立った措置や分限処分によって対応することが求められている。

なお、地方公務員法第29条に規定される懲戒処分事由（非違行為等）に該当する教員の場合は、指導改善研修により対処するのではなく、懲戒処分を行うことになる。

（3）教員のメンタルヘルスの保持

近年、教員の病気休職者のうち、精神疾患による休職者の割合は高く、教員の「メンタルヘルスの保持」が重要な課題となっている。文部科学省の発表によれば、精神疾患による休職者数の平均（平成20〜30年度）は5,164人である[4]。これは在職者全体でみれば約0.56％に過ぎない。しかし、休職者全体に占める精神疾患者の割合は約65.6％に上っているのである（2018年度）。文部科学省教職員のメンタルヘルス対策検討会議は「教職員のメンタルヘルス対策について（最終まとめ）」（2013年〈平成25年〉）を発表し、「予防的取組」として、①「セルフケアの促進」（メンタル面の自己管理、ストレスチェック）、②「ラインによるケアの充実」（校長等、上司によるケア）、③「業務の縮減・効率化等」（時間外勤務の縮減、ワーク・ライフ・バランスの実現）、④「相談体制等の充実」（相談窓口の設置、巡回相談、スクールカウンセラーの活用など）を提言した。なお、労働安全衛生法の一部改正（第66条の10）により、現在、「医師、保健師その他の厚生労働省令で定める者」による「心理的な負担の程度を把握するための検査」（いわゆるストレスチェック）と「医師による面接指導」が義務づけられている。

教職は教員個人の感情といった側面をも労働の一部として提供しなければならない「感情労働」の一種である[5]。また、多種多様な職務内容から来る教職の多忙さ[6]や長時間労働が問題視され、「働き方改革」が提言されている（中央教育審議会答申「新しい時代の教育に向けた持続可能な学校指導・運営体制の構築のための学校における働き方改革に関する総合的な方策について」2019年）。前述のように、教育は教員と子供たちとの人格的な触れ合いを通じて行われる点をかんがみると、教員が心身ともに健康を維持して教育に携わることができるような職場環境を整えることは、きわめて重要な課題であ

るといえよう。

学修課題

（1）教員の職務内容の特質について説明しなさい。
（2）教員に服務遵守が求められる理由について考察しなさい。
（3）教員の職務をめぐる現状と課題についてまとめなさい。

〈主な参考文献〉
・窪田眞二・小川友次『教育法規便覧　令和 2 年度版』（学陽書房、2020 年）
・田中壮一郎監修『逐次解説　改正教育基本法』（第一法規、2007 年）
・文部科学省『生徒指導提要（改訂版）』（2022 年 12 月）（https://www.mext.go.jp/a_menu/shotou/seitoshidou/1404008_00001.htm：最終閲覧日　2023 年 11 月 27 日）

〈註〉
1）この 5 項目は、当時の文部省大臣官房人事参事官から人事院職員局長へ協議事項として出された「教育公務員特例法第二十一条に定める『教育に関する他の事業者若しくは事務』の範囲について」（文人任第 22 号、昭和 34 年 2 月 21 日付）で示されたものである。人事院職員局長からは同年 2 月 27 日付で「標記のことについては、異存ありません」と回答（職-110）が出され、これら 5 項目が承認されている。
2）たとえばドイツの教育学者ボルノー（Bollnow, O. F., 1903-1991）は、教師教育を主題とした最初の論文「教師教育における理論と実践」（Theorie und Praxis in der Lehrerbildung, in: Zeitschrift für Pädagogik, 15. Beiheft, 1978）のなかで、教師教育の目的として「人間性への教育者」（Erzieher zur Menschlichkeit）の養成を掲げて、次のように述べている。すなわち、「教師というものは、伝達すべきあらゆる知識や技能以上に、人間性への教育者である場合にのみ、自己の職業の課題を果たすのである」（S. 163）と。さらにボルノーは「人間をうつろで動物的な生存状態から覚醒させ、自由な、人間らしい生き方へと導いていくことが、彼〔筆者注：人間性への教育者〕の偉大なる目標である。こうした偉大な目標を我々はあらゆる個々の課題を達成する際にも見失ってはならない」（Ebd.）と主張している。そして彼は、このような役割を担う教師自身にも同じように人間らしい生き方の主体であることを求めているのである（S. 164）。
3）たとえば小原國芳は『師道』（玉川大学出版部、1974 年）のなかで、「朝に夕に、自己の足らざるを嘆じて、常に自己修養にいそしみつつある教師からは、眼に見えない火花が、鼻でかげない匂いが迸り出ます。その火花が、その匂いが、人格の光となって教育ができるのです」（13 頁）と述べている。
4）文部科学省「平成 30 年度公立学校教職員の人事行政状況調査について」2019 年 12 月 24 日から算出。
5）「感情労働」（emotional labor）は、職務に応じた適切な感情を表出・保持するために職務上要

請される感情の管理のことを指している（Cf. Hochschild, Arlie Russell, The Managed Heart: Commercialization of Human Feeling. University of California Press, 1983, p. 7, A. R. ホックシールド著／石川准・室伏亜希訳『管理される心—感情が商品になるとき』世界思想社、2000年、7頁）。

6）たとえば油布佐和子「教師の多忙に関する一考察」（藤田英典研究代表『教職の専門性と教師文化に関する研究』平成6〜7年度文部科学研究費総合研究（A）成果報告書、1997年3月所収）を参照。

コラム1

進みつつある教師―ディースターヴェークと小原國芳

「進みつつある教師のみ人を教える権利あり」。これは、教師の中の教師と評されたドイツの教育者ディースターヴェーク（A. W. Diesterweg, 1790-1866）の名言として、玉川学園の創立者小原國芳がよく用いた言葉である。

　ディースターヴェークは、1790年10月29日にドイツのジーゲンに生まれ、ヘルボルン、ハイデルベルク、テュービンゲンの各大学に学んだ。1813年、フランクフルトの模範学校に招かれ、数学と物理の教師を務めた。この学校はスイスの教聖ペスタロッチー（J. H. Pestalozzi）の直弟子グルーナー（G. A. Gruner）が初代校長を務め、彼に招かれてフレーベル（F. Fröbel）がはじめて教鞭を執り、ペスタロッチー主義の教育と出会った学び舎であった。ディースターヴェークもまた、この学校でペスタロッチーに深く傾倒していったのである。1818年にエルベルフェルトのラテン語学校で副校長を、さらに1820年には、ライン河畔、メルズの教員養成所で所長となった。そして1832年に、プロイセンの首都ベルリンに新設された教員養成所の所長に就任した。就任演説では「真、善、美への積極的な奉仕が自分の生涯の目的であり、また最高の教育方針でもある」と明言した。ここには学問にのみ偏することなく、道徳や芸術をも視野に入れた調和的な人間教育への思想が現れている。それはペスタロッチーの教育思想とも親和性を持つものであった。1835年、彼は教師のための手引書『ドイツの教師に寄せる教授指針』（以下『教授指針』）を発表した。この中で彼は、教師の在り方について次のように述べている。

　　第一に、自分自身がもっていないものを他人に与えるなどということは、誰にだってできないのと同様に、自分自身が進んでもいず、教育も陶冶もされていないような人間が、他人を進歩させたり、教

63

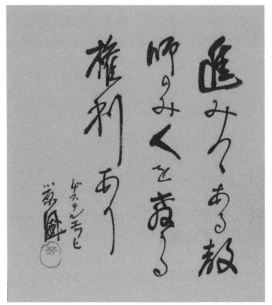

図　ディースターヴェークの名言（小原國芳の色紙）

育したり、陶冶したりすることはできないということを。

　第二に、教師は、自分自身が教育や陶冶に努め、その成果を身に
つけている程度、限度に応じて、他人に教育的、陶冶的に働きかけ
る。しかもこの働きかけはきわめて自然に、おこなわれるものだと
いうことを。

　第三に、教師は、自分自身を本当に教育し、陶冶すべくみずから
努力している間だけ、他人を本当に教育したり陶冶したりすること
ができるものだということを。

　　　　（ディーステルヴェーク『ドイツの教師に寄せる教授指針』、27頁）

　大正新教育運動の精華「八大教育主張」講演会（1921年）ではじめ
て全人教育を提唱し、後にスイスの教育者チンメルマン（W.
Zimmermann）から「新日本のペスタロッチー」と評された小原國芳
（1887-1977）は、「ドイツのペスタロッチー」とも呼ばれたディース

ターヴェークの『教授指針』のメッセージを彼なりに要約し、「進みつつある教師のみ人を教える権利あり」と表現した。そして、この言葉を生涯にわたり教え子たちに語り、また様々な書物にも掲載した[1]。その最初期に位置づけられるのが『教育の根本問題としての宗教』（1919年）であろう。これは元々京都帝国大学文科大学哲学科教育学専攻の卒業論文であった。彼はそこで次のように述べている。

　　　今や教授作用は遂に、教師自身の問題と変ぜねばならぬ。教育事業は、教師自己開拓の事業と変ぜねばならぬ。ヂーステルウエッヒに倣い、吾人は永久に「進みつ＞ある人のみ人を教える権利あり」と絶叫するのである。教師自身たえず探求生活を営まねばならぬ。
　　　　　（『教育の根本問題としての宗教』258-259頁、原文旧字体）

　彼は1973年8月に行われたWEF東京国際会議において「師道」と題し、全人的理想の教師について講演した。それをもとに1974年に出版された晩年の著作『師道』においても次のように述べている。

　　　ドイツで最初の教師養成学校の校長となったディステルウェッヒDiesterwegは「進みつつある教師のみ人を教える権利あり」とまで強く教えてくれました。朝に夕に、自己の足らざるを嘆じて、常に自己修養にいそしみつつある教師からは、眼に見えない火花が、鼻でかげない匂いが迸り出ます。その火花が、その匂いが、人格の光となって教育が出来るのです。だから、たえず「高度の自己」を、「考える自己」を持たねばなりませぬ。（『師道』13-14頁）

このように小原は、教職に就く者に対して、絶えず自己修養にいそしみ、その人格による感化で子供たちを導くことを求めた。教員の資質・能力の向上と「学び続ける教員像」や「新たな教師の学びの姿」が求められている21世紀の教職界にあって、いったい教員、教師とはいかなる存在か、あらためて再考を促す貴重なメッセージと言えよう。

〈引用・参考文献〉

・鯵坂國芳『教育の根本問題としての宗教』（集成社、1919年）

・小原國芳『師道』（玉川大学出版部、1974年）

・ディーステルヴェーク「ドイツの教師に寄せる教授指針」『市民社会の教育』（長尾十三二訳、明治図書、1963年）、13-103頁

〈註〉

1）試みに小原國芳『小原國芳全集』（全48巻、玉川大学出版部）の場合、ディースターヴェークに由来するこの言葉は、5、8、10、15、16、18、19、20、23、31、33、36、45、47、48巻で確認できる。

第3章　教員の資質能力

　本章では、我が国の教職界で重視されてきた「教員の資質
能力」の問題について、重要な答申等を追う形で解説してい
く。

　まず第1節では、資質能力の語義に言及する。次に第2節
では、教員の資質能力をめぐる我が国の改革動向について、
特に教員の資質能力として重視されてきた「実践的指導力」
の育成をどのように取り扱うかに着目して考察する。第3節
では、教員の資質能力を「いつの時代も教員に求められる資
質能力」と「今後特に教員に求められる具体的資質能力」と
に区分する1997年の教育職員養成審議会答申の議論を中心
に解説する。第4節では、「教員の資質能力」の向上という
課題が「教員の適格性」の判断や「問題ある教師への対処」
といった方向へも展開していく点を追っていく。第5節では、
教員を取り巻く社会状況の急激な変化に対応するための教員
養成・免許制度の改革に着目する。

　第6節以降は教育基本法改正後の主な改革動向を追ってい
る。まず、第6節では「学び続ける教員像」と「チーム学
校」を、第7節では「教職課程コアカリキュラム」を、そし
て第8節では新学習指導要領へ至る「社会に開かれた教育課
程」に加えて、「令和の日本型学校教育」までを取り上げ、
それぞれ教員の資質能力との関連で解説していく。最後に第
9節では、教員の資質能力をめぐる現状をふまえて、検討す
べきいくつかの課題を提供する。

第1節　**教員の資質能力とは**

　戦後日本の教員免許制度に関する法的基盤は、1949年（昭和24年）5月に公布された教育職員免許法である。この法律は教員養成制度の2大原則である「大学における教員養成」と「開放制」に基づく教員養成を支えるもので、今日に至るまでこの大原則は踏襲されている。それと同時に注目すべきことは、この免許法の第1条に、「この法律は、教育職員の免許に関する基準を定め、教育職員の資質の保持と向上を図ることを目的とする」（傍点筆者）と、法律の趣旨と目的が明記されていることである。その後この免許法は幾たびか改正されたが、この第1条は1949年の法律制定以来変わることなく保持されている。このように、戦後日本の教員養成においては一貫して教員の資質能力に関する事項が重視されてきたといっても過言ではない。この章では、教員の資質能力とはいかなるものか、また教員の資質能力をめぐってどのような改革が進められてきたのか、そして資質能力に関するどのような問題が現状として挙げられるのかについてみていくことにする。

　教員の養成・採用・研修の文脈で使用される重要な用語の一つが教員の「資質能力」である。教員の「資質能力」は「学校教育の成否」を左右する鍵概念とみなされ、「資質能力の向上」がつねにテーマ化されてきた。たとえば中央教育審議会は、その発足以来一貫して追究してきたテーマとして、「教員に求められる資質能力」を挙げている。そして教育界では頻繁にこの言葉が使用されているのである。

　しかし、「資質能力」という用語は、一般の世界でほとんどなじみのない言葉といっても過言ではない。なぜなら、一般に「資質」も「能力」もそれぞれよく使用されているものの、これらを合わせた「資質能力」は普通、使われないからである。

　『広辞苑』（第7版、岩波書店、2018年）によると、資質とは「うまれつきの性質や才能。資性。天性。」とある。また、その用例としては「資質に恵まれる」や「作家としての資質がある」が挙げられている。同じく素質は、①「本来具有する性質」、②「個人が生れつき特っていて、性格や能力などの

もととなる心的傾向。特殊な能力などについていう。」とあり、用例として
は「画家としての素質」が挙げられている。資質も素質もともに先天的な性
質にかかわる言葉であることがわかる。資質は「素質に比べれば改変が可能
なものと考えられる」(小山 2008：42) との意見もある。しかし、語義から
みれば、資質と素質の間に大きな違いはなく、すくなくとも資質が改変可能
であるというニュアンスを持つものとは考えにくい。

　一方、能力という言葉は、①「物事をなし得る力。はたらき。」、②「心身機
能の基盤的な性能。」、たとえば、「知的能力」や「運動能力」の用例、③「あ
る事について必要とされ、または適当とされている資格。」で、「権利能力」
や「能力者」の用例がある。こちらは、資質と異なり先天的な性質であるか
どうかは問われていない。

　以上、語義のうえからみれば、資質は先天的な性質にかかわり、能力は先
天的・後天的の区別が問われていないことが確認される。

　こうした一般的な語義に対して、教育界で「資質能力」が語られるとき、
「資質能力の向上」(傍点筆者) という用例に見られる通り、資質も能力もと
もに後天的に向上可能な、発達可能なものととらえられている点が特徴的で
ある。つまり、「資質能力」は一般的な言葉ではなく、教職の専門用語、特
殊用語として理解すべきものである。

第2節　教員の資質能力として求められる
　　　　「実践的指導力」

　さて、我が国の教育界では、教員の「資質能力」に関してどのような議論
が行われてきたのであろうか。代表的な審議会等における主な答申等を取り
上げて、順次みていくことにしよう。なお「中教審」は「中央教育審議会」、
「教養審」は「教育職員養成審議会」、「臨教審」は「臨時教育審議会」、「教
課審」は「教育課程審議会」の略語である。

　旧文部省は2001年（平成13年）1月6日の中央省庁再編により文部科学
省となった。旧文部省傘下の「教養審」・「教課審」は、同年1月6日「中教

審」の「初等中等教育分科会」へ移行している。

「教員養成制度の改善方策について」（中教審答申、1958年〈昭和33年〉）

　中教審答申「教員養成制度の改善方策について」は、戦後新体制で進んできた教員養成の施策を振り返り、「教員の資質」が必ずしも十分ではなく、教員の需要にも問題があることをふまえて、現行の教員免許制度、教員養成制度、現職教育の方法等について検討し、改善方策を提言したものである。

　本答申においては、①「教育に対する正しい使命感」と「児童生徒に対する深い教育的愛情」を基盤とした、②「世界的視野に立った人間的国民的一般教養」、③「社会の進展に即した専門的知識」（さらに本答申でこれは技能を含む「専門学力」と言い換えられている）、④「児童生徒の教育に即した教職教養」が、「教員に必要な資質」として提示されている。これらの資質はそれぞれ別個のものとしてではなく、「有機的に統一」してとらえる必要があると答申は指摘している。

　さらに本答申の特色として指摘できるのは、学校種別ごとに必要とされる教員の資質とその育成について言及がなされたことである。

「今後における学校教育の総合的な拡充整備のための基本的施策について」
（中教審答申、1971年〈昭和46年〉）

　1971年に出された中教審答申「今後における学校教育の総合的な拡充整備のための基本的施策について」（いわゆる「46答申」）は、「明治初年と第二次大戦後の教育制度の根本的な改革」に匹敵する「第3の教育改革」として自らを位置付け、臨教審等その後の教育改革論議に大きな影響を及ぼした重要答申である。本答申では戦後の教育制度改革以来20年を経過したことをふまえて、その実績を反省し、教育制度を全般的に見直すことが目指された。内容は第1編「学校教育の改革に関する基本構想」と第2編「今後における基本的施策のあり方」から構成されている。この第1編第2章「初等・中等教育の改革に関する基本構想」のなかで教員の資質向上に関して提言が出された。それによれば、教員という職業は、「高い専門性と職業倫理によって裏づけられた特別の専門的職業」である。しかし、それが社会的に承認され

るためには、教員が自ら自主的・専門的・相互的な「教育研修活動」によって「不断にその資質の向上に努める」必要があるとしている。

「教員の資質能力の向上について」（中教審答申、1978年〈昭和53年〉）

　中教審答申「教員の資質能力の向上について」は、その冒頭で「広く我が国文教の諸問題」について審議を進めた結果、「当面の課題」として「教員に関する問題」を取り上げることにしたことを記している。つまり、文教政策上、種々ある「当面の課題」を比較考量し、もっとも重要な課題として取り上げられたのが、「教員の資質能力の向上」だったのである。

　本答申において、「学校教育の成果は、これを担当する教員に負うところが極めて大きい」とされ、優れた教員の確保と「資質能力」の向上を図ることが、教育発展のための基本的課題であると主張された。また、国民が求めている教員の資質能力として次の6項目が挙げられている。すなわち、①「広い教養」、②「豊かな人間性」、③「深い教育的愛情」、④「教育者としての使命感」、⑤「充実した指導力」、⑥「児童・生徒との心の触れ合い」である。

　さらに、中教審は本答申において、教員に対する国民の要請と教職の専門性にかんがみ、「養成・採用・研修」という3つの段階を通じて、教員の資質能力の向上を図ることが重要であるとした。そして、各段階の問題点とその改善方策について提言している。

「教員の養成及び免許制度の改善について」（教養審答申、1983年〈昭和58年〉）

　教養審答申「教員の養成及び免許制度の改善について」は、「教員の資質能力の向上」を図るための方策が、教員の養成・採用・研修の各段階を通じて総合的に講じられるべきものであるとしている。しかし、教員の資質能力の向上を図るうえで特にその改善が急務であるものとして、教員養成制度と教員免許制度の改善を取り上げている。

　本答申では、教員の資質能力として特に「実践的な指導力」を主眼に置いて、その向上を目指している。そして、教育実習の改善充実などにより実践的な指導力の向上を図るため、教員免許状の種類の改訂、免許基準の改善方

策が提言された。また、大学院修士課程を教員の養成・研修の過程のなかに適切に位置付ける必要も示された。

臨時教育審議会答申の提言（1985・1986年〈昭和60・61年〉）

　内閣総理大臣の諮問機関として設置された臨教審（1984〜1987年）は、教育の現状や国民的要請に呼応した課題として、①「21世紀に向けての教育の基本的な在り方」、②「生涯学習の組織化・体系化と学歴社会の弊害の是正」、③「高等教育の高度化・個性化」、④「初等中等教育の充実・多様化」、⑤「教員の資質向上」、⑥「国際化への対応」、⑦「情報化への対応」、⑧「教育財政の見直し」の8点を逐次検討した。「教員の資質向上」も、このように主要な検討課題となっていた。

　では、この臨教審では、「教員の資質能力」についてどのような提言がなされたのか。まず、臨教審の「教育改革に関する第一次答申」のなかで、教員の資質に関しては、①「児童・生徒に対する教育愛」、②「高度の専門的知識」、③「実践的な指導技術」等が挙げられ、教員の養成・採用・研修・評価を一体的に検討し、資質向上の方策を立てていく必要性が示された。

　臨教審の「教育改革に関する第二次答申」は第一次答申の提言をふまえて、第2部「教育の活性化とその信頼を高めるための改革」の第3章「初等中等教育の改革」において、「教員の資質向上」を取り上げている。そこでは、①「教員養成・免許制度の改善」、②「採用の改善」、③「初任者研修制度の創設」、④「現職研修の体系化」の4項目に渡って改善方策が示された。

　まず、①「教員養成・免許制度」に関しては、教員採用において広く教員となる人材を集める観点から、「開放制」の原則を維持することが明言された。次に、②「採用の改善」については、教員として相応しい資質を備えた人材確保の観点から、教員の選考方法の多様化や教員採用スケジュールの早期化が提言された。また、③「初任者研修制度の創設」によって、新任教員が円滑に教育活動へ入っていけるよう援助し、新任教員の実践的指導力と使命感を養い、幅広い知見を得させることを目指した。④の「現職研修の体系化」では、校内研修を基盤として、国、都道府県、市町村の役割分担の明確化と研修体系の整備を図り、一定年限ごとの研修制度の整備や自己啓発的研

修を奨励している。

　これらの提言事項は次の教養審答申において、具体的施策として展開されていくことになる。

「教員の資質能力の向上方策等について」（教養審答申、1987年〈昭和62年〉）

　臨教審の答申を受けて、教養審答申「教員の資質能力の向上方策等について」は、①教員の養成・免許制度の改善、②教員の現職研修の改善、③6年制中等学校の教員資格について提言を行った。

　本答申は、求められる「教員の資質能力」として、①「教育者としての使命感」、②「人間の成長・発達についての深い理解」、③「幼児・児童・生徒に対する教育的愛情」、④「教科等に関する専門的知識」、⑤「広く豊かな教養」、⑥「これらを基盤とした実践的指導力」の6点を挙げた。そしてこれらの資質能力は、教員の養成・採用・現職研修の各段階を通じて形成されていくもので、その向上方策は、各段階を通じて総合的に講じられるべきだとされた。

　さらに本答申において、教育課題の解決と教育の質的水準を高めるために、これまで以上に「教員の資質能力の向上」が強く要請された点は特筆すべきである。また、本答申の⑥で示された「実践的指導力」は、「教員の資質能力」として、特に重要視された。さらにその後の免許制度改革や初任者研修制度の導入においても、この「実践的指導力」の向上が重要な課題となっていくのである。

　なお、本答申を受けて、1988年（昭和63年）12月に「教育職員免許法の一部を改正する法律」が公布され、翌年4月に施行された。

「幼稚園、小学校、中学校及び高等学校の教育課程の基準の改善について」
（教課審答申、1987年）

　教課審答申「幼稚園、小学校、中学校及び高等学校の教育課程の基準の改善について」は、まず「Ⅰ 教育課程の基準の改善の方針」において、教育課程の基準を改善するねらいを次の4点にまとめている。

①豊かな心をもち、たくましく生きる人間の育成を図ること

②自ら学ぶ意欲と社会の変化に主体的に対応できる能力の育成を重視すること

③国民として必要とされる基礎的・基本的な内容を重視し、個性を生かす教育の充実を図ること

④国際理解を深め、我が国の文化と伝統を尊重する態度を重視すること

そして本答申は、「Ⅱ 教育課程の基準の改善の関連事項」のなかで、前述のねらいを達成するうえで特に改善を要する項目として、①教科書および補助教材、②学校運営と学習指導、③学習の評価、④上級学校の入学者選抜制度、⑤教員の養成と現職研修、⑥家庭教育及び社会教育との連携の 6 項目を取り上げ、それぞれの改善点を提言している。このうち、⑤の教員の養成と現職研修において、「教育課程の実施の効果は、それを実際に指導する教員の資質能力に負うところが大きい」と指摘されている。本答申が具体的に指摘している教員の資質能力は、「実践的指導力」である。実践的指導力の向上のために、教員養成及び教員免許制度において、教科専門科目と教職専門科目の内容の改善や免許基準の改善を図る必要が指摘された。特に特別活動、生徒指導（進路指導を含む。）及び教育の方法・技術などにおいて、実践的指導力を育成できるようにすることが指摘された。

「21 世紀を展望した我が国の教育の在り方について」（中教審答申、1996 年〈平成 8 年〉）

中教審答申「21 世紀を展望した我が国の教育の在り方について」の第一次答申（1996 年）は、「全人的な力」とされる「生きる力」の育成を我が国の教育の中心に据え、現在の教育をも方向付けている重要な答申である。本答申は第 2 部「学校・家庭・地域社会の役割と連携の在り方」の第 1 章「これからの学校教育の在り方」において「新しい学校教育の実現のための条件整備等」として、①「教員配置の改善」、②「教員の資質・能力の向上」、③「学校外の社会人の活用」、④「学校施設など教育環境の整備」、⑤「関係機関との連携」、⑥「様々な専門家と教員等との連携」、⑦「幼児教育の充実」、⑧

「障害等に配慮した教育の充実」を挙げている。このなかの②「教員の資質・能力の向上」において、子供たちの「生きる力」の育成を基本とする、これからの学校教育の実現のために、「教員の資質・能力の向上」を図ることが欠かせないとしている。

本答申では、「教員に求められる資質・能力」について、学校段階によって異なるが、教科指導や生徒指導、学級経営などの「実践的指導力の育成を一層重視」すべきであると述べている。

この「実践的指導力」は、「豊かな人間性と専門的な知識・技術や幅広い教養を基盤とする」ものであり、特にいじめ等の教育問題が発生する深刻な状況を踏まえた場合、「子供の心を理解し、その悩みを受け止めようとする態度」と関連しているととらえられている。

本答申は、このような「実践的指導力」を中心とする教員の資質・能力の向上を目指して、教員養成段階では、教育相談を含めた教職科目全体の履修の在り方、教育実習の期間・内容の在り方、学部段階にとどまらず、修士課程をも活用した養成の在り方などに留意するよう求めている。

教員採用段階について、本答申は人物評価重視の方向で選考方法の多様化や評価の在り方を改善し、教員にふさわしい優秀な人材を確保するよう求めている。たとえば、教員採用試験における面接や実技試験の充実、筆記試験とその他の試験の比重の見直し、ボランティア活動等の適切な評価、同一の採用枠で異なる尺度の選考方法を採用するなどの方策が提言されている。

研修段階に関しては、多様な研修機会を体系的に整備するよう求めている。たとえば、大学院等における現職教育、教員の社会的視野を広げる学校外での長期にわたる体験的な研修、子供の心のケアにかかわる基礎的なカウンセリング能力の育成などが提言されている。

さらに、教員の資質・能力の向上をより円滑かつ効果的に行うために、教員の養成・採用・研修の各段階を通じて、大学の教員養成関係者と教育委員会等の採用・研修関係者との一層の連携・協力が不可欠であると指摘している。

なお、この第1次答申に続く第2次答申（1997〈平成9〉年）では、特に「高齢社会の問題に関する教員の資質能力の向上」を図り、また、「教員に豊かな人間性を培う」ため、教員の養成や研修段階で、介護や福祉などのボラ

ンティア体験、盲・聾・養護学校（今日でいえば特別支援学校）での実習等、実際に体験を積む重要性を指摘している。教員の採用においても、このようなボランティア活動の実績を評価することが必要とされている。

第3節　資質能力における 「変わるもの」と「変わらないもの」

　この節では、教員の資質能力に関するその後の展開を大きく方向づけることになった重要答申「新たな時代に向けた教員養成の改善方策について」を取り上げる。本答申は、教員の資質能力のなかに時代の変化とともに「変わるもの」と「変わらないもの」が存在することを明示し、その向上に向けて教員の養成、採用、現職研修の各段階が担う役割を明確化した点で画期的であった。

「新たな時代に向けた教員養成の改善方策について」（教養審第1次答申、1997年〈平成9年〉）

　本答申は、大学関係者の間に少なからぬ物議をかもし出したといわれているものである。なぜなら、1988年、約40年ぶりに行われた教育職員免許法の大幅な改正（たとえば専修免許状制度の創設や「教職に関する科目」の免許基準の引き上げ等）から僅か10年足らずの段階で、再び免許法の大幅な改正を指示する答申となったからである。その背景には、1991年（平成3年）の大学設置基準の大綱化に関連して、教員免許制度も見直さなければならなくなったことや、1996年の中教審答申が掲げた「生きる力」を育むことのできる教員の養成、さらに、いじめや不登校などの問題を契機に「教員の指導力が国民から強く問われている状況」があったという。本答申は、「新たに求められる資質能力を持った教員の養成について、手をこまねいていることは許されないと判断し、大学の養成段階においても可能な限りの対応を行う方向で、教員養成カリキュラムの見直しを行った」と、教員養成制度の変更を急ぐ理由を述べている。

　さて、本答申では教員の資質能力をどのように扱っているのか。まず、答申は、「教員に求められる資質能力」そのものを検討している。それによれば、1987年の教養審答申「教員の資質能力の向上方策等について」を取り上げて、資質能力の意味内容を次のように確認している。

　　　教員の資質能力とは、一般に、「専門的職業である『教職』に対する愛着、誇り、一体感に支えられた知識、技能等の総体」といった意味内容を有するもので、「素質」とは区別され後天的に形成可能なものと解される。

本答申はここに示された資質能力を、「教員である以上いつの時代にあっても一般的に求められるものである」ととらえ、これを「一般的資質能力」と呼んでいる。そしてこの一般的資質能力を「いつの時代も求められる教員の資質能力」として前提に置く。その際、本答申が取り上げた資質能力は、前述した1987年の教養審答申「教員の資質能力の向上方策等について」が「教員の資質能力」として掲げた6つの項目、すなわち、①「教育者としての使命感」、②「人間の成長・発達についての深い理解」、③「幼児・児童・生徒に対する教育的愛情」、④「教科等に関する専門的知識」、⑤「広く豊かな教養」、⑥「これらを基盤とした実践的指導力」をほぼそのまま踏襲したものである。重要なことは、これらの6項目が、時代によって変わる資質能力ではなく、「いつの時代も教員に求められる資質能力」として位置づけられたことである。そしてこれまでも重視されてきた「実践的指導力」が、きわめて重視されている点も特筆すべきである。

　さらに本答申は、当時の社会状況や学校教育・教員を巡る諸問題をふまえて、「今後特に教員に求められる具体的資質能力」を問い、その資質能力を、①「地球的視野に立って行動するための資質能力」、②「変化の時代を生きる社会人に求められる資質能力」、③「教員の職務から必然的に求められる資質能力」の3項目として示した。この点も見逃すことができない（表3-1）。

　この表に見られる「(1) いつの時代も教員に求められる資質能力」と「(2) 今後特に教員に求められる具体的資質能力」を比較すると、答申自身

表3-1　教員に求められる資質能力

（1）いつの時代も教員に求められる資質能力

①教育者としての使命感
②人間の成長・発達についての深い理解
③幼児・児童・生徒に対する教育的愛情　　⑥これらに基づく実践的指導力
④教科等に関する専門的知識
⑤広く豊かな教養

（2）今後特に教員に求められる具体的資質能力

①地球的視野に立って行動するための資質能力

◆地球、国家、人間等に関する適切な理解
　例：地球観、国家観、人間観、個人と地球や国家の関係についての適切な理解、社会・集団における規範意識
◆豊かな人間性
　例：人間尊重・人権尊重の精神、男女平等の精神、思いやりの心、ボランティア精神
◆国際社会で必要とされる基本的資質能力
　例：考え方や立場の相違を受容し多様な価値観を尊重する態度、国際社会に貢献する態度、自国や地域の歴史・文化を理解し尊重する態度

②変化の時代を生きる社会人に求められる資質能力

◆課題解決能力等に関わるもの
　例：個性、感性、創造力、応用力、論理的思考力、課題解決能力、継続的な自己教育力
◆人間関係に関わるもの
　例：社会性、対人関係能力、コミュニケーション能力、ネットワーキング能力
◆社会の変化に適応するための知識及び技能
　例：自己表現能力（外国語のコミュニケーション能力を含む。）、メディア・リテラシー、基礎的なコンピュータ活用能力

③教員の職務から必然的に求められる資質能力

◆幼児・児童・生徒や教育の在り方に関する適切な理解
　例：幼児・児童・生徒観、教育観（国家における教育の役割についての理解を含む。）
◆教職に対する愛着、誇り、一体感
　例：教職に対する情熱・使命感、子どもに対する責任感や興味・関心
◆教科指導、生徒指導等のための知識、技能及び態度
　例：教職の意義や教員の役割に関する正確な知識、子どもの個性や課題解決能力を生かす能力、子どもを思いやり感情移入できること、カウンセリング・マインド、困難な事態をうまく処理できる能力、地域・家庭との円滑な関係を構築できる能力

出典：教育職員養成審議会「新たな時代に向けた教員養成の改善方策について（第1次答申）」1997年より筆者作成

　がこの表の内容を「重複や事項間の若干の重複をいとわず図式的に整理」したものであると明言している通り、体系性という面から見れば問題が残る。しかし、それだけに緊急の課題への迅速な対応を優先させようとしていたことがうかがえるものとなっている。

養成段階	専攻する学問分野に係る教科内容の履修とともに、教員免許制度上履修が必要とされている授業科目の単位修得等を通じて、教科指導、生徒指導等に関する「最小限必要な資質能力」（採用当初から学級や教科を担任しつつ、教科指導、生徒指導等の職務を著しい支障が生じることなく実践できる資質能力）を身に付けさせる過程。

採用段階	開放制による多様な教員免許状取得者の存在を前提に、教員としてより優れた資質能力を有する者を任命権者が選考する過程。

現職研修段階	任命権者等が、職務上又は本人の希望に基づいて、経験年数、職能、担当教科、校務分掌等を踏まえた研修を施し、教員としての専門的資質能力を向上させる過程。うち、初任者研修は、初任者に採用当初から学級や教科を担任させつつ、上記の養成段階で修得した「最小限必要な資質能力」を、円滑に職務を遂行し得るレベルまで高めることを目的とするもの。現職研修段階には、このようないわば狭義の研修のほか、教員グループによる自主研修や教員自身の研鑽、さらには日々の教育実践を通じて資質能力の形成が図られる過程も含まれる。また、研修の内容としては、教員としての職務に直接的に関わるものはもとより、視野を広げることを目的とした社会体験研修なども含まれる。

図3-1　教員の資質能力の形成に係る役割分担のイメージ

出典：教育職員養成審議会「新たな時代に向けた教育養成の改善方策について（第1次答申）」1997年

　また、本答申は、「(2) 今後特に教員に求められる具体的資質能力」をすべての教員が一律に高度に身に付けることを期待しても現実的ではないとしている。画一的な教員を増やすのではなく、すべての教員に共通の資質能力の確保は図りつつも、さらに教員それぞれの「得意分野づくりや個性の伸長を進めることが大切である」としている。このように本答申では、教員の資質能力を各教員の特性に関連付け、さまざまな個性や得意分野を持った教員の組織として、学校全体が統一と調和のとれた教育活動を展開するという新たな方向性を示した点も注目される。

　なお、教員の資質能力の向上は、「養成段階を含め教員の生涯にわたり絶えずその向上が図られるべきものである」と答申はとらえている。そして養成・採用・現職研修の各段階の役割分担を図3-1のように整理している。

　1997年7月、本答申は第1次答申として提出された。そしてこれをふまえて、1998年（平成10年）6月、「教育職員免許法の一部を改正する法律」が立法化されたのである。その後、1998年10月の第2次答申「修士課程を積極的に活用した教員養成の在り方について―現職教員の再教育の推進」で

は、修士課程を積極的に活用した現職教員研修の新たなシステムの構築が提言された。さらに1999年（平成11年）12月の第三次答申「養成と採用・研修との連携の円滑化について」では、養成と採用・研修との連携の円滑化、教員養成に携わる大学教員の指導力の向上についての検討結果が提言されている。

第4節　教員の適格性をめぐって

　教員の資質能力の問題は、単にその向上を図ろうとするだけでは解決しない。我が国では、教員への適格性の有無を見極め、適格者を確保し不適格者を排除していく方向も重視されるようになっていく。次に、この点をみていく。

「今後の地方教育行政の在り方について」（中教審答申、1998年〈平成10年〉）

　1998年の中教審答申「今後の地方教育行政の在り方について」は、第3章で「学校の自主性・自律性の確立」の観点から「校長・教頭への適材の確保と教職員の資質向上」に関する具体的方策を提言した。

　なかでも注目すべきは、「適格性を欠く教員等への対応」が提言されたことである。本答申は、「適格性を欠く教員等」として、①「子どもとの信頼関係を築くことができないなど教員としての適格性を欠く者」と②「精神上の疾患等により教壇に立つことがふさわしくない者」を挙げ、「子どもの指導に当たることのないよう適切な人事上の措置をとる」とした。

「今後の教員免許制度の在り方について」（中教審答申、2002年〈平成14年〉）

　臨教審と同様に内閣総理大臣の諮問機関として発足した教育改革国民会議は、2000年（平成12年）「教育改革国民会議報告―教育を変える17の提案」を発表した。この会議では21世紀の日本を担う創造性の高い人材の育成を目指し、教育の基本に遡って幅広く今後の教育のあり方について議論し、下の17項目にわたる提案を行った（表3-2）。

表3-2　教育改革国民会議報告─教育を変える17の提案

○人間性豊かな日本人を育成する
　①教育の原点は家庭であることを自覚する
　②学校は道徳を教えることをためらわない
　③奉仕活動を全員が行うようにする
　④問題を起こす子どもへの教育をあいまいにしない
　⑤有害情報等から子どもを守る

○一人ひとりの才能を伸ばし、創造性に富む人間を育成する
　⑥一律主義を改め、個性を伸ばす教育システムを導入する
　⑦記憶力偏重を改め、大学入試を多様化する
　⑧リーダー養成のため、大学・大学院の教育・研究機能を強化する
　⑨大学にふさわしい学習を促すシステムを導入する
　⑩職業観、勤労観を育む教育を推進する

○新しい時代に新しい学校づくりを
　⑪教師の意欲や努力が報われ評価される体制をつくる
　⑫地域の信頼に応える学校づくりを進める
　⑬学校や教育委員会に組織マネジメントの発想を取り入れる
　⑭授業を子どもの立場に立った、わかりやすく効果的なものにする
　⑮新しいタイプの学校（"コミュニティ・スクール"等）の設置を促進する

○教育振興基本計画と教育基本法
　⑯教育施策の総合的推進のための教育振興基本計画を
　⑰新しい時代にふさわしい教育基本法を

注：①～⑰の番号は筆者追記
出典：教育改革国民会議「教育改革国民会議報告─教育を変える17の提案」2000年

　これらのうち、教員の資質能力に関しては、特に「新しい時代に新しい学校づくりを」の項目において重要な提言がなされている。すなわち、教員の教育活動に対する「意欲や努力」を取り上げ、金銭的処遇や表彰などを通じて教員の「意欲や努力」が報われ、評価される体制の構築を訴えている。また、「すべての教師が、退職するまで児童・生徒に直接接し、教える仕事に就くことが望ましいとは限らない」として、個々の教員の「適性」に言及している。そして、必要に応じて学校教育以外の職種を選択できるようにするよう求めている。さらに効果的な授業や学級運営ができないとの評価が改善されない教員の場合は、他職種への配置換えや免職などの措置を講じることが提言されている。教員の専門性に関しては、専門的知識を獲得する研修や長期社会体験研修の機会を充実させることが謳われている。そのほか、非常勤、任期付教員、社会人教員など雇用形態の多様化や、採用方法の多様化、採用

表3-3　教員の資質向上に向けての提案

○**教員の適格性を確保するために**
　①指導力不足教員等に対する人事管理システムの構築（分限制度等の的確な運用）
　②教員免許状の取上げ事由の強化（懲戒免職や分限免職による免許の取上げ）
　③人物重視の教員採用の一層の推進（より適格性のある教員確保のための選考方法）

○**教員の専門性の向上を図るために**
　①新たな教職10年を経過した教員に対する研修の構築（個々の教員の力量に応じた研修）
　②学校における研修の充実（日々の職務を通した校内研修）
　③自主研修の活性化（勤務時間外や自費での研修等、自主的・主体的な取組の要請）
　④研修実績の活用（研修歴を作成し、自己努力と得意分野を示す研修修了証・証明書として活用）
　⑤研修の評価（研修後の勤務実績の評定、研修とその成果についての評価）

○**信頼される学校づくりのために**
　①学校からの情報提供の充実（教育目標、授業方針や子供たちの様子などを保護者に説明）
　②授業の公開の拡大（保護者や地域住民がいつでも見に来られる授業公開）
　③学校評議員制度等の活用（地域住民等が学校運営に参画する仕組を一層推進）
　④学校評価システムの早期確立（自己点検・自己評価の実施と公表）
　⑤新しい教員評価システムの導入（教員の能力・実績等の評価と配置・処遇・研修等を連動）

出典：中央教育審議会「今後の教員免許制度の在り方について（答申）」2002年より筆者作成

後の教員評価、免許更新制の導入なども提言されている。

　以上の教育改革国民会議報告書等を受けて、中教審答申の「今後の教員免許制度の在り方について」では次の3つに関する審議結果がまとめられた。

　　①教員免許制度の総合化・弾力化
　　②教員免許更新制の可能性の検討
　　③免許状を有しない優れた者に授与できる特別免許状の活用促進

このなかで②「教員免許更新制の可能性の検討」は、最重要課題と受け止められて審議が行われた。それにもかかわらず、本答申では教員免許更新制の導入は実施を提言するまでには至らなかったのである。しかし、免許更新制導入の検討にあたって設定された3つの視点、すなわち①「教員の適格性の確保」、②「専門性の向上」、③「信頼される学校づくり」は、教員の資質向上にかかわる課題と位置づけられ、「教員の資質向上に向けての提案」として表3-3のような提言が行われたのである。

「新しい時代の義務教育を創造する」（中教審答申、2005年〈平成17年〉）

　中教審答申「新しい時代の義務教育を創造する」は、現代を「変革の時代であり、混迷の時代であり、国際競争の時代である」と位置付けて、そのような時代に求められる「新しい義務教育の姿」について、次のように述べている。

　　　我々は、これからの新しい義務教育の姿として、子どもたちがよく学びよく遊び、心身ともに健やかに育つことを目指し、高い資質能力を備えた教師が自信を持って指導に当たり、そして、保護者や地域も加わって、学校が生き生きと活気ある活動を展開する、そのような姿の学校を実現することが改革の目標であると考える。

本答申はこの改革目標を「国家的改革の目標」と表現し、学校の教育力としての「学校力」、教師の力量としての「教師力」を強化し、子供たちの「人間力」を豊かに育むよう提言している。

　教員の資質能力に関しては、本答申の第Ⅰ部総論の(5)「義務教育の基盤整備の重要性」において、「義務教育を支える基盤整備は確固たるものでなければならない」と述べ、「とりわけ重要なのは教職員である。教育の成否は、資質能力を備えた教職員を確実に確保できるか否かにかかっている」と

表3-4　優れた教師の条件

①教職に対する強い情熱 教師の仕事に対する使命感や誇り、子どもに対する愛情や責任感などである。また、教師は、変化の著しい社会や学校、子どもたちに適切に対応するため、常に学び続ける向上心を持つことも大切である。
②教育の専門家としての確かな力量 「教師は授業で勝負する」と言われるように、この力量が「教育のプロ」のプロたる所以である。この力量は、具体的には、子ども理解力、児童・生徒指導力、集団指導の力、学級作りの力、学習指導・授業作りの力、教材解釈の力などからなるものと言える。
③総合的な人間力 教師には、子どもたちの人格形成に関わる者として、豊かな人間性や社会性、常識と教養、礼儀作法をはじめ対人関係能力、コミュニケーション能力などの人格的資質を備えていることが求められる。また、教師は、他の教師や事務職員、栄養職員など、教職員全体と同僚として協力していくことが大切である。

出典：中央教育審議会「新しい時代の義務教育を創造する」2005年より筆者作成

指摘している。そして各論の第2章「教師に対する揺るぎない信頼を確立する―教師の質の向上」において、「優れた教師の条件」として表3-4にまとめた3つの要素を挙げた。

　さらに本答申は、教員の資質能力を向上させるためには、養成、採用、研修、評価等の各段階における改革を総合的に進める必要があるとしている。

第5節　社会状況の変化と「学びの精神」

　この節では、教員を取り巻く社会状況の変化と学校教育が抱える課題の複雑化・多様化への対応が話題となる。教員に対して不断に学び続けていくための「学びの精神」と教員養成・免許制度の在り方が取り上げられる。

「今後の教員養成・免許制度の在り方について」（中教審答申、2006年〈平成18年〉）

　2005年の中教審答申「新しい時代の義務教育を創造する」は、義務教育改革へ向けての包括的な提言であった。これを受けて翌年、中教審答申「今後の教員養成・免許制度の在り方について」が発表された。本答申の趣旨については、次のように記されている。

　　教職は、人間の心身の発達にかかわる専門的職業であり、その活動は、子どもたちの人格形成に大きな影響を与えるものである。近年、子どもたちの学ぶ意欲の低下や規範意識・自律心の低下、社会性の不足、いじめや不登校等の深刻な状況など、学校教育における課題は、一層複雑・多様化するとともに、LD（学習障害）、ADHD（注意欠陥/多動性障害）や高機能自閉症等の子どもへの適切な支援といった新たな課題も生じてきている。このような状況の中で、学校教育に対する国民の期待に応え、信頼される学校づくりを進めていくためには、何よりも教員自身が自信と誇りを持って教育活動に当たることが重要である。その意味で、本答申は、国民の尊敬と信頼を得ようと努力する教員を励まし、支援すると

　いう基本的な視点に立って、まとめたものである。

　本答申は、元来、教員養成における専門職大学院の在り方と教員免許更新制の導入の2点について諮問を受けてのものであった。しかし、近年の子供を取り巻く深刻な状況、一層複雑・多様化する学校教育の課題などを背景として、今後の教員養成・免許制度の基本的方向を明示し、それを実現するために、これら2点にとどまらず、教職課程の質的水準の向上、採用、研修及び人事管理等の改善・充実など、教員の資質能力の向上を図るための総合的な方策としてとりまとめられたものである。

　教員に求められる資質能力について本答申は、1997年の教養審第1次答申「新たな時代に向けた教員養成の改善方策について」や2005年の中教審答申「新しい時代の義務教育を創造する」を取り上げて振り返っている。そして、「これらの答申で示した基本的な考え方は、今後とも尊重していくことが適当である。むしろ、変化の激しい時代だからこそ、変化に適切に対応した教育活動を行っていく上で、これらの資質能力を確実に身に付けることの重要性が高まっているものと考える」と記している。

　それに加えて本答申は、教員を取り巻く社会状況が急速に変化し、学校教育が抱える課題も複雑・多様化する現在、教員には、「不断に最新の専門的知識や指導技術等を身に付けていくことが重要」と述べ、「学びの精神」が従来以上に必要とされていると指摘している。そして教員養成・免許制度については、「教員として最小限必要な資質能力」を確実に身に付け、保証する方向で改革を進めるとした。

　本答申にいう「教員として最小限必要な資質能力」とは、1997年の「新たな時代に向けた教員養成の改善方策について」ですでに示されているように、「養成段階で修得すべき最小限必要な資質能力」を指している。より具体的にいえば、「教職課程の個々の科目の履修により修得した専門的な知識・技能を基に、教員としての使命感や責任感、教育的愛情等を持って、学級や教科を担任しつつ、教科指導、生徒指導等の職務を著しい支障が生じることなく実践できる資質能力」のことである。

　このような視点に立って、本答申は、教員養成・免許制度に関する改革に

ついて、①「教職課程の質的水準の向上」、②「『教職大学院』制度の創設」、③「教員免許更新制の導入」、④「教員養成・免許制度に関するその他の改善方策」、⑤「採用、研修及び人事管理等の改善・充実」の5つの具体的方策を提言している。これらのうち、特に①、②、③は、「今回の改革の中核」をなす3つの柱とされた。また、①に関して特筆すべき点は、新たな必修科目「教職実践演習」の新設・必修化が提言されたことである。「教職実践演習」の目的は、教職課程の履修を通じて、「教員として最小限必要な資質能力の全体について、確実に身に付けさせるとともに、その資質能力の全体を明示的に確認する」ことである。「教職実践演習」には、教員として求められる次の4つの事項を取り扱うよう提言している。

①使命感や責任感、教育的愛情等に関する事項
②社会性や対人関係能力に関する事項
③幼児児童生徒理解や学級経営等に関する事項
④教科・保育内容等の指導力に関する事項

これら4つは、本答申が念頭においている教員に求められる資質能力に関する事項としてとらえることができる。

さて、本答申が「改革の中核」としていた3つの柱のうち、教職大学院は、2007年（平成19年）に19大学が認可され、2008年（平成20年）4月からスタートした。2006年12月の改正教育基本法の公布・施行に伴い、学校教育法、教育職員免許法（及び教育公務員特例法）、地方教育行政の組織及び運営に関する法律のいわゆる教育関連三法の改正が行われた。特に2007年6月教育職員免許法及び教育公務員特例法の一部を改正する法律によって、教員免許更新制は2009年（平成21年）4月に施行され、免許状更新講習の形で開始されることとなった。しかしその後、免許更新制の見直し等が議論として浮上した（「教育公務員特例法及び教育職員免許法の一部を改正する法律（令和4年法律第40号）」の成立で令和4年7月1日に教員免許更新制は廃止となった）。また、教職実践演習の導入に関しては、2010年度入学生から実施されることになった。

　なお、前述の改正教育基本法では、旧法第6条第2項を継承・発展させ、新たに独立した第9条「教員」を設けた。これは国公私立を問わず、教員が国民の「人格の完成」に寄与する「崇高な使命」を自覚し、自らの資質能力の向上を目指して絶えず「研究と修養」に励み、「職責の遂行」に努めることを明記せんがためである。

第6節　学び続ける教員像とチーム学校

　この第6節から第8節にかけて、教員の資質能力に関する教育基本法改正後の改革動向を追っていくことにする。この第6節では、「学び続ける教員像」と「チーム学校」の問題が登場する。

「教育基本法の改正を受けて緊急に必要とされる教育制度の改正について」
（中教審答申、2007年〈平成19年〉）

　本答申は、約60年ぶりに改正された教育基本法の理念を踏まえて、各学校種の目的や目標を見直し、学習指導要領の改訂へつなげていくことを趣旨として出された。教員の資質能力に関して、本答申は第1部総論で「教育の成否は教員にかかっている。教員に質の高い優れた人を確保することが重要である」とし、また「教員が誇りを持って教育に取り組み、社会と児童生徒から尊敬、敬愛を受ける存在」となるために、勤務条件の在り方等も検討していくことを明記した。第2部各論では、「質の高い優れた教員」確保のため、①「教員免許更新制の導入」、②「指導が不適切な教員の人事管理の厳格化」（「指導が不適切な教員」の認定、研修、免職その他必要な措置）、③分限免職処分を受けた者の免許状の失効が明記された。

「教育振興基本計画について―「教育立国」の実現に向けて―」（中教審答申、2008年〈平成20年〉）

　本答申も改正教育基本法の理念を実現すべく、「教育立国」を掲げて教育振興を提言している。教員の資質能力に関しては、「個性を尊重しつつ能力

を伸ばし、個人として、社会の一員として生きる基盤を育てる」ため、「教員の資質の向上を図る」としている。そのために、①教員の適切な処遇（教員評価、優秀教員の表彰、給与体系の見直し等）、②養成・研修の充実（教職実践演習の必修化、専修免許状の取得促進、免許更新制の円滑な実施等）、③「指導が不適切な教員」への厳格な人事管理の促進等が挙げられている。特に①に関して注目すべきは、「メリハリのある教員給与体系の実現」（「がんばる教員」の処遇の充実）と「教員が子ども一人一人に向き合う環境づくり」（必要な教職員定数措置、外部人材の活用、学校・地域の連携体制の構築、熱意・能力・適性を備えた社会人採用、ICT化、事務の簡素化・外部化・共同実施等）の提言である。

「教職生活の全体を通じた教員の資質能力の総合的な向上方策について」（中教審答申、2012年〈平成24年〉）

本答申は、2006年の「今後の教員養成・免許状制度の在り方について」からわずか6年という異例の速さで提出された教員養成改革の提言であった。知識基盤社会・生涯学習社会の担い手となる子供たちの「生きる力」を育成する学校は「新たな学び」の場へと刷新されていく必要がある。そこで教育をつかさどる教員もまた、変わらなければならない。答申はキーワードとして「学び続ける教員像」の確立を掲げ、「これからの教員に求められる資質

表3-5　これからの教員に求められる資質能力

内容
(i)教職に対する責任感、探究力、教職生活全体を通じて自主的に学び続ける力（使命感や責任感、教育的愛情）
(ii)専門職としての高度な知識・技能 ・教科や教職に関する高度な専門的知識（グローバル化、情報化、特別支援教育その他の新たな課題に対応できる知識・技能を含む） ・新たな学びを展開できる実践的指導力（基礎的・基本的な知識・技能の習得に加えて思考力・判断力・表現力等を育成するため、知識・技能を活用する学習活動や課題探究型の学習、協働的学びなどをデザインできる指導力） ・教科指導、生徒指導、学級経営等を的確に実践できる力
(iii)総合的な人間力（豊かな人間性や社会性、コミュニケーション力、同僚とチームで対応する力、地域や社会の多様な組織等と連携・協働できる力）

出典：中央教育審議会「教職生活の全体を通じた教員の資質能力の総合的な向上方策について」2012年より筆者作成

能力」を表3-5のように提示した。そして「教育委員会と大学との連携・協働」を要（かなめ）として、教職生活全体を通じて「学び続ける教員」を継続的に支えることのできる一体的な改革を提示した。

　その後、内閣総理大臣が開催する教育再生実行会議も2014年（平成26年）の「今後の学制等の在り方について」（第五次提言）で「教員免許制度を改革するとともに、社会から尊敬され学び続ける質の高い教師を確保するため、養成や採用、研修等の在り方を見直す」ことを提言している。

「子供の発達や学習者の意欲・能力等に応じた柔軟かつ効果的な教育システムの構築について」（中教審答申、2014年〈平成26年〉）

　本答申は、子供の発達や学習者の意欲・能力等に応じた学校制度改革への提言である。具体的には、①「小中一貫教育の制度化」、②「3つの制度改善」（飛び入学制度の活用、多様な留学生の受け入れ推進、高等学校専攻科から大学への編入学の措置）についてまとめられている。特に①に関しては、中学進学時に生じる不登校やいじめの急増などの「中1ギャップ」対策や、小中一貫教育を制度化する条件整備としての「幼小連携の強化」（「小1プロブレム」の解消、発達障害の早期発見・早期支援等）についても言及されている。教員の資質能力に関しては、特に小中一貫教育に必要な人材確保の観点から、他校種免許状の取得へ向けた「免許法認定講習」の積極的開講や、免許状の併有による「教員の専門性など資質能力の向上を図る」としている。

「チームとしての学校の在り方と今後の改善方策について」（中教審答申、2015年〈平成27年〉）

　本答申は、「チームとしての学校」をキーワードとして掲げた。これは「変化の激しい社会」を生きていく子供たちが「多様な価値観や経験を持った大人と接したり、議論したりすること」で、「より厚みのある経験を積む」ことを可能にする「社会に開かれた教育課程」づくりの基盤となる考え方である。これまでの学校でも学習指導や生活指導等の場面で教員たちはチームとして連携してきたといえる。しかし、学校ではいま、①抱える課題の複雑化・多様化（いじめ、不登校、特別支援教育の充実など）、②求められる役割の

拡大（子供の貧困問題への対応など）、③心理・福祉等、専門スタッフの配置不足、④教員の多忙化（子供と向き合う時間の減少）・孤立化などが生じている。こうした問題解決のため、校長のリーダーシップの下で「チームとしての学校」の体制整備が提言されている。教員の資質能力に関しては、各教員の「資質・能力」を向上させるために、各学校で「教員集団の資質・能力の向上」に取り組むことが重要であり、その意味でも学校におけるチームとしての教育活動が求められている。

第7節　教職課程コアカリキュラム

　この節では、現在の教職課程を方向づけている最重要の「教職課程コアカリキュラム」を取り上げる。「教職課程コアカリキュラム」が求められた背景と、教員の資質能力の向上に対するその意義に着目してみていく。

「これからの学校教育を担う教員の資質能力の向上について～学び合い、高め合う教員育成コミュニティの構築に向けて～」（中教審答申、2015年〈平成27年〉）

　本答申は、冒頭で「教員政策の重要性」を掲げている。その理由は、社会の大きな変化にある。答申ではその変化として、主に①「知識基盤社会の到来」、②「情報通信技術の急速な発展」、③「社会・経済のグローバル化」、④「少子高齢化の進展」を挙げている。しかも、人工知能の研究やビッグデータの活用等によって、社会の進歩・変化が一層加速化すると予測している。そうしたなかで日本が「将来に向けて更に発展し、繁栄を維持していくためには、さまざまな分野で活躍できる質の高い人材育成が不可欠」と述べている。そして人材育成の中核を担う学校教育における「教育の直接の担い手である教員の資質能力を向上させることが最も重要」との認識に立って、改めて教員の資質能力について提言が行われたのである。2012年の中教審答申「教職生活の全体を通じた教員の資質能力の総合的な向上方策について」からわずか3年4か月で出されており、提言発表のスピードはさらに加速化し

ている点が注目される。

　本答申が出されたのは2015年12月であったが、教育再生実行会議も、人工知能などによる社会の変化を見据えて、既に2015年5月「これからの時代に求められる資質・能力と、それを培う教育、教師の在り方について」（第七次提言）を発表していた。そこでは、コンピュータの性能が飛躍的に伸びて、現在の常識が覆されるほどに人間の労働環境や生活が変貌する未来社会を見据えている。そしてこれから必要とされるのは、「人間が優位性を持つ資質・能力」、すなわち、①「主体的に課題を発見し、解決に導く力、志、リーダーシップ」、②「創造性、チャレンジ精神、忍耐力、自己肯定感」、③「感性、思いやり、コミュニケーション能力、多様性を受容する力」であるとしている。これら資質・能力を「学校教育を通じて子供たちに培うためには、教師自身がこうした資質・能力を有していることが不可欠」と指摘した。

　さて、本答申では、「チーム学校」の体制づくりも視野に入れつつ、表3-6にみるように、「これからの時代の教員に求められる資質能力」を提示している。

　こうした資質能力を育成するにあたって本答申は、①教職課程の科目区分の大括り化、②新たな教育課題等へ対応するための履修内容の充実、そして③大学における教職課程の見直しのイメージと「教職課程コアカリキュラム」の作成を提言した。この「教職課程コアカリキュラム」は「大学が教職課程を編成するに当たり参考とする指針」であり、教員の養成・研修の全国的な水準確保のために必要なものと位置づけられている。これを受けて、

表3-6　これからの時代の教員に求められる資質能力

◆これまで教員として不易とされてきた資質能力に加え、自律的に学ぶ姿勢を持ち、時代の変化や自らのキャリアステージに応じて求められる資質能力を生涯にわたって高めていくことのできる力や、情報を適切に収集し、選択し、活用する能力や知識を有機的に結びつけ構造化する力などが必要である。
◆アクティブ・ラーニングの視点からの授業改善、道徳教育の充実、小学校における外国語教育の早期化・教科化、ICTの活用、発達障害を含む特別な支援を必要とする児童生徒等への対応などの新たな課題に対応できる力量を高めることが必要である。
◆「チーム学校」の考えの下、多様な専門性を持つ人材と効果的に連携・分担し、組織的・協働的に諸課題の解決に取り組む力の醸成が必要である。

出典：中央教育審議会答申「これからの学校教育を担う教員の資質能力の向上について一学び合い、高め合う教員養成コミュニティの構築に向けて」2015年

2016年11月に教育職員免許法が改正され（「教科に関する科目」と「教職に関する科目」等の区分を統合し「教科及び教職に関する科目」へ）、2017年11月に教育職員免許法施行規則が改正された（学校現場で必要とされる知識・技能が獲得できるよう教職課程の内容を充実）。また同年６月に教育再生実行会議は第10次提言内で「教職課程コアカリキュラム」の作成を2017年度内に着実に行うことを「特に注視する必要のある重要事項」の１つとして掲げた。そして同年11月に「教職課程コアカリキュラムの在り方に関する検討会」から、「教職課程コアカリキュラム」が発表された。現在、これを踏まえて全

教育課程における位置づけ

各大学においては、コアカリキュラム・地域のニーズ・大学の独自性等を踏まえて、体系的な教職課程を編成

地域や採用者のニーズに対応した教育内容

大学の自主性や独自性を発揮する教育内容

全ての大学の教職課程で共通的に修得する教育内容
＝教職課程コアカリキュラム

事項例	到達目標（一部抜粋）
各教科の指導法	・学習指導要領における当該教科の目標及び主な内容並びに全体構造を理解している。 ・学習指導案の構造を理解し、具体的な授業を想定した授業設計と学習指導案を作成することができる。
特別の支援を必要とする幼児、児童及び生徒に対する理解	・発達障害や軽度知的障害をはじめとする特別の支援を必要とする幼児、児童及び生徒に対する支援の方法について例示することができる。 ・「通級による指導」及び「自立活動」の教育課程上の位置づけと内容を理解している。
道徳の理論及び指導法	・道徳教育の歴史や現代社会における道徳教育の課題（いじめ・情報モラル等）を理解している。 ・学校における道徳教育の指導計画や教育活動全体を通じた指導の必要性を理解している。
教育実習（学校体験活動）	・教育実習生として遵守すべき義務などについて理解するとともに、その責任を自覚したうえで意欲的に教育実習に参加することができる。 ・学習指導要領及び児童又は生徒の実態等を踏まえた適切な学習指導案を作成し、授業を実践することができる。

※現行の「教職に関する科目」について作成。「教科に関する科目」についても今後順次整備。

活用方法

教員を養成する大学、教員を採用・研修する教育委員会等、教育制度を所管する文部科学省等の各関係者が認識を共有して取組を推進

【大学関係者】
・コアカリキュラムの内容を踏まえて教職課程を編成
・シラバスを作成する際や授業等を実施する際に、学生がコアカリキュラムの内容を修得できるよう授業を設計・実施

【採用者（教育委員会関係者、学校法人関係者）】
・コアカリキュラムの内容を踏まえた教員採用選考を実施

【国（文部科学省）】
・教職課程の審査・認定及び実地視察においてコアカリキュラムを活用

図3-2　教職課程コアカリキュラムの位置づけと活用方法

出典：文部科学省教職課程コアカリキュラムの在り方に関する検討会「教職課程コアカリキュラム（付属資料、参考資料）」2017年、53頁

国の大学等の教職課程が編成され、運営されている。

　この検討会は、解決すべき次の2つの課題を示し、それによって「教職課程コアカリキュラム」が必要とされる背景を説明している[1]。

①大学における教員養成の下、学芸的側面が過度に強調されたり、担当教員の関心に基づいた授業が展開（されている。）

②学校現場の課題が複雑・多様化する中、教員養成課程において、実践的指導力や課題への対応力の修得が不可欠（となっている。）（カッコ内筆者）

そして、検討会は「すべての大学の教職課程で共通的に修得すべき資質能力を明確化」し、全国の教職課程の水準を確保することによって、これらの課

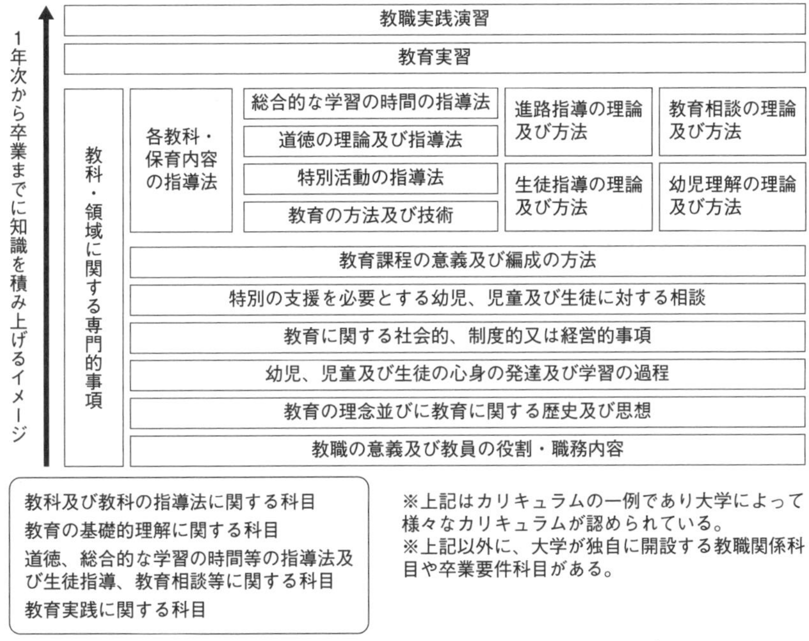

図3-3　教職課程コアカリキュラム作成にあたってのカリキュラムマップ（イメージ）

出典：文部科学省教職課程コアカリキュラムの在り方に関する検討会「教職課程コアカリキュラム（付属資料、参考資料）」2017年、54頁

題解決を目指したのである。検討会が示した教職課程におけるコアカリキュ
ラムの位置づけと活用方法は図3-2の通りである。

　また、各大学で教職課程を編成する際のカリキュラムマップのイメージは
図3-3となる。なお、教職課程コアカリキュラムは各大学における教職課程
の開放制や独自性を阻害するものではないことに留意されたい。

第8節　「社会に開かれた教育課程」と「働き方改革」

　この節では、新学習指導要領の基本的な考え方となる「社会に開かれた教
育課程」の概要を示す。さらに「社会に開かれた教育課程」を扱う教員に求
められる資質能力についてみていく。一方、教員の負担軽減へ向けた「働き
方改革」への動向も取り上げる。

**「新しい時代の教育や地方創生の実現に向けた学校と地域の連携・協働の在
り方と今後の推進方策について」**（中教審答申、2015年〈平成27年〉）
　本答申は、今後の教育改革や地方創生の動向を踏まえて、学校と地域の連
携・協働を一層推進する仕組みとして「コミュニティ・スクール（学校運営
協議会制度）」を提言した。①地域の教育力の低下、②家庭教育の充実、③
学校が抱える課題の複雑化・困難化等を背景として、学校と地域がお互いに
パートナーとして連携・協働し、「社会総掛かりでの教育の実現を図る」必
要性を訴えた。教員の資質能力に関しては、「これからの学校教育を担う教
員の資質能力の向上に関する検討」の項目を立て、2015年の答申「これか
らの学校教育を担う教員の資質能力の向上について」を踏襲している。そし
てさらに、「学校が地域づくりの中核を担うという意識」をもって「学校と
地域の連携・協働を円滑に行うための資質」を養成していく必要性にも言及
している。

「幼稚園、小学校、中学校、高等学校及び特別支援学校の学習指導要領等の改善及び必要な方策等について」(中教審答申、2016年〈平成28年〉)

　本答申は、新学習指導要領「生きる力　学びの、その先へ」の基本的な理念と、その理念を実現するために必要な方策等を示したものである。本答申はこれからの教育課程を「社会に開かれた教育課程」と呼び、未来社会の生きる子供たちに必要な資質・能力を、①「何を理解しているか、何ができるか（生きて働く「知識・技能」の習得）」、②「理解していること・できることをどう使うか（未知の状況にも対応できる「思考力・判断力・表現力等」の育成）」、③「どのように社会・世界と関わり、よりよい人生を送るか（学びを人生や社会に生かそうとする「学びに向かう力・人間性等」の涵養）」の三本柱で示した。この資質・能力を育成するために「社会に開かれた教育課程」は「社会の変化に目を向け、教育が普遍的に目指す根幹を堅持しつつ、社会の変化を柔軟に受け止めていく」ものであり、その際、特に表3-7に示す3点を重視している。

　学習指導要領等の枠組みも、こうした「社会に開かれた教育課程」の理念のもとで見直され、学校教育において育まれる子供たちの資質・能力や学ぶ内容の全体像をわかりやすく見渡せる「学びの地図」へと転換される必要がある。そこでは、前述した資質・能力を育成するにあたり、学びの主役となる子供の視点に立って、①「何ができるようになるのか」（育成を目指す資質・能力の整理）、②「何を学ぶか」（整理された資質・能力の育成へ向けて各教科等の「見方・考え方」を踏まえて指導内容等を検討）、③「どのように学ぶか」（アクティブ・ラーニングの視点を入れて、子供たちの「主体的・対話的で深い学

表3-7　「社会に開かれた教育課程」で重視される3点

①社会や世界の状況を幅広く視野に入れ、よりよい学校教育を通じてよりよい社会を創るという目標を持ち、教育課程を介してその目標を社会と共有していくこと。
②これからの社会を創り出していく子供たちが、社会や世界に向き合い関わり合い、自らの人生を切り拓いていくために求められる資質・能力とは何かを、教育課程において明確化し育んでいくこと。
③教育課程の実施に当たって、地域の人的・物的資源を活用したり、放課後や土曜日等を活用した社会教育との連携を図ったりし、学校教育を学校内に閉じずに、その目指すところを社会と共有・連携しながら実現させること。

出典：中央教育審議会「幼稚園、小学校、中学校、高等学校及び特別支援学校の学習指導要領等の改善及び必要な方策等について」2016年より筆者作成

び」となるように指導内容等を構成し、学びを実践）が明確化された。また「どのように学ぶか」においては、子供の興味・関心、それぞれの発達課題や学習課題など、子供それぞれの「個性に応じた学び」を引き出すことや、「子供の発達をどのように支援するか」といった観点も考慮される。このような教育実践を展開するために、校長がリーダーシップをとり、学校の教職員が一体となって「カリキュラム・マネジメント」に取り組むことが求められている。「カリキュラム・マネジメント」とは、子供たちや地域の実情等を踏まえ、各学校の教育目標を実現するために教育課程を編成・実施・評価・改善（PDCA）することである。

　なお、子供たちの学習評価に関しては、前述した資質・能力の三本柱に合わせる形で従来の4観点（「知識・理解」、「技能」、「思考・判断・表現」、「関心・意欲・態度」）を改め、3観点（「知識・技能」、「思考・判断・表現」、「主体的に学習に取り組む態度」）に整理された。

　以上のように大きな転換を示す本答申において、教員の資質能力に関しては、「学習指導要領等の理念を実現するために必要な方策」の1つとして、「教員の資質・能力の向上」が挙げられている。そこでは、答申が示した子供たちの資質・能力の育成に向けて、「必要な教育を創意工夫し、子供たちの学習に対する内発性を引き出していくことができるよう、教員一人一人の力量を高めていく」ことが必要とされた。そして「学級経営や児童生徒理解等に必要な力」のみならず、「カリキュラム・マネジメント」や「主体的・対話的で深い学び」に取り組むために「授業改善や教材研究、学習評価の改善・充実などに必要な力等」の養成を求めている。

　以上の答申に基づき、新しい学習指導要領等が発表され今日に至っている（幼稚園教育要領：2017年3月公布・2018年4月施行、小・中学校学習指導要領：2017年3月公布・小学校2020年〈令和2年〉4月・中学校2021年〈令和3年〉4月施行、高等学校学習指導要領：2018年3月公布・2022年〈令和4年〉施行、等）。

「新しい時代の教育に向けた持続可能な学校指導・運営体制の構築のための学校における働き方改革に関する総合的な方策について」（中教審答申、2019年〈平成31年〉）

　本答申は、近年、焦眉の課題となってきた「学校における働き方改革」をテーマとしている。特に問題となるのは長時間勤務である。答申では学校の組織運営体制の見直し（校務分掌の整理・統合など）に加えて、①「基本的には学校以外が担うべき業務」、②「学校の業務だが、必ずしも教師が担う必要のない業務」、③「教師の業務だが、負担軽減が可能な業務」も例示し、業務削減や勤務時間管理の徹底を提案した。さらに教員の資質能力の向上を図るうえで研修は重要としながらも、それが教員にとって過度の負担とならないように、研修内容の整理や精選を図ることや、研修が夏季休業期間に集中しないよう実施時期を調整し、教員がまとまった休暇を取りやすいように配慮することなどが提案された。

「『令和の日本型学校教育』の構築を目指して～全ての子供たちの可能性を引き出す、個別最適な学びと、協働的な学びの実現～」（中教審答申、2021年1月）

　本答申が掲げる「令和の日本型学校教育」とは、2020年代を通じて我が国が実現しようとする学校教育の呼称である。「日本型学校教育」とは何か。答申は日本の学校教育が従来果たしてきた役割を三つ挙げて説明している。それは、①「学習機会と学力を保障するという役割」（教育の平等性）、「全人的な発達・成長を保障する役割」（全人教育）、そして③「人と安全・安心につながることができる居場所としての福祉的な役割」（居場所・セーフティーネット）である。これらは今後も変わらず重要だとしている。特にすべての子供たちに一定水準の教育を平等に保障し、知・徳・体を一体で育む全人教育を行ってきたことが諸外国から高く評価されているという。また、全人教育と合わせて、居場所・セーフティーネットとしての学校教育の役割が「日本型学校教育の強み」であると強調されている。

　一方、本答申は学校の役割が過度に拡大し教師が疲弊してきたこと、子供たちの多様化、学習意欲の低下、不登校やいじめの増加などを背景に、もは

や「国において抜本的な対応を行うことなく日本型学校教育を維持していくことは困難」との危機意識を吐露している。折しも100年に一度といわれるパンデミックが追い打ちをかけ、予測困難なVUCA時代が絵空事でなくなった。副題で語られている「個別最適な学び」は、このような時代状況の中でもICTの活用や少人数のきめ細かな指導体制によって、子供たち一人一人の個に応じた指導の具現化を目指している。この「個別最適な学び」と、我が国の学校教育が従来行ってきた「全人格的な陶冶、社会性の涵養」につながる「協働的な学び」とを一体的に充実しようとするのが「令和の日本型学校教育」である。

　さらに中教審は2022年12月、「『令和の日本型学校教育』を担う教師の養成・採用・研修等の在り方について〜『新たな教師の学びの姿』の実現と、多様な専門性を有する質の高い教職員集団の形成〜」を答申し、「令和の日本型学校教育」の担い手に求められる資質能力とはなにか、その再整理を行った。それによると教師に求められる資質能力の柱は、①教職に必要な素養（倫理観、使命感、責任感、教育的愛情、総合的な人間性、コミュニケーション力、想像力、自ら学び続ける意欲及び研究能力）、②学習指導、③生徒指導、④特別な配慮や支援を必要とする子供への対応、⑤ICTや情報・教育データの利活用の5項目にまとめられた。また、理論と実践の往還を重視した教職課程への転換へ向けて、教育実習等の履修形式の柔軟化や学校体験活動の活用（学習指導員、放課後児童クラブやNPO等での課題を抱える子供たちへの支援等も含む）、特別支援教育の充実に資する「介護等体験」の活用等が提言された。

　以上、教員の資質能力をめぐって、これまでどのような改革・提言がなされてきたのかを一瞥した。教職界の変化は目まぐるしく、この傾向は今後も続くであろう。我が国では、近年、AI、IoT、ロボット、ビッグデータなどの技術革新が進展する未来社会「Society5.0[2)]」の到来を見据え、EdTech（エドテック、「教育におけるAI、ビッグデータ等のさまざまな新しいテクノロジーを活用したあらゆる取り組み」）や「ICT活用指導力」など新たな取り組みが続いている。さらに新型コロナウイルス感染症の「世界的大流行（パンデミック）」も生じ、教育界も新たな局面を迎えた。こうした事態が生じるた

びに、教員に求められる資質能力はいわば「加算」されていくことになる。その一方で、教員不足や「働き方改革」が深刻な課題となっており、今後、教員の資質能力の検証と精選はさらに必須となってくるであろう。

第9節　教員の資質能力をめぐる現状と課題

不明確な「資質能力」という用語

　我が国で教育改革や教育の改善方策が語られるとき、必ずといってよいほど教員の資質能力の向上が議論されてきたといっても過言ではない。しかし、本章第1節で言及したように、そもそも肝心の用語である「資質能力」（あるいは「資質・能力」）の概念そのものは自明ではなく、現状では明確性を欠いている。「資質能力」として具体的に答申などで何が挙げられているかはいえても、それらを「資質能力」といわしめている「資質能力」そのものの概念規定は不明確なままである。我が国の教員養成制度・免許制度の根幹にかかわる用語であるだけに、このような現状は奇妙であるし、看過すべきではない。同様の問題は、1996年の中教審答申における「生きる力」や2005年の同じく中教審答申における「学校力」、「教師力」、「人間力」などに見られる「力」の概念にもあてはまる。この「〜力」も教育をめぐる議論において頻繁に使用されるが、その概念について十分な議論は尽くされてきていない[3]。国民教育とその担い手となる教員の養成・免許制度の根幹にかかわる基本用語が不明確であるというのは問題であるし、危険である。国民教育と教員養成が、時流に流されたり、その時々の政局に翻弄されたり、政争の具にされないためにも、基本用語の学問的吟味をおろそかにしてはならないだろう。

学校教育の成否と教員の資質能力

　我が国では「学校教育の成否」が教員の資質能力にかかっているといわれている。確かに国民教育の担い手として、教員が果たす役割は小さくはない。しかし、「学校教育の成否」を吟味するためには、まず、現行の学校教育が

時代の変化に対応したものなのかを評価する必要がある。

　明治維新以降、我が国は急速な近代化を推し進め、わずか1世紀足らずの間に欧米諸国を驚嘆させるほどの発展を遂げた。この「圧縮された近代化」路線を推し進めるうえで、学校教育は重要な役割を果たしてきたのである。明治時代に開始された近代学校制度において使用されてきた一斉授業方式も、能率的・効率的な知識・技能の伝達に有益な手法であり、教師は「教える技術者」として、重要な役割を担ってきた。

　しかし、この「圧縮された近代化」は1980年代前後に終焉の時代を迎えたといわれている（佐藤　2010：34）。また当時は、こうした近代化の「負の副作用」、たとえば「子供の心の荒廃」やいじめ、校内暴力、受験競争の過熱等の「教育荒廃と総称される社会病理現象」が露呈してきた時代でもある。教育改革はこのような時代の変化に適切に対応すべきであった。たとえば、「圧縮された近代化」と結び付いてきた一斉授業のようなやり方から「共同的な学び」への転換など、パラダイムシフトが必要であった。これは単に授業形態の変更にとどまらず、学校生活のあり方、学級集団のあり方、そして教員の資質能力のとらえ方など、抜本的な変更を検討すべき問題でもある。しかし、残念ながら我が国では、80年代以降の教育改革においても、基本的には一斉授業や同年齢集団による学級編制など、それまでのあり方が踏襲されてきたのである。そして、「教師は授業で勝負する」といった言説に現れているように、「教育のプロ」としての教員の資質能力の向上による教育改革に重きを置いてきたように思われる。その結果、教員に対する加重の負荷が生じているのではないか。

　教育史を紐解くならば、たとえば、19世紀の後半から20世紀初頭にかけて台頭した新教育運動の試みなどが、重要な示唆を与えてくれるであろう。学校教育の新たなあり方を模索した、ドルトン・プラン、ウィネトカ・プラン、イエナ・プラン等は、現代の教員採用試験でも比較的よく出題される学校教育の改革案である。これらのプランは、教育改革・学校改革の問題を決して教員の資質能力の問題に狭隘化することはなかった。学校生活全体の構造変革を試みたのである[4]。教員の資質能力の向上自体を自己目的化するのではなく、学校教育の改善のために何が必要なのか、どのような視点で取り

組むべきなのかを、我々は歴史から今一度、学ぶ必要があるのではなかろうか。

学修課題

（1）教員の資質能力の意味について考察しなさい。
（2）教員の資質能力として何が挙げられてきたか整理しなさい。
（3）教員の資質能力をめぐる今日的課題について明らかにしなさい。

〈引用・参考文献〉
・小山悦司「第 3 章 教師の資質能力」赤星晋作編著『新教職概論』（学文社、2008 年）
・佐藤晴雄『教職概論—教師を目指す人のために 第 3 次改訂版』（学陽書房、2010 年）

〈註〉
1) 教職課程コアカリキュラムの在り方に関する検討会「教職課程コアカリキュラム（付属資料、参考資料）」文部科学省、2017 年（https://www.mext.go.jp/component/b_menu/shingi/toushin/__icsFiles/afieldfile/2017/11/27/1398442_2_2.pdf、最終閲覧日 2020 年 9 月 25 日）、54 頁。
2) 内閣府「Society 5.0」（https://www8.cao.go.jp/cstp/society5_0/、最終閲覧日 2020 年 8 月 28 日）。
3) たとえば教育哲学会では、「生きる力」、「コミュニケーション力」などでよく用いられる「〜力」について、「『力』という概念は教育をめぐる議論において頻繁に登場する。しかしこれまでその意味や位置価について十分な哲学的吟味がなされているとは言いがたい」として、「力」の概念の吟味が俎上に登っている（教育哲学会第 53 回大会、2010 年 10 月。河野哲也・松丸啓子・今井康雄「研究状況報告—心の哲学と「力」の概念」『教育哲学研究』第 103 号、2011 年、142 頁参照）。なお、OECD は、「知識基盤社会」の時代を担う子供たちに必要な能力を、「主要能力（キーコンピテンシー）」と定義づけた。中教審は「生きる力」について「その内容のみならず、社会において子どもたちに必要となる力をまず明確にし、そこから教育の在り方を改善するという考え方において、この主要能力（キーコンピテンシー）という考え方を先取りしていたと言ってもよい」と評価している（中教審答申「幼稚園、小学校、中学校、高等学校及び特別支援学校の学習指導要領等の改善について」、2008 年）。
4) たとえばイエナ・プランの創始者であるドイツのペーターゼン（Petersen, P., 1884-1952）は、このプランを「学校現実が真に教育的機能を発揮できるように、伝統的な学校現実を内的に変革しようとする試み」であると述べている（Petersen, P., *Der Jena-Plan einer freien allge-meinen Volksschule*, Langensalza: Beltz 1927, S. 7.)。彼は学校が子供の人格形成のための「生活共同体」、「共生」の場となることを願い、従来の年齢別学年学級制を廃止し、異なる年齢・階層・能力の男女を混ぜ合わせる「基幹集団」（Stammgruppe）によって、学校生活そのものを再編した。また、教師主導の一斉授業形態からの脱却を図り、円座形式での「対話」

（Gespräch）や、「遊び」（Spiel）、「作業」（Arbeit）、「行事」（Feier）を「学習と自己形成の四つの原形態」として導入している。イエナ・プランは現在、生みの親のドイツのみならず、オランダ、ベルギー、オーストリア、イタリア、ノルウェー等で広く実践されている。特にオランダではこれまで公立・私立あわせて 220 校余りのイエナ・プラン校が確認されてきた（リヒテルズ直子『オランダの個別教育はなぜ成功したのか―イエナプラン教育に学ぶ』平凡社、2006年、169-170頁、237頁／Ad. Boes, Jahrgangsübergreifende Lerngruppen- Paradigma für eine Schule der Zukunft. In: *Kinderleben. Zeitschrift für Jenaplan-Pädagogik.* Heft 25., 2005, S. 4.）。日本でも 2019 年 4 月、正規のイエナ・プラン校として第 1 号になる学校法人茂来学園大日向小学校が長野県内に誕生した（Sakuma, H., Neue Trends der Jenaplan-Pädagogik in Japan-Die erste echte Schule und neue Herausfonderungen. In: *Kinderleben. Zeitschrift für Jenaplan-Pädagogik.* Heft41., 2019, S. 32-35）。このようにイエナ・プランは単に歴史的な遺産にとどまらず、現代の学校教育のなかで生き続けている。

教聖　ペスタロッチー（教育における愛、信頼、感謝、従順）

　皆さんは、ペスタロッチーという名前を知っているだろうか？　教師を志し、教育学を学んでいるのであれば、きっとどこかで、一度くらいは目にしたことのある名前だろう。ペスタロッチーの残した業績は、きわめて多岐にわたるが、ペスタロッチーという名前が世界中に知られるようになったのは、恐らく彼の教師としての生き方によるものと思われる。多くの逆境をものともせず、常に子供と寄り添う中で、教育学研究と教育実践活動に邁進し続けたペスタロッチーの生き方は、まさに、教師としての目指すべき理想であったと言えるだろう。それゆえ、ペスタロッチーの名は、ときに「"教聖"ペスタロッチー」「"聖"ペスタロッチー」、さらには「"師聖"ペスタロッチー」と畏敬と憧憬の意味を込めて語られるのである。

　ペスタロッチーが目指していたのは、全ての人間の全人的・調和的な発達を実現し、人々の幸福を実現することであった。このような意味において、ペスタロッチーは、教師であると同時に、社会改革者でもあった。確かに、人々の幸福を実現するためには、社会を良くすることが不可欠である。ペスタロッチーは、そのための基本を「家庭や学校において、愛、信頼、感謝と従順の雰囲気が満ちた中で育つこと」であると述べている。これらは、主に幼児と母親との関係から生ずるものといえる。それゆえ、ペスタロッチーは、「家庭教育のもつ長所は学校教育によって模倣されねばならない」ということ、さらには、「いやしくもよい人間教育は、居間におる母の眼が毎日毎時、その子の精神状態のあらゆる変化を彼の眼と口と額とに読むことを要求する。よい人間教育は、教育者の力が、純粋でしかも家庭生活全体によって一般的に活気を与えられた父の力であることを根本的に要求する」と述べているのである。

　いじめや自殺、虐待や貧困などのさまざまな教育問題が示唆している

のは、今日の子どもたちを取り巻く環境の厳しさであると言える。たとえば、「令和3年度　児童相談所での児童虐待相談対応件数」は、207,660件と過去最多を記録したことが報告されている。さらに、令和3年度の「児童生徒の問題行動・不登校等生徒指導上の諸課題に関する調査」では、小中学校の「不登校」者数と小中学校・高等学校と特別支援学校の「いじめ」の認知件数も、ともに過去最多であったことも報告されている。このような環境の中で、保護者や教師から愛され、信頼されていることを実感することのできない子どもたちが保護者や教師に感謝し、従順であることは、ますます難しくなっている。

　今を生きる、眼前の子どもたちの苦悩に寄り添い、真剣に関わり続けることなしには、彼らを真に理解することも、彼らの成長と幸福を願うこともできない。「児童虐待の防止等に関する法律」が制定されるなど、さまざまな施策が講じられているにもかかわらず、十分な改善を見ることのできない厳しい現状を克服していくためには、ペスタロッチーの生き方を教師の原点として捉え、彼の実践から得られる愛や熱心、そして、英知を制度においても充分に配慮し、尊重することが不可欠である。

　2023年、「教師を取り巻く環境整備について緊急的に取り組むべき施策」が提言されたように、今日の教師を取り巻く環境もまた、子どもたちを取り巻く環境と同じく、きわめて厳しい状況にある。しかしながら、教師としての幸福とは何か？　教師としてのやりがいは何か？　教壇に立つ前に、ぜひとも世界中の教師が畏敬と憧憬を抱くペスタロッチーの教師としての生き方に触れ、これらの問いを再考してみてほしい。

第4章　教員養成

　　この章では、等閑に付されがちな戦前の教員養成のあり方について、今日の教育目的である「人格の完成」との関係を念頭に置きながら考えていく。

　　そこでまず第1節では、官立・公立の師範学校が設置されるなかで、学校の教員はどのような教育観を持たねばならなかったかを「小学校教員心得」、「師範学校教則大綱」、「師範学校令」、「師範教育令」、さらには「師範学校制度改革」のなかに学んでいく。次に第2節で、戦後の教員養成について学んでいく。特に「大学における教員養成」、「開放制の教員養成」、「相当免許状主義」等の意味を理解しつつ、これらを規定する「教育職員免許法」が頻繁に改定されさまざまな科目や単位の変更がなされてきたことを確認する。第3節では、文部科学省が示す「教員に求められる資質能力」に欠けているものとして、教員の品位や教員の人格陶冶を、戦前の教員養成のなかに学ぶ必要があるのではないかと提起する。

第1節　**教員養成の歴史（戦前）**

　日本の教育の目的を一言で表すならば、戦前は教育勅語に示されるような「忠孝に基づく道義国家の建設」であり、戦後は教育基本法に示される「人格の完成」であろう。戦前戦後を問わずこうした教育の目的を達成するためには、必然、人格的に優れた教員の養成が必要となる。そこで、この章では明治以後今日までどのような形で教員養成がなされてきたかを明らかにしてみたいのだが、なかでも等閑に付されがちな戦前の教員養成に特に焦点をあてて論じてみたい。これは、教員養成を単なる制度的な面からだけでなく、教師はいかにあるべきかというような教師の有すべき人格的資質の問題としてとらえたいからでもある。

　教員養成のあり方は、その時代に応じて微妙に変化する。政府が欧米移入の教育を採用するか、それとも伝統的な教育を採用するかで教員養成もその意に応じたものとなるからである。戦前の教員養成が「師範学校」で行われたということはすでに周知のことであるにしても、どのような時代背景のもとで「師範学校」ができたかを理解しておかねば、単なる形式的な知識となってしまう恐れがある。そこでまずは、明治政府発足以後の時代背景を確認しておこう。

時代背景

　明治政府発足以後の出来事を年代順に略述すると右図の通りであるが、この時代の一番大きなうねりは、教育を欧米型を模した形で行うか、それとも従来の仁義忠孝を中心とした伝統的な形で行うかであった。

　まずは教育制度にかかわる主な出来事を年代順に確認しておこう。

　周知の通り、明治新政府は欧化主義政策を積極的に行った。特に、明治16年（1883年）から明治23年（1890年）までの7年余はいわゆる鹿鳴館時代といわれるように、それがもっとも顕著な時代といえよう。鹿鳴館は当時の外務卿井上馨が、コンドルに依頼して設計させたものであるが、この政策は単なる白人に対するあこがれではなく、極端に低くみられていた日本の地位

1871年（明治 4年）	7月―	文部省が設置される
1872年（　　 5年）	7月―	最初の師範学校が東京に設置される
	8月―	「学制（被仰出書）」公布
1879年（　　12年）	8月―	「教学聖旨（教学大旨、小学条目二件）」が発表される
	9月―	「教育令」（学制廃止）公布
1880年（　　13年）	12月―	「改正教育令」公布
1881年（　　14年）	6月―	「小学校教員心得」公布
	8月―	「師範学校教則大綱」が規程される
1886年（　　19年）	4月―	「師範学校令」（「順良・信愛・威重」の気質）公布
1889年（　　22年）	2月―	「大日本帝国憲法」公布
1890年（　　23年）	10月―	「教育勅語」渙発
1897年（　　30年）	10月―	「師範教育令」（「順良・信愛・威重」の徳性）公布
1943年（昭和18年）	3月―	「師範教育令」改正

を高めるための政策であるといわれている。欧米人からすれば、当時の日本は極東の小国にすぎず、その意味で日本は、不平等条約を強いられていた。そこで、髷や和服を捨て、洋服を着て洋食を取り、西洋式舞踏を行うことによって、日本人も欧米人と同レベルであることを諸外国に示すことで、日本の地位を高め、不平等条約の撤廃を意図していたのである（飛鳥井 1992）。

　ところが、欧化主義政策がもっとも顕著であったこの時期（明治16年から23年）に、教育界においても欧米流の教育政策が中心的であったかといえば、そうではない。

　文部省が行ってきた欧米流の教育政策は、明治5年（1872年）の「学制」当初から始まり、明治12年（1879年）の「教育令」で最高潮に達するが、極端な欧米主義に走るのを嫌った伝統派は、同年に「教学聖旨」を示すことで鋭く対立した。これは明治新政府内において、欧米的な教育思想を推進する伊藤博文（当時、参議兼内務卿）と、伝統的な教育を推進しようとする元田永孚（当時、明治天皇の侍講）との対立であるといわれている。元田起草の「教学聖旨」をめぐって、伊藤は井上 毅に「教育議」を起草させ、元田に異議を唱えるが、元田は「教育議附議」にて反論、両者の鋭い対立が生じるものの、結局は、伊藤側が儒教的徳育の強化を容認したため、教育令は1年で改正され、儒教色の強い翌年の「改正教育令」へ、さらには、その翌年（明治14年〈1881年〉）の「小学校教員心得」へとつながっていったのである。

　これは、学制から教育令に至る欧米流の教育政策に対するアンチテーゼであり、欧米派と伝統派の対立の結果、伝統派が勝利したことを意味する。し

107

たがって、改正教育令（明治13年〈1880年〉）以後は、世間が鹿鳴館に象徴
される欧化主義を突き進むなか、仁義忠孝を中心となす伝統的教育政策が行
われ、それは明治23年の「教育勅語」発布において完成したのである。こ
うした歴史的背景を押さえたうえで、師範学校の歴史について論じてみたい。

官立師範学校の設置

「学制」は、国民皆学を示した「被仰出書」（いわゆる学制序文）と、小学
区・中学区・大学区を設けるための「学区制」が有名であるが、実は教員養
成の重要性も示されている。

「学制」第39章では、「師範学校を設置することが極めて緊急なるもので
あり、師範学校ができなければ小学校を作ることはできない。それゆえ、師
範学校を急いで設置して小学校教師を急いで輩出しなければならない」旨の
ことが述べられている[1]。また、小学校・中学校・大学の「教員資格」につ
いても次のように記されている。

「小学校教員は男女を論ぜず、年齢二十歳以上にして師範学校卒業免状あ
るいは中学免状を得しものに非ざればその任に当たることを許さず。」（第40
章）、「中学校教員は年齢二十五歳以上にして大学免状を得しものに非ざれば
其任に当ることを許さず。」（第41章）、「大学校教員は学士の称を得しものに
非ざれば許さず。」（第42章）[2]。

ここで述べられた「免状」とは、今日の「免許状」ではなく「卒業証書」
の意味であるが、第40章に呼応すべく、学制発布の1カ月前に官立の師範
学校（翌年東京師範学校と改称）が設置されたのである。

この時期、文教行政にあたっていたのは、岩倉使節団（明治4年〈1871年〉
11月～6年〈1873年〉9月）の一員として欧米の教育事情を調査した田中不
二麿（当時、文部大輔）である。彼は、文部省に明治6年から学監（顧問）と
して着任していた米国人モルレーと協力し、当時の大学南校（後の東京大学）
の教師であった米国人スコットを東京師範学校に招聘して、米国式の師範学
校の方法に基づく教員養成を開始した。ここでは、スコットが英語で授業を
し、坪井玄道が通訳の任にあたり、米国の小学校で使用していた教科書や教
具をとりよせ、また、教室も米国の小学校と同じにして授業が行われた。そ

108

こでは、師範学校の生徒のなかから学力の優秀な者（上等生）をまず児童役にして教師が教え、次に上等生はそれにならって下等生を児童役にして小学校の教科を教授したという（文部省 1972：237-238）。つまり、今日で言う模擬授業形式の授業方法である。

　こうして師範学校による教員養成が明治5年から始まったわけだが、翌年には大阪、宮城、さらに明治7年（1874年）には愛知、広島、長崎、新潟に官立の師範学校が設置されていき、明治8年（1875年）には女子師範学校（お茶の水女子大学の前身）が開校することになった。これらの官立師範学校は修業年限を原則2年とし、生徒の年齢は20歳以上35歳以下、学費は官給によるが卒業後は教員になることが義務づけられた。学費を官給とすることで、官立師範学校の卒業生を地方に派遣し、各府県における教員養成機関を指導する基礎はできたものの、やがて財政難のために次々に廃止されていき、明治11年（1878年）には東京師範学校と女子師範学校を残すのみとなったのである。女子師範学校には明治11年に「幼稚園保母練習科」が設置され、いわゆる幼稚園教諭養成も行われた（文部省 1972：239-241。これは、その後明治18年には東京師範学校に併合され、東京師範学校女子部となった）。

　そこで、政府は明治12年の「教育令」において「各府県においては、便宜に随いて公立師範学校を設置すべし」（第33条）と規定することで、師範学校は、以後、「官立」から「公立」への道をたどることになる。

　ここで押さえておくべきことは、「教育令」の内容である。「教育令」は田中不二麿とモルレーによって作られた、米国式の自由を尊重した法令といわれている。田中不二麿は「学制」制定にもかかわっているが、「教育令」においてはさらに米国的な自由色が強く打ち出されている。たとえば、「学制」が159章による内容であるのに対し、「教育令」はわずか47条にすぎず、また、「学制」における小学区の厳格な規定は、「教育令」においてはきわめて自由寛大なものとなった。その意味で教育令は「自由教育令」と称されたのである。

　上記の条文（第33条）においても同様で、「便宜に随いて……設置すべし」とは「都合の良いときに……設置しろ」ということである。だが、こうした米国流の自由な（別言すればいい加減な）「教育令」は、上述したように伝統

派から猛反発を受け、結果、「（自由）教育令」はわずか1年で改正されることとなり、学制や教育令制定の中心的役割を果たしてきた田中不二麿は文部省を去るに至る。

公立師範学校の設置

　明治13年に「（自由）教育令」が改められ、「改正教育令」が発布されたが、そこで師範学校の規定は次のように示された。

　　各府県は小学校教員を養成せんが為に師範学校を設置すべし（第33条）

つまり、「教育令」で示された「都合の良いとき（便宜に随いて）」という文言が削除され、小学校教員養成のための師範学校の設置が義務づけられたのである。また、小学校教員になるには、官立公立の師範学校の卒業証書が必要となるが、それがなくとも各府県知事発行の教員免許状を得れば、その府県で教員になることは可能とされた（第38条）。

　こうして小学校教員養成の制度化が進んでいくが、特筆すべきは、「（自由）教育令」で履修科目の最後にあった「修身」が、「改正教育令」では筆頭に来たことである（第3条）。これは他の「知育」的科目よりも道徳が重要であることを表したものであり、それは教師自身にも課せられることになる。すなわち、第37条に新たに付け加えられた「品行不正なるものは教員たることを得ず」という条文である。

　この条文は、前年（明治12年）の教学聖旨のなかで示された文言に対応すると思われるので、それを確認しておこう。教学聖旨は「教学大旨」と「小学条目二件」からなっており、前者は「学制」以後の過度になりすぎた欧米流の教育方針を批判したもので、後者はそれを初等教育に示したものである。

　以下の教学大旨の大意を読めば、元田永孚に代表されるような伝統派が、欧米流の教育方針をいかに苦々しく思っていたかが手に取るようにわかるようである。

　　教学の要は仁義忠孝を明らかにして知識や才芸を究め、人の人たる道

を完うすることであって、これこそわが祖先からの訓であり国典であるのに、近時は知識才芸ばかりを尚んで、品行を破ったり風俗を傷つけたりするなど物の本末を誤っている者が少なくない。そのような有様では昔からの悪い習を捨てて、広く知識を世界に求めて西洋の長所を取り、また国勢を振興するのに益があるかもしれないが、一方で仁義忠孝の道をあとまわしにするようでは、やがては君臣父子の大義をわきまえなくなるのではないかと将来が危うく思われる。これはわが国の教学の本意ではない。それゆえ今後は祖宗の訓典によって仁義忠孝の道を明らかにし、道徳の方面では孔子を範として人々はまず誠実品行を尚ぶよう心掛けなくてはならない。そうした上で各々の才器に従って各学科を究め、道徳と才芸という本と末とを共に備えるようにして、大中至正の教学を天下に広めるならば、わが国独自のものとして、世界に恥じることはないであろう（「教学大旨」の大意。文部省 1972：161）。

つまり「改正教育令」（明治13年）で示された「修身」の重要性や「品行不正なるものは教員たることを得ず」という条文は、「教学聖旨」（明治12年）で示された品行の問題を受けついだものであり、そしてさらにこの条文は翌14年の「小学校教員心得」で明確にされることになる。

小学校教員心得

「小学校教員心得」は「心得」という文字が示す通り、教員の内面に踏みこんだ内容である。小学校教員心得の前文を簡単に要約すれば、小学校教員の良否が国家の隆盛にかかわるものであるから、教員たる者は、「尊王愛国の志気を振起し、風俗をして淳美ならしめ、民生をして富厚ならしめ、以て国家の安寧福祉を増進」せねばならぬというのである。この内容は「教学聖旨」の儒教的要素を受け継いだだけではなく、さらに尊皇愛国という色彩が強く見られるものである。

そしてこの目的のために16カ条の心得が示されるが、その1条目には次のように示される。

111

　人を導きて善良ならしむるは、多識ならしむるに比すれば、更に緊要なりとす。故に教員たる者は、殊に道徳の教育に力を用ひ、生徒をして皇室に忠にして国家を愛し、父母に孝にして長上を敬し、朋友に信にして卑幼を慈し、及び自己を重んずる等、すべて人倫の大道に通暁せしめ、かつ常に己が身を以て之が模範となり、生徒をして徳性に薫染し、善行に感化せしめんことを務むべし（「小学校教員心得」1条。傍点筆者）。

ここに記されることは、知識よりも道徳の重要性を明らかにしたもので、さらに「生徒をして皇室に忠にして国家を愛し、父母に孝にして長上を敬し、朋友に信にして卑幼を慈し」は、後の「教育勅語」に引き継がれたといえるだろう[3]。

　また、最後の条目では次のように示される。

　教員たる者の品行を尚くし、学識を広め、経験を積むべきは、またその職業に対して尽くすべきの務めと謂うべし。蓋し品行を尚くするは、その職業の品位を貴くする所以にして学識を広め、経験を積むはその職業の光沢を増す所以なり。（同16条。傍点筆者）

「小学校教員心得」で押さえるべきことは、最初と最後の条文に明確に示されているように、児童に対して教員自らが模範となるように、自らの品行を高めねばならないという点である。このことは、第1章でも記した教師聖職者論の根拠にもなるべき内容である[4]。

師範学校教則大綱

　「小学校教員心得」の同年には「師範学校教則大綱」が出されたが、これは今日でいう「小学校設置基準」のごときものである。ここでは師範学校が初等師範学校、中等師範学校、高等師範学校の3つに区分された。三者の違いは、高等師範学校卒業生は小学校の各等全体を担当できるのに対し、中等師範学校の卒業生は小学校の中等科と初等科、そして初等師範学校の卒業生は小学校初等科のみを担当することになる（第7条）。

　3つの学校においてそれぞれ履修すべき科目は異なってくるが、「改正教育令」でも示されたように、いずれもその筆頭に「修身」があり、また、多くの条文で「品行」という言葉がでてくるように[5]、品行の良さが教師になるための条件とされたのである。

　では、何を基準に品行の是非が決められたのか。それは、「師範学校教則大綱」発布の1月前（明治14年7月）に定められた「学校教員品行検定規則」に基づいているとされる。そこでは「品行不正の者、すなわち懲役もしくは禁獄もしくは鎖錮の刑を受けた者、身代限の処分を受け未だ弁償の義務を負えない者、荒酗暴激等総て教員としての面目に関する汚行ある者」などは教員の職につかせず現職者の場合は免職させるものと規定した。また「軽重禁錮以上の刑に処せられもしくは信用または風俗を害する罪を犯した者」なども品行不正と定められたのである（文部省 1972：245）。

師範学校令と師範教育令

　「小学校教員心得」、「師範学校教則大綱」から4年後の明治18年（1885年）、明治政府は第2の維新ともいうべき、太政官制から内閣制度への大改革を行った。初代内閣総理大臣は伊藤博文、初代文部大臣は森有礼である。翌19年（1886年）には、明治以来初めて学校種ごとに独立した学校令（「帝国大学令」、「師範学校令」、「中学校令」、「小学校令」）が出されたが、特筆すべきはこれらが天皇裁可による勅令であるということである。このことは、当時の明治政府がいかに教育に対して積極的であったかの現れでもある。事実、森有礼は、国民教育の根本は師範教育にあると考え、師範教育の理念を制度のうえにおいても実現しようと努めたとされる（文部省 1972：377）。

　師範学校は、官立の東京師範学校と「改正教育令」によって各府県に作られた公立の師範学校とがあったが、「師範学校令」において官立の東京師範学校を「高等師範学校」とし、地方の公立師範学校を「尋常師範学校」に区分した。高等師範学校には男子師範学科と女子師範学科を置いた。そして高等師範学校では尋常師範学校の校長や教員を養成し（第10条）、尋常師範学校では公立小学校の校長や教員を養成したのである（第11条）。

　「師範学校令」第1条は次のように示される。

　　　師範学校は教員となるべきものを養成する所とす。但し、生徒をして
　　順良信愛威重の気質を備へしむることに注目すべきものとす（傍点筆
　　者）。

ここでは「順良・信愛・威重」の気質が示されているが、「順良」とは目上
には恭しく素直に従うことであり、「信愛」とは教師同士が仲良く信頼し合
うこと、「威重」とは威厳を持って生徒に接することを意味するとされる
（佐藤　2010：55）。

　また、押さえておかねばならないことは、「師範学校令」に先立つこと4
年前の明治15年（1882年）に軍人のあるべき姿を説いた「軍人勅諭」が発布
されたことである。当時は、富国強兵の時代であるから、当然、師範学校で
もこうした国家の意思を直接児童生徒に示す訓練が行われることになった。
そこで、森有礼文部大臣の方策により取り入れられたのが兵式体操（軍隊訓
練）であり、そこでは軍人の持つ「従順さ、戦友に対する信愛、軍人として
の威厳」を学ぶこととなり、これは、「師範学校令」第1条に示された「順
良・信愛・威重」の気質に合致するものでもある（文部省　1972：270-273）。

　「師範学校令」から4年後の明治23年に高等師範学校の女子師範学科は、
女子高等師範学校として独立するに至る。この明治23年は「教育勅語」渙
発の年であり、以後、「教育勅語」の「徳育」に基づく形で、教員養成を含
む教育全般が行われることになる。

　その意味で、「師範学校令」で示された3つ（「順良・信愛・威重」）の「気
質」という名称は、明治30年（1897年）の「師範教育令」では「……順良・
信愛・威重の徳性を涵養することつとむべし」（「師範教育令」第1条）とい
うように、「徳性」という文言に改められることなる。

　明治30年の「師範教育令」によって「師範学校令」は廃されたが、ここ
で新たに示されたことは、各府県に1校もしくは数校の師範学校設置が規定
されたことである。また、私費生も認められるようになったため、以後、師
範学校数は一気に増えていくこととなった。そして、東京に1校ずつしかな
かった高等師範・高等女子師範学校を、明治35年（1902年）には広島（広島
高等師範学校）と奈良（奈良女子師範学校）に新設したのである。こうして我

が国の師範学校の基礎は固められた。

師範学校制度改革

　その後の大正期に入って、新たな教員養成制度の改革が求められるように
なり、大正7年（1918年）には臨時教育会議による教員養成制度に関する答
申がなされた。師範学校に関する項目として特筆すべきは以下の項目である。

　　師範教育に於いては、教育者たるの人格を陶冶し、其の信念を鞏固
　にし、殊に忠君愛国の志操の涵養に一層力を致すこと（同：497、傍点ル
　ビ筆者）。

　また、大正15年（1926年）には師範教育令の改訂が文政審議会に提示され
た。そこでは、「師範教育令」第1条を次のように改めるよう示される。

　　高等師範学校及女子高等師範学校は、師範学校、中学校、高等女学校
　の教員たるべき者を養成するを以て目的とし、師範学校は小学校の教員
　たるべき者を養成するを以て目的とす。高等師範学校、女子高等師範学
　校及師範学校に於ては、教育者たるの人格を陶冶し、特に国家思想の涵
　養につとむべきものとす（同：501、傍点筆者）。

これらの内容から明らかなことは、「小学校教員心得」に示された如く、「教
育者自身の人格陶冶」も大きな師範教育の目的であることが示されたことで
ある[6]。だが、この諮問は当時の内閣更迭のため、実際にはほとんど実施さ
れなかったという（同：501）。

　以後、昭和の時代となり大東亜戦争（太平洋戦争）に突入したのが昭和16
年（1941年）。その劣勢が顕在化しだした昭和18年（1943年）に師範教育令
は改定され、師範学校の目的が「皇国の道に則りて国民学校教員たるべき者
の錬成を為す」（第1条）となり、「師範学校令」や「師範教育令」に示され
た「順良・信愛・威重」の気質・徳性や、大正末期に諮問された「教育者の
人格陶冶」は除かれることになる。

　明治以後、人格陶冶と国家への忠という師範教育の要諦は、昭和のこの時期に国家への忠という項目だけに代わったといっても過言ではないであろう。

第2節　教員養成の歴史（戦後）

大学における教員養成と開放制

　1945年（昭和20年）の終戦によって、敗戦国日本は戦勝国アメリカによる教育の再編を余儀なくされることになった。終戦翌年の1946年（昭和21年）、米国教育使節団は、その報告書において師範学校教育の改革を要求する。

　　　師範学校は、必要とせられる種類の教師を養成するように、改革されるべきである。師範学校は現在の中学校と同程度の上級中学校の全課程を修了したるものだけに入学を許し、師範学校予科の現制度は廃止すべきである。現在の高等師範学校とほとんど同等の水準において、再組織された師範学校は四年生となるべきである（文部省 1982：60）。

　これによって、教員養成は大学で行われることとなり、また師範学校を母体とする教員養成大学だけではなく、一般の大学でも行われるようになったのである。これを「大学における教員養成」と「開放制の教員養成」という。「大学における教員養成」のポイントは、戦前の教員養成が師範学校や高等師範学校というような特化された学校で行われていたのを改め、幅広い視野と高度の専門的知識・技能を兼ね備えた人材を求めるため、教員養成を大学において行うこととした点である。

　また、「開放制の教員養成」とは教員免許状取得に必要な要件さえ満たせば、どの大学、どの学部であろうと教員免許状が取得できる制度である。特に、戦前の小学校教育に関する免許状は師範学校卒を原則としたが、それが大学の学部による養成へと広く開放されたのである。

教育職員免許法とその改正

　教員養成が師範学校から大学へと移ったことで、教育職員免許状に関する明確な規定がなされることとなる。これが1949年（昭和24年）に制定された教育職員免許法である。ここでは第3条に「教育職員は、この法律により授与する各相当の免許状を有する者でなければならない」（傍点筆者）と示されるように、取得する免許状が、小学校・中学校・高等学校というような学校種に区分され、さらに中学校および高等学校では教科別に区分されている（これを「相当免許状主義」という）。また、教員の普通免許状は1級と2級に区分された。

　このような新しい教員養成制度は、「明治5年の『学制』以来の画期的な改革」といわれている。教員養成はすべて大学教育によって行うという原則のもと、文部省は新制の国立大学設置の準備にあたり、そこでは各都道府県に置かれる国立大学には必ず学芸学部、または教育学部を置き、単科の場合には学芸大学とする方針がとられ、教育職員免許法制定と同年（1949年）の国立学校設置法により、教員養成を主とする学芸大学7校と19の学芸学部、そして20の教育学部が誕生したのである（同：759。これらの学芸大学や学芸学部は、後の1966年公布の国立学校設置法の一部を改正する法律により、東京学芸大学以外は「教育大学」、「教育学部」へと一斉に改称した）。

　1949年制定の教育職員免許法は、毎年のように一部改正されて今日に至るのであるが、押さえておかねばならない大きな改正は、1988年（昭和63年）と1998年（平成10年）ならびに2016年（平成28年）である。

　1988年の改正では、従来の「1級」、「2級」の区分が、「専修」、「1種」、「2種」という3種類に改められたことである。小中学校免許状の場合は、それまで大学卒の学士が1級、短期大学卒が2級であり、また、高等学校免許状の場合は、学士が2級、大学院修了の修士が1級であった（短期大学では高等学校の免許は取得できない）。だが、この改正では学識の高度化・専門化を目指して、修士取得者の高等学校1級に相当する「専修」が新たに新設されたのである。図示すれば図4-1の通りである。

　また、取得単位数増による免許基準の引き上げもこの1988年の改正でなされた。教員免許を取得するには、教育職員免許法施行規則に示される必要

◆幼稚園、小学校、中学校の場合（「専修」免許が新設された）

旧免許状		1級（学士）	2級（短期大学士）
新免許状	専修（修士）	1種（学士）	2種（短期大学士）

◆高等学校の場合（1級が「専修」に、2級が「1種」に読み替えられた）

旧免許状	1級（修士）	2級（学士）
新免許状	専修（修士）	1種（学士）

図4-1 普通免許状の基礎資格（学位）

出典：筆者作成

な単位の取得が条件となるが、そこでは必要な取得科目が、「A教科に関する科目」、「B教職に関する科目」、「C教科又は教職に関する科目」の3群に分けられている。この点をまずは確認しておこう。

　免許法の改正の際に問題となるのは、教員免許取得のための総単位数と、「A教科に関する科目」、「B教職に関する科目」の比率の問題である。1988年の改正では、教職に関する科目を中心に履修科目が増え、同時に単位数も増大している。小学校教諭1種免許の場合では、「A教科に関する科目」が16単位から18単位に、「B教職に関する科目」が32単位から41単位にいずれも増大している。また、コンピューター時代を見越した科目（「教育の方法及び技術（情報機器及び教材の活用を含む）」）や、青少年の非行対策ならびに人格的発達を目指すための科目（「生徒指導、教育相談（及び進路指導）」）、各

表4-1　教員免許取得のための単位数の変化

	1988年の改定				1998年の改定				2008年の改訂	2016年の改定
	A	B	C	合計	A	B	C	合計		A＋B＋Cの合計
幼1種	16	35		51	6	35	10	51		51
小1種	18	41		59	8	41	10	59	1998年と同じ	59
中1種	40	19		59	20	31	8	59		59
高1種	40	19		59	20	23	16	59		59

注：Aは「教科に関する科目」、Bは「教職に関する科目」、Cは「教科又は教職に関する科目」を示し、また「A＋B＋C」とは統合された「教科及び教職に関する科目」を示す。数字は単位数。
出典：教員教職免許法「別表第1（第5条、第5条の2関係）」より筆者作成

教科、道徳及び特別活動の指導のための科目（「教育課程及び指導法に関する科目」）等が創設された。

さらに1998年（平成10年）の改正では、表4-1に示すように、「A教科に関する科目」が大幅に縮小され、「C教科又は教職に関する科目」が増加している。特に中学校1種免許の場合であれば、「A教科に関する科目」の40単位が20単位に軽減され、逆に「B教職に関する科目」19単位が31単位に増加されている。

またこの改正では、表4-2に示されるように、「教職の意義等に関する科目」と「総合演習」が新設されており、しかも、特に中学校の場合は、「教育実習」の単位が従来の3単位から5単位に増加したことで、教育実習の期間が従来の2週間から原則4週間へと変わっていった。さらに1997年（平成9年）に田中真紀子らの議員立法によって、小学校及び中学校の普通免許状授与に係る教育職員免許法の特例等に関する法律が制定されたため、特別支援学校（当時は「盲学校、聾学校及び養護学校」と称した）で2日以上、社会福祉施設で5日以上のいわゆる「介護等体験」が義務づけられたのである。

これら2つの大きな改正は、教育職員養成審議会が答申した1987年（昭和62年）12月の「教員の資質能力の向上方策等について」、さらには1997年（平成9年）7月の「新たな時代に向けた教員養成の改善方策について」（第1次答申）に基づいているわけだが、いずれも本書第3章で示された「教員の資質能力」の向上を意図するものに他ならない。第1次答申でも示されているように、「その『資質能力』の中には、いつの時代も変わらないものもあるし、そのときどきの社会の状況により特に重視されるものもある」から、その時代に応じた教員養成のあり方が必要となり、それに応じた形で、教育職員免許法が改正されてきたのである。

その後、21世紀になって2006年（平成18年）7月の中央教育審議会答申「今後の教員養成・免許制度の在り方について」において、教職課程の質的水準の向上のために「教職実践演習」の設定、「教職大学院」制度の創設、「教員免許更新制」が提言されて、2007年（平成19年）の教育職員免許法改正、2008年（平成20年）の同施行規則改正、そして2016年（平成28年）の改正（2019年度実施）へと連なったのである。

表4-2 教職に関する科目の趣旨

教職に関する科目	趣　　　　旨
昭和63年法改正により創設 教育の方法及び技術（情報機器及び教材の活用を含む。） ※右欄の「趣旨」は教育の方法及び技術における情報機器及び教材の活用を記述したものである。	○今日、学校教育においては、将来の高度情報社会に生きる児童・生徒に必要な資質（情報活用能力）を養い、また、コンピューター等の新しい情報手段の活用により教育効果を高める必要が指摘されている。 ○教員についても、これらを担当する資質能力を含め、教育の方法及び技術についての力量が求められていることを中心にしながら、新たに情報機器及び教材の活用を含むことを明示して、養成教育においてこれらに関する専門教育科目の履修を必修としたものである。
生徒指導、教育相談（及び進路指導）に関する科目（中・高については進路推薦を含む。） ※現行法においては「生徒指導、教育相談及び進路指導等に関する科目」に相当する。	○生徒指導は、児童・生徒の人格の健全な発達を図るため、教科、道徳及び特別活動の教育課程の内並びに教育課程の外にわたり、学校の教育活動全体を通じて行われる重要な機能である。 ○生徒指導の意義は、青少年非行等の対策という消極的な面にだけあるのではなく、積極的に、学校教育の全領域において、すべての生徒のそれぞれの人格により良き発達を目指すとともに、学校生活が、生徒一人一人にとっても、有意義に、かつ興味深く充実したものになるようにするところにある。 ○したがって、生徒指導の諸側面には、学習指導、進路指導、教育相談等が含まれる。
教育課程及び指導法に関する科目	○各教科、道徳及び特別活動の指導法等に関する各科目については、学習指導要領に掲げる事項に即して包括的な内容を含むこととする。また、各教科等を、実際に指導する場面を想定して、学習指導案の作成や教材研究、摸擬授業等を組み入れ、実践的な指導力を身に付けさせるような事項を、当該区分の授業科目の講義概要（シラバス）で示すこと。 ○特別活動は、各教科及び道徳以外の教育活動として、生徒の学校や学級の生活における具体的な展開に即した種々の価値の高い教育活動を統合したもので、教育課程の基準の中に位置付けられているものであり、望ましい集団活動を通じて心身の調和のとれた発達を図り、個性を伸長するとともに、集団の一員としての自覚を深め、協力してよりよい生活を築こうとする自主的・実践的な態度を育てることを目標としている。
教育課程及び指導法に関する科目（幼稚園）	○幼稚園の教員養成について「保育内容に関する科目」を含め、これに「教育課程総論」及び「指導法に関する科目」を加え、「教育課程に関する科目」とすることとしている。これは、幼児教育の実態及びその効果的な指導法を参酌し、幼稚園の教育課程の全体を総覧する科目及びその効果的かつ適切な指導法に関する科目を別途設けることにより、幼稚園の教員の体系的な指導力の育成を図ろうとするものである。

平成10年 法改正により創設	趣　　　旨
教職の意義等に関する科目 ・教職の意義及び教員の役割 ・教員の職務内容（研修、服務及び身分保障等を含む。） ・進路選択に資する各種の機会の提供等	○教職の意義や教員の役割、職務内容等に関する知識の修得を通じ、教員を志願する者が教職についての理解を深め、将来教職に就くことについて多角的に考察する過程を援助し、動機付けを図るもの。 ○職場の実体験・類似体験や他の職業との比較などの機会を教員を志願する者に与えることにより、自らの教職への意欲、適性等を熟考させるとともに、最終的な進路選択について指導・助言するもの。 ○「現在の教員には何が求められているのか」、「学生自身が教員としての適格性を持つためにどのような努力をしていけばよいのか」といった事項を、当該区分の授業科目の講義概要（シラバス）で示すこと。
幼児・児童及び生徒の心身の発達及び学習の過程（障害のある幼児、児童及び生徒の心身の発達及び学習の過程を含む。） ※右側の「趣旨」は、障害のある幼児、児童及び生徒の心身の発達及び学習の過程を含む必要性について、中心的に記述したものである。	○障害のある子どもたちの心身の発達及び学習の過程に係る内容を、現行の「幼児、児童又は生徒の心身の発達及び学習の過程に関する科目」の中に含めるべきことを制度上明記し、すべての学校段階に属する教員の特殊教育に関する理解を深めることとする。 ※「発達障害の児童生徒等への支援について」（平成17年4月1日付3局長連名通知）（抜粋） 　第3　発達障害に関する専門性の向上について 　　1　教員の専門性の向上 　　（1）大学における教員養成について、盲・聾・養護学校、小学校等並びに幼稚園及び高等学校の教員養成課程において、発達障害に関する内容も含めて取扱うこととするよう、その充実に努めること。
生徒指導、教育相談及び進路指導等に関する科目 ・生徒指導の理論及び方法 ・教育相談（カウンセリングに関する基礎的な知識を含む。）の理論及び方法 ※右欄の「趣旨」はカウンセリングに関する基礎的な知識を含む必要性について、中心的に記述したものである。	○現在、学校では多くの教員がいじめ、登校拒否、薬物乱用など児童・生徒の生命・健康にもかかわる問題に直面し、様々な努力にもかかわらずそれらへの決定的な対処方法が見出せないまま日々苦慮している現実を踏まえ、生徒指導上の問題等に現職教員がより適切に取り組むことができるよう、教育相談（カウンセリングを含む。）を中心に生徒指導等に係る科目の内容を充実するという考えで設定された。 ○とりわけ、カウンセリングの意義、理論や技法に関する基礎的知識を教員が持つことで、児童・生徒をより深く理解し、より適切に接することや、カウンセラーや専門機関と円滑に連携することが可能となり、教科指導・生徒指導等の両面において高い教育効果が期待できる。 ○なお、ここで求められるものはあくまで教員を志願する者がカウンセリングに関する基礎的知識を修得することであり、カウンセリングの専門家の養成そのものではないことに留意し、その趣旨の徹底が図られるべきである。 ○また、ただ単に教員の資質能力の向上に期待するだけでは上記のような諸問題の解決は困難であり、家庭や地域社会の自覚と主体的取り組みが必要であることは、いうまでもない。 ○定期面談や三者面談など、教育相談全般についての知識と基礎的能力を育成することや、養護教諭・学校医・スクールカウンセラー等の専門家等の職務の実際や連携の在り方についても学ぶことが求められる。

総合演習	○人間尊重・人権尊重の精神はもとより、地球環境、異文化理解など人類に共通するテーマや少子・高齢化と福祉、家庭の在り方など我が国の社会全体に関わるテーマについて、教員を志願する者の理解を深めその視野を広げるとともに、これら諸課題に係る内容に関し適切に指導することができるようにするため、「教職に関する科目」として新たに「総合演習」(仮称、2単位) を設ける必要がある。 ○この「総合演習」においては、上記のような諸課題のうちのいくつかについて選択的にテーマを設定した上で、ディスカッション等を中心に演習形式の授業を行うものとする。授業方法については、履修学年等に応じ、例えば、可能な限り実地の見学・参加や調査等を取り入れるなどして教員を志願する者が現実の社会の状況を適切に理解できるよう必要な工夫を凝らすことや、幼児・児童・生徒への指導という観点から指導案や教材を試行的に作成したり摸擬授業を実施することなども、期待される。 ○今日求められる資質能力の形成を促進するという視点から、テーマ設定や演習内容が特定分野に集中しないように、できる限り、今日的な種々の課題を取り上げていくことが必要である。
平成20年 省令改正により創設	趣　　　　　旨
教職実践演習	○教職実践演習は、教職課程の他の授業科目の履修や教職課程外での様々な活動を通じて、学生が身に付けた資質能力が、教員として最小限必要な資質能力として有機的に統合され、形成されたかについて、課程認定大学が自らの養成する教員像や到達目標等に照らして最終的に確認するものであり、いわば全学年を通じた「学びの軌跡の集大成」として位置付けられるものである。 ○学生は、この科目の履修を通じて、将来、教員になる上で、自己にとって何が課題であるのかを自覚し、必要に応じて不足している知識や技能等を補い、その定着を図ることにより、教職生活をより円滑にスタートできるようになることが期待される。 ○本科目には、教員として求められる以下の4つの事項を含めることが適当である。 　　　①使命感や責任感、教育的愛情等に関する事項 　　　②社会性や対人関係能力に関する事項 　　　③幼児児童生徒理解や学級経営等に関する事項 　　　④教科・保育内容等の指導力に関する事項

※以下、「趣旨」欄中に記載されている内容は、教育職員免許法施行規則に定める科目開設の趣旨に関し、特に留意すべき内容について、教育職員養成審議会「新たな時代に向けた教員養成の改善方策について」(第1次答申) 及び教育職員免許法改正説明資料等からの抜粋のほか、過去に実地視察において指摘した内容等に基づき記載したものである。
出典：文部科学省「教職課程認定申請の手引き」より筆者作成

　2016年の改正は、2015年 (平成27年) 12月の中央教育審議会答申「これからの学校教育を担う教員の資質能力の向上」を受けて行われたものである。ここでの特色は表4-1でも見られるように、「教科に関する科目」と「教職に関する科目」が統合された点、すなわち「教職課程の科目区分の大括り化」や「新たな教育課題等への対応するための履修内容の充実」、さらには

「教職課程コアカリキュラムの作成」であり、従来とは異なった大きな改正といってよいだろう。その詳細については、文部科学省がHPで公開しているので図4-2、並びに図4-3（次頁見開き）に示しておこう。

教員養成に関する近年の政策動向について

教員養成に関する課題

必要単位数が法律に規定されており、新たな教育課題が生じても速やかな単位数の変更が困難
教職に関する学校現場の状況の変化や教育を巡る環境の変化に対応した教育課程になっていない
大学教員の研究的関心に偏った授業が展開される傾向があり、教員として必要な学修が行われていない

これからの学校教育を担う教員の資質能力の向上について
（平成 27 年 12 月中央教育審議会答申）

■教育課程の科目区分の大括り化　■新たな教育課題等への対応するための履修内容の充実
■教職課程コアカリキュラムの作成

教育職員免許法の改正
（平成 28 年 11 月）

■「教科に関する科目（大学レベルの学問的・専門的内容）」、「教科に関する科目（児童生徒への指導法等）」等の科目区分を統合

教育職員免許法施行規則の改正
（平成 29 年 11 月）

■学校現場で必要とされる知識や技能を養成課程で獲得できるよう、教職課程の内容を充実。
■あわせて、省令上の科目区分も大括り化し、大学の判断で、教科に関する専門的な内容とその指導法等の複数の事項内容を組み合わせた授業を行うことを可能に。

教職課程コアカリキュラムの作成
（平成 29 年 11 月）

■教育職員免許法及び同施行規則に基づき全国すべての大学の教職課程で共通的に修得すべき資質能力を明確化。
■大学（養成）、教育委員会等（採用・研修）、文部科学省（行政）等の関係者が活用することにより全国的な教員の資質能力の水準向上。

免許法改正のイメージ（小学校教諭 1 種免許状の場合）

（改正前）　　　　　　　　　（改正後）

教科に関する科目	○単位
教職に関する科目	○単位
教科又は教職に関する科目	○単位

→ 教科及び教職に関する科目　○単位

教職課程に新たに加える内容の例

・特別支援教育の充実　・総合的な学習の時間の指導法
・学校体験活動　・アクティブ・ラーニングの視点に立った授業改善　・ICTを用いた指導法　・外国語教育の充実
・チーム学校への対応　・学校安全への対応　・学校と地域との連携　・道徳教育の充実　・キャリア教育　等

教職課程コアカリキュラムの例
（各教科の指導法の場合）

全体目標	教科における教育目標等について理解し、学習指導要領の内容と背景となる学問とを関連させて理解を深めるとともに、授業設計を行う方法を身に付ける。
一般目標	具体的な授業場面を想定した授業設計を行う方法を身に付ける。
到達目標	学習指導案の構成を理解し、具体的な授業を想定した授業計画と学習指導案を作成できる。模擬授業の実施とその振り返りを通して、授業改善の視点を身に付けている。

図4-2　教員養成に関する近年の政策動向について

出典：文部科学省「教育職員免許法等の改正と新しい教育課程への期待」2018年

【中学校】

改正前の教職課程

各科目に含めることが必要な事項			専修	一種	二種
教科に関する科目			20	20	10
教職に関する科目	教職の意義等に関する科目	教職の意義及び教員の役割	2	2	2
		教員の職務内容（研修、服務及び身分保障等を含む。）			
		進路選択に資する各種の機会の提供等			
	教育の基礎理論に関する科目	教育の理念並びに教育に関する歴史及び思想	6	6	4
		幼児、児童及び生徒の心身の発達及び学習の過程（障害のある幼児、児童及び生徒の心身の発達及び学習の過程を含む。）			
		教育に関する社会的、制度的又は経営的事項			
	教育課程及び指導法に関する科目	教育課程の意義及び編成の方法	12	12	4
		各教科の指導法			
		道徳の指導法（一種：2単位、二種：1単位）			
		特別活動の指導法			
		教育の方法及び技術（情報機器及び教材の活用を含む。）			
	生徒指導、教育相談及び進路指導等に関する科目	生徒指導の理論及び方法	4	4	4
		教育相談（カウンセリングに関する基礎的な知識を含む。）の理論及び方法			
		進路指導の理論及び方法			
	教育実習		5	5	5
	教職実践演習		2	2	2
教科又は教職に関する科目			32	8	4
			83	59	35

図4-3　教育職員免許法及び同法施行規則改正前後の教職課程の科目等一覧（中学校の場合）

出典：文科省HP「教育職員免許法及び同法施行規則改正前後の教職課程の科目等一覧」より

【中学校】
改正後の教職課程（平成31（2019）年度から実施）

各科目に含めることが必要な事項		専修	一種	二種
教科及び教科の指導法に関する科目	イ 教科に関する専門的事項 ロ 各教科の指導法（情報機器及び教材の活用を含む。）（専修・一種：8単位、二種：2単位）	28	28	12
教育の基礎的理解に関する科目	イ 教育の理念並びに教育に関する歴史及び思想 ロ 教職の意義及び教員の役割・職務内容（チーム学校運営への対応を含む。） ハ 教育に関する社会的、制度的又は経営的事項（学校と地域との連携及び学校安全への対応を含む。） ニ 幼児、児童及び生徒の心身の発達及び学習の過程 ホ 特別の支援を必要とする幼児、児童及び生徒に対する理解（1単位以上修得） ヘ 教育課程の意義及び編成の方法（カリキュラム・マネジメントを含む。）	10	10	6
道徳、総合的な学習の時間等の指導法及び生徒指導、教育相談等に関する科目	イ 道徳の理論及び指導法（専修・一種：2単位、二種：1単位） ロ 総合的な学習の時間の指導法 ハ 特別活動の指導法 ニ 教育の方法及び技術（情報機器及び教材の活用を含む。） ホ 生徒指導の理論及び方法 ヘ 教育相談（カウンセリングに関する基礎的な知識を含む。）の理論及び方法 ト 進路指導及びキャリア教育の理論及び方法	10	10	6
教育実践に関する科目	イ 教育実習（学校体験活動を2単位まで含むことができる。）（5単位） ロ 教職実践演習（2単位）	7	7	7
大学が独自に設定する科目		28	4	4
		83	59	35

※「教科及び教科の指導法に関する科目」、「教育の基礎的理解に関する科目」、「道徳、総合的な学習の時間等の指導法及び生徒指導、教育相談等に関する科目」においては、アクティブ・ラーニングの視点等を取り入れること。

　また「教育の基礎的理解に関する科目」については、科目例を図4-4に示しておこう。

	各科目に含めることが必要な事項	科目例
教育の基礎的理解に関する科目	イ　教育の理念並びに教育に関する歴史及び思想	「教育原理」など
	ロ　教職の意義及び教員の役割・職務内容（チーム学校運営への対応を含む。）	「教職概論」など
	ハ　教育に関する社会的、制度的又は経営的事項（学校と地域との連携及び学校安全への対応を含む。）	「教育の制度と経営」など
	ニ　幼児、児童及び生徒の心身の発達及び学習の過程	「学習・発達論」など
	ホ　特別の支援を必要とする幼児、児童及び生徒に対する理解（１単位以上修得）	「特別支援教育」など
	ヘ　教育課程の意義及び編成の方法（カリキュラム・マネジメントを含む。）	「教育課程編成論」など

図4-4　科目例

出典：図4-3をもとに筆者作成

第3節　教員養成の現状と課題

　文部科学省は、「教員に求められる資質能力」として、「いつの時代も教員に求められる資質能力」と「今後特に教員に求められる具体的資質能力」を示している。前者は「①教育者としての使命感、②人間の成長・発達についての深い理解、③幼児・児童・生徒に対する教育的愛情、④教科等に関する専門的知識、⑤広く豊かな教養、そして⑥これらを基盤とした実践的指導力」であり、後者は「①地球的視野に立って行動するための資質能力、②変化の時代を生きる社会人に求められる資質能力、③教員の職務から必然的に求められる資質能力」であり、これらの審議会答申は、教員を目指す者ならば、当然知っておくべき内容である[7]。

　だが、こうした細かい内容を理解する前に教員を志そうとする人が押さえておかねばならない根本的な命題が存し、それは教育基本法の「教育の目的」から導き出すことができるのではあるまいか。周知の通り、新旧の教育

基本法第1条にはいずれも「教育は人格の完成を目指す」と示されるが、教育が児童生徒の「人格の完成」を目指すものである以上、「教師も人格者を目指すべし」という命題は当然のごとく生じる。

　本章第1節で、戦前の教員養成のあり方を見てきたが、そこには「人格的模範」や「教師自身の人格陶冶」が重要な要件として示されていた。その点を改めて確認してみたい。

　　　人を導きて善良ならしむるは、多識ならしむるに比すれば、更に緊要なりとす。故に教員たる者は、殊に道徳の教育に力を用ひ、……すべて人倫の大道に通暁せしめ、かつ常に己が身を以て之が模範となり、生徒をして徳性に薫染し、善行に感化せしめんことを務むべし。(「小学校教員心得」第1条)

　　　師範教育に於いては、教育者たるの人格を陶冶し、其の信念を鞏固にし……。(1918〈大正7〉年の臨時教育会議による教員養成制度に関する答申。文部省　1972：497)

　　　高等師範学校、女子高等師範学校及師範学校に於ては、教育者たるの人格を陶冶し……。(1926〈大正15年〉の文政審議会に提示された「師範教育令」の改訂案。同：501)

　今日では、戦前の教育思想を全否定する傾向が強いため、過去に示された「教員自身の人格的模範」や「教員自身の人格陶冶」、すなわち「教員自身が人格者を目指すべし」という命題が示されることはまずない。確かに、文部科学省は「教員に求められる資質能力」のなかに、「教育者としての使命感」や「教員の職務から必然的に求められる資質能力」を示してはいるが、それは教員自身の人格陶冶という内面にまで突っこんだ内容ではない。だが、我々は戦前の教員養成の歴史のなかに教師自身に課せられた「人格的模範」や「人格陶冶」という教員の資質を学んだことで、これらを明確に意識する必要があるのではあるまいか。

127

　そしてこのことは、「人格の完成」を自らに課す教員を養成するという意味を持つ。人格者としての模範を児童生徒や保護者たちに示すような教師を輩出できなければ、たとえどれほど審議会答申を受けた法令改定によるカリキュラムの改編を行おうとも、善き教師の養成にはならないであろう。教員自身が自らに「人格者を目指すべし」という当為を課してこそ、よりよき教員養成につながるものであることを、我々は戦前の教員養成の歴史のなかに見出す必要がある。

学修課題

（1）戦前の教員養成において求められていたものは何か。
（2）戦後の教員養成の特色は何か。

〈引用・参考文献〉
・飛鳥井雅道『鹿鳴館』（岩波書店、1992年）
・岡田正章・笠谷博之編『教育原理・教職論』（酒井書店・育英堂、2000年）
・貝塚茂樹『戦後教育改革と道徳教育問題』（日本図書センター、2001年）
・佐藤晴雄『教職概論』（学陽書房、2010年）
・藤本典裕編著『新版（改訂2版）教職入門―教師への道』（図書文化、2019年）
・三好信浩編『日本教育史』（福村出版、1993年）
・文部省『学制百年史』（帝国地方行政学会、1972年）
・文部省『学制百年史資料編』（帝国地方行政学会、1982年）
・米山弘編著『教師論』（玉川大学出版部、2001年）

〈註〉
1）「学制」第39章「小学校ノ外師範学校アリ此校ニアリテハ小学ニ教ル所ノ教則及其教授ノ方法ヲ教授ス当今ニ在リテ極メテ要急ナルモノトス此校成就スルニ非サレハ小学ト雖モ完備ナルコト能ハス故ニ急ニ此校ヲ開キ其成就ノ上小学教師タル人ヲ四方ニ派出センコトヲ期ス。」
2）原文はカタカナ。文語カタカナ表記は、本文中においてはわかりやすく現代語表記に改めて記す。以下同。
3）この内容は、後の「教育勅語」における「忠孝」の思想や十二徳の一部である「朋友相信」の内容に該当する。
4）教育勅語の頒布が1890年であり、小学校教員心得が1881年であるということを考えてみても、教師が聖職者と言われるゆえんは、「聖なる」天皇の記した教育勅語を臣民に広めるという意味で理解するよりも、教師自身に品性（人格性、道徳性）が課せられた「小学校教員心得」にあると理解すべきであろう。

5)「師範学校教則大綱」第8、12、13、14章参照。

6) 第1章でも示したように、こうした教員の人格陶冶から「教師聖職者論」が生じたと考えられる。

7) 詳細は、教育職員養成審議会「新たな時代に向けた教員養成の改善方策について（第1次答申)」（平成9年7月）を参照。なお本書76頁も参照。

コラム3

戦前の「修身教育」はとんでもない内容なのか？

　学習指導要領の一部改正（平成27年3月）による「道徳」の教科化に
関しては、当時、「道徳の教科化は戦前の修身の復活に繋がる」という
ような批判的な意見が一部の学者やメディアから多く示されたことはご
存じのことだろう。

　戦前の「修身」と聞いてどのようなイメージを抱くかと問われれば、
読者の方々は恐らく「軍国主義的」と一言で断じられるのではないだろ
うか。事実、昭和20年のGHQ（連合国最高司令官総司令部）による四
大指令により徹底した「修身の停止」が命じられており、こうした点を
考えれば修身の教科書は軍国主義的なとんでもない内容が記されていた
のだろうと思われても仕方の無いことではある。

　だが、修身について論じる場合には、一度その内容を自ら吟味してお
く必要があり、それをせずに修身の是非を論じようとすれば、日本の道
徳の継続性を全否定するような事態を引き起こすことになってしまうだ
ろう。

　戦前の修身教育を語る場合には、主に明治37年（教育勅語渙発から
14年後の1904年）から昭和20年（終戦の1945年）まで使用された国
定修身教科書の期間（41年間）を指すことが多い。そしてその間、4
回の教科書改訂により5期に分かれて使用されている。第1期は明治
37年（1904年）から6年間。第2期は明治43年（1910年）から8年
間。第3期は大正7年（1918年）から16年間。第4期は昭和9年
（1934年）から7年間。第5期は昭和16年（1941年）から終戦（1945
年）までの4年間である。

　ここで特に重要な点は第5期教科書の特異性である。同期教科書では、
「身命をなげうって、皇國のために奮闘努力しようとするこのををしさ
こそ、いちばん大切なものであります」（『第5期初等科修身教科書』四、
二十）というような、身命をかけた忠君愛国的な内容が小学校6年生を

対象に示されており、これを読めば確かに修身教科書は軍国主義的な内容と断じられても致し方ないであろう。しかしこれは41年間使用された国定修身教科書の最後の4年間に記された内容である。全体の10分の1にも満たない、この最後の4年間の内容だけで修身教育全体を否定してよいものであろうか。全否定するのは簡単だがその前に第1期から第4期までの内容も知っておく必要があるのではないだろうか。

　実は、日本ではあまり知られていないが、当時のGHQ当局は2人の専門家に修身教科書の内容についての調査にあたらせたところ、昭和12年以前の修身教科書であれば、占領時下においても価値あるものとして活用できるという肯定的なものであったのである[1]。

　こうした事実を押さえた上で、第1期から4期までの修身教科書を読んでみると、こんにちの道徳の礎とも言える内容を数多く見出すことができる。例えば、小学校5年生では「禮儀」と題した次のような内容が示される。

　　「世の中は禮儀で立って行くものです。人に對しては、恭敬の念を失わず禮儀を正しくしなければなりません。禮儀が正しくないと、人に不快の念を起こさせ、自分は品位を落とすことになります。……我が國では昔から禮儀作法が重んぜられ、外國の人から、日本は禮儀の正しい國だと言はれてきました。時勢はかわっても、禮儀作法の大切なことにかはりはありません。……汽車・汽船・電車・自動車等に乗った時には、人に迷惑をかけないやうにすることはもとより、不行儀なふるまひをしたり、卑しい言葉づかひをしたりしてはなりません。……又、人の顔かたちや身なりなどをあざ笑ったり、とやかく言ったりするのも、かたくつつしむべきことであります。外國の人に對して禮儀に氣をつけ、親切にすることは、文明國人たる者の心掛くべきことであります。」（『第4期修身教科書』巻五第五「禮儀」）

さらに小学校4年生の段階で、自律的道徳の重要性が示される。

131

　「よい日本人になるには多くの心得をわきまえているだけではいけません。真心をもってそれを実行することが大切です。真心から出た行いでなければたとえよい行為のように見えても、それは生気の無い造花のようなものです。」（同書　巻四　第二十七「よい日本人」）

　ほんの一部しか示すことができなかったが、第1期から第4期までの修身教科書を読んでみれば、こんにちの道徳に相通じるものを数多く見出すことができるのも事実なのである。宮坂宥洪・渡部昇一監修『「修身」全資料集成』（四季社）には第1期から第5期までのすべての内容が記されているので、是非一度読まれてみてはいかがだろうか。

〈註〉
1）Robert King Hall, *SHUSHIN: The Ethics of a defeated nation*, Kessinger Publishing 1949 p. 19 参照。

第5章　教員資格と教員の採用

　本章では、教員の基礎資格について、教員免許状との関連において理解するとともに、教員の採用の機会と方法、さらに、教員採用の現状と課題について、学習を進める。

　第1節では、教員免許状を保有することの意味と教員免許制度を取り巻く今日的課題である「総合化」と「弾力化」について、続く第2節では、教員免許状の種類と授与・効力を確認したうえで、教員免許状ごとの取得要件と特例について学ぶ。以下、第3節では法令ごとの教員免許状の欠格条項、第4節では国公私立別の教員採用の機会、第5節では教員採用の具体的な方法、第6節では、教員採用の改善の方向性を踏まえた現状と課題が主要な学習テーマとなる。

　本章の学習を進めるにあたっては、特に、①関連する法令や最新の資料、データなどに照らし合わせ、根拠を明確にしながら学ぶことを意識するとともに、②自己の教員としての資質能力の向上と進路の選択に関連づけながら、主体的な学習を行うことが強く求められる。

第1節　**教員資格と教員免許状**

教員の基礎資格としての教員免許状

　現行の教員免許制度は、教育職員免許法に規定されている。2016年（平成28年）の改正では、教職課程で履修すべき事項が全面的に見直され、小学校の外国語（英語）教育、特別支援教育の充実などの内容が教職課程に新たに加えられるなど、学校現場で必要とされる知識や技能を確実に獲得することができるよう教職課程の充実が図られたが、幼稚園、小学校、中学校、高等学校の教員になるためには、原則として、学校の種類ごと（中学校、高等学校では、さらに教科ごと）の教員免許状が必要であることに変わりはない。教育職員免許法第3条には、「教育職員は、この法律により授与する各相当の免許状を有する者でなければならない」と規定されているが、これは、相当免許状主義と呼ばれるものである。

　したがって、義務教育学校の教員には小学校と中学校の両方の教員免許状が、中等教育学校の教員には中学校と高等学校の両方の教員免許状が、各々必要とされる。さらに、特別支援学校の教員には特別支援学校と特別支援学校の各部（幼稚部・小学部・中学部・高等部）に相当する学校種の両方の教員免許状、児童の養護をつかさどる教員には養護教諭（養護助教諭）の免許状、児童の栄養の指導及び管理をつかさどる教員には栄養教諭の免許状が、各々求められることになる。なお、幼保連携型認定こども園の教員の免許については、就学前の子供に関する教育、保育等の総合的な提供の推進に関する法律の定めるところによるものとされている。

　教育職員免許法第2条によれば、教員とは、主幹教諭、指導教諭、教諭、助教諭、養護教諭、養護助教諭、栄養教諭、主幹保育教諭、指導保育教諭、保育教諭、助保育教諭及び講師をいうものとされる。しかしながら、主幹教諭（養護又は栄養の指導及び管理をつかさどる主幹教諭を除く）及び指導教諭については各相当学校の教諭の免許状を有する者を、養護をつかさどる主幹教諭については養護教諭の免許状を有する者を、栄養の指導及び管理をつかさどる主幹教諭については栄養教諭の免許状を有する者を、講師については各

相当学校の教員の相当免許状を有する者を、それぞれ充てるものとすることが、教育職員免許法第3条2項に示されている。

教職の専門性と教員免許状

このように、教育職員免許法により授与される相当の免許状を保有することが教員に求められる理由は、もともと我が国の教員免許制度が、学校教育法において規定される初等中等教育段階の学校における、いわゆる公教育の直接の担い手である教員の資格を定め、その資質・能力を一定の水準以上に確保することを目的としていることによるものである。このことは、教員免許状を保有することが、教職に関する保有者の専門性を根拠づけるものとしてとらえられていることを示唆している。実際、2002年（平成14年）の中央教育審議会答申「今後の教員免許制度の在り方について」では、このことが、次のように述べられている。

　　教員について相当免許状主義が採られている趣旨は、教職の専門性に由来する。すなわち、教育の本質は幼児児童生徒との人格的触れ合いにあり、教員は、幼児児童生徒の教育を直接つかさどることから、その人格形成に大きく影響を及ぼす。また、教科指導を通じ、将来の我が国社会を支える児童生徒に社会人、職業人となるために必要な知識・技能の基礎・基本を身に付けさせるという極めて重要な使命を負っている。この専門性は、幼児児童生徒の発達段階に応じ、幼稚園、小学校、中学校、高等学校及び特殊教育諸学校の教員でそれぞれ異なっていることから、教員は各相当の免許状を有する者でなければならないとされている。

この記述からは、教員免許状を保有することが、保有者の教員としての資質・能力を根拠づけるものであると同時に、被教育者である幼児・児童・生徒の教育を受ける権利を確実に保障することを意味するものであることが明らかになる。ここに、教員になるためには、各相当の教員免許状を保有することが不可欠であることの最大の理由が存在している。

教員免許状の総合化と弾力化

　しかしながら、近年の複雑化・多様化する教育課題に対応していくためには、さまざまな分野の高度な専門性を有する多様な人材を確保することが強く求められている。また、学校種別ごとに区分されている現行の教員免許制度が、必ずしも幼児・児童・生徒の発達の状況に適合していないとの指摘もなされている。そのため、2002年の中央教育審議会答申「今後の教員免許制度の在り方について」を1つの契機として、教員免許状の総合化・弾力化の検討が進められている。実際、幼児児童生徒の身体の発達の早まりや彼らを取り巻く社会環境の変化、さらには高等学校への高い進学率などをふまえ、幼稚園から高等学校までを一貫した過程としてとらえようとする視点が重視されるようになり、各学校段階間の連携は、より一層強く求められている。

　このような状況を踏まえ、現行の教員免許制度では、たとえば、表5-1のような例外措置が認められている。

表5-1　教員免許制度の例外措置

①**特別非常勤講師制度** 　教員免許状を保有していなくても、小学校、中学校、義務教育学校、高等学校、中等教育学校、特別支援学校の非常勤教師として、全ての教科の領域の一部については、担任することができる。（教育職員免許法第3条の2）
②**免許外教科担任制度** 　中学校、義務教育学校の後期課程、高等学校、中等教育学校の前期課程若しくは後期課程又は特別支援学校の中学部若しくは高等部で、相当の免許状を所有する者を教科担任として採用することができない場合には、校内の他の教科の教員免許状を所有する教諭等が1年に限り、免許外の教科の担任をすることができる。（教育職員免許法附則第2項）
③**特別支援学校の教員にかかる特例制度** 　幼稚園、小学校、中学校又は高等学校の教諭の免許状を保有している場合には、特別支援学校の相当する各部の主幹教諭（養護又は栄養の指導及び管理をつかさどる主幹教諭を除く。）、指導教諭、教諭又は講師になることができる。（教育職員免許法附則第15項）
④**中学校又は高等学校の免許状による小学校専科教科担任制度** 　中学校又は高等学校の教諭の免許状を保有していれば、所有免許状の教科に相当する教科を担任する小学校若しくは義務教育学校の前期課程の主幹教諭、指導教諭、教諭若しくは講師又は特別支援学校の小学部の主幹教諭、指導教諭、教諭若しくは講師になることができる。ただし、特別支援学校の小学部の主幹教諭、指導教諭、教諭又は講師となる場合は、特別支援学校の教員の免許状を有する者でなければならない。（教育職員免許法第16条の5）

出典：教育職員免許法（令和元年6月14日法律第26号）より筆者作成

第2節　教員免許状の種類

教育職員免許法における教員免許状の種類

　教員免許状には、「普通免許状」、「特別免許状」、「臨時免許状」の3つの種類がある（教育職員免許法第4条）。

　教育職員免許法によれば、「普通免許状」には、①義務教育学校、中等教育学校及び幼保連携型認定こども園を除く学校の種類ごとの教諭の免許状、②養護教諭の免許状、③栄養教諭の免許状の3つがあるとされる。各々の免許状は、さらに、ⓐ専修免許状、ⓑ1種免許状、ⓒ2種免許状の3つに区分することができるが、高等学校教諭の免許状については、ⓐ専修免許状とⓑ1種免許状の2区分とされている。

　さらに、「特別免許状」は、幼稚園、義務教育学校、中等教育学校及び幼保連携型認定こども園を除く学校の種類ごとの教諭の免許状であり、「臨時免許状」は、義務教育学校、中等教育学校及び幼保連携型認定こども園を除く学校の種類ごとの助教諭の免許状及び養護助教諭の免許状であるとされる。

　なお、「普通免許状」と「臨時免許状」は、中学校の教員の場合、国語、社会、数学、理科、音楽、美術、保健体育、保健、技術、家庭、職業（職業指導及び職業実習〈農業、工業、商業、水産及び商船のうちいずれか一以上の実習〉を含む。）、職業指導、職業実習、外国語（英語、ドイツ語、フランス語その他の各外国語に分ける。）及び宗教の各教科別に、高等学校の教員の場合、国語、地理歴史、公民、数学、理科、音楽、美術、工芸、書道、保健体育、保健、看護、看護実習、家庭、家庭実習、情報、情報実習、農業、農業実習、工業、工業実習、商業、商業実習、水産、水産実習、福祉、福祉実習、商船、商船実習、職業指導、外国語（英語、ドイツ語、フランス語その他の各外国語に分ける。）及び宗教の各教科別に、各々授与されるものとされている。

　また、「特別免許状」は、小学校教諭の場合、国語、社会、算数、理科、生活、音楽、図画工作、家庭、体育及び外国語（英語、ドイツ語、フランス語その他の各外国語に分ける。）の各教科、中学校教諭の場合、「普通免許状」と「臨時免許状」の各教科、高等学校教諭の場合、「普通免許状」と「臨時免許

状」の各教科及びこれらの教科の領域の一部にかかわる事項について、各々授与されるものとされている。これに加えて、中学校教諭の場合には、教育職員免許法第16条の 3 第 1 項の文部科学省令で定める教科、高等学校の場合には、教育職員免許法第16条の 4 第 1 項の文部科学省令で定めるもの並びに第16条の 3 第 1 項の文部科学省令で定める教科について、授与することができることが示されている。

教員免許状の授与と効力

　教員免許状の授与は、都道府県の教育委員会によるものとされている（教育職員免許法第 5 条第 6 項）。しかしながら、免許状の効力は、種類により、異なるものとされている。

　表5-2の通り、2022年（令和 4 年）に教育公務員特例法及び教育職員免許法の一部を改正する法律が成立し、これまでの教員免許更新制が新たな研修制度の実施へと発展的に解消されたことにより、「普通免許状」と「特別免許状」の効力期間は、定めのないものとされるようになった。しかしながら、これまでと同じく、「普通免許状」が全ての都道府県において効力を有するものであるのに対して、「特別免許状」は授与権者のおかれる都道府県においてのみ効力を有するものとされる。また、「臨時免許状」は、教育公務員特例法及び教育職員免許法の一部を改正する法律の成立以前と同じく、免許状の効力期間は 3 年間、授与権者の置かれる都道府県においてのみ効力を有するものとされている。なお、教育公務員特例法及び教育職員免許法の一部を改正する法律が施行された2022年（令和 4 年）の時点で効力を有し、改正

表5-2　教員免許状の効力について

	有効期間	効力を発揮する地域
普通免許状	定めがない	全ての都道府県
特別免許状		授与権者のおかれる都道府県
臨時免許状	3 年間	授与権者のおかれる都道府県

出典：教育職員免許法（昭和24年法律第147号）より筆者作成

前の規定により効力の期間が定められている「普通免許状」と「特別免許状」についても、施行日以後、効力期間の定めのないものとなる。

　なお、教員免許更新制に代わる新たな研修制度では、任命権者等による研修等に関する記録の作成や当該履歴を活用した資質の向上に関する指導助言等を行う仕組みが整備されており、令和の日本型学校教育を実現する「新たな教師の学びの姿」の実現が目指されている。

普通免許状の取得要件

　普通免許状は、教育職員免許法の別表第1、別表第2若しくは別表第2の2に定める基礎資格を有し、かつ、大学若しくは文部科学大臣の指定する養護教諭養成機関において別表第1、別表第2若しくは別表第2の2に定める単位を修得した者又はその免許状を授与するため行う教育職員検定に合格した者に授与される教諭、養護教諭、栄養教諭の免許状である（教育職員免許法第5条）。

　表5-3として示した教育職員免許法の別表第1には、幼稚園、小学校、中学校、高等学校の教諭の基礎資格が、専修免許状では「修士の学位を有すること」、同1種免許状では「学士の学位を有すること」、同2種免許状では「短期大学士の学位を有すること」であると記されている。さらに、同別表には、特別支援学校の教諭の基礎資格が、専修免許状では「修士の学位を有すること及び小学校、中学校、高等学校又は幼稚園の教諭の普通免許状を有すること」、同1種免許状では「学士の学位を有すること及び小学校、中学校、高等学校又は幼稚園の教諭の普通免許状を有すること」、同2種免許状では「小学校、中学校、高等学校又は幼稚園の教諭の普通免許状を有すること」であることも示されている（別表第2は養護教諭、別表第2の2は栄養教諭の免許状について定めたものであることから、ここでは割愛する）。

　なお、小学校及び中学校の普通免許状については、小学校及び中学校の教諭の普通免許状授与に係る教育職員免許法の特例等に関する法律第2条に基づき、上記に加え、特別支援学校や社会福祉施設での障害者、高齢者等に対する介護、介助、交流等を7日間以上体験することが義務づけられている。

139

表5-3 「教育職員免許法」別表第1（第5条、第5条の2関係）

第1欄		第2欄	第3欄	
免許状の種類	所要資格	基礎資格	大学において修得することを必要とする最低単位数	
			教科及び教職に関する科目	特別支援教育に関する科目
幼稚園教諭	専修免許状	修士の学位を有すること。	75	
	1種免許状	学士の学位を有すること。	51	
	2種免許状	短期大学士の学位を有すること。	31	
小学校教諭	専修免許状	修士の学位を有すること。	83	
	1種免許状	学士の学位を有すること。	59	
	2種免許状	短期大学士の学位を有すること。	37	
中学校教諭	専修免許状	修士の学位を有すること。	83	
	1種免許状	学士の学位を有すること。	59	
	2種免許状	短期大学士の学位を有すること。	35	
高等学校教諭	専修免許状	修士の学位を有すること。	83	
	1種免許状	学士の学位を有すること。	59	
特別支援学校教諭	専修免許状	修士の学位を有すること及び小学校、中学校、高等学校又は幼稚園の教諭の普通免許状を有すること。		50
	1種免許状	学士の学位を有すること及び小学校、中学校、高等学校又は幼稚園の教諭の普通免許状を有すること。		26
	2種免許状	小学校、中学校、高等学校又は幼稚園の教諭の普通免許状を有すること。		16

備考
1　この表における単位の修得方法については、文部科学省令で定める（別表第2から別表第8までの場合においても同様とする。）。
1の2　文部科学大臣は、前号の文部科学省令を定めるに当たつては、単位の修得方法が教育職員として必要な知識及び技能を体系的かつ効果的に修得させるものとなるよう配慮するとともに、あらかじめ、第16条の3第4項の政令で定める審議会等の意見を聴かなければならない（別表第2から別表第8までの場合においても同様とする。）。
2　第2欄の「修士の学位を有すること」には、学校教育法第104条第3項に規定する文部科学大臣の定める学位を有する場合又は大学（短期大学を除く。第6号及び第7号において同じ。）の専攻科若しくは文部科学大臣の指定するこれに相当する課程に1年以上在学し、30単位以上修得した場合を含むものとする（別表第2及び別表第2の2の場合においても同様とする。）。

2の2　第2欄の「学士の学位を有すること」には、学校教育法第104条第2項に規定する文部科学大臣の定める学位（専門職大学を卒業した者に対して授与されるものに限る。）を有する場合又は文部科学大臣が学士の学位を有することと同等以上の資格を有すると認めた場合を含むものとする（別表第2の場合においても同様とする。）。

2の3　第2欄の「短期大学士の学位を有すること」には、学校教育法第104条第2項に規定する文部科学大臣の定める学位（専門職大学を卒業した者に対して授与されるものを除く。）若しくは同条第6項に規定する文部科学大臣の定める学位を有する場合、文部科学大臣の指定する教員養成機関を卒業した場合又は文部科学大臣が短期大学士の学位を有することと同等以上の資格を有すると認めた場合を含むものとする（別表第2の2の場合においても同様とする。）。

3　高等学校教諭以外の教諭の2種免許状の授与の所要資格に関しては、第3欄の「大学」には、文部科学大臣の指定する教員養成機関を含むものとする。

4　この表の規定により幼稚園、小学校、中学校若しくは高等学校の教諭の専修免許状若しくは1種免許状又は幼稚園、小学校若しくは中学校の教諭の2種免許状の授与を受けようとする者については、特に必要なものとして文部科学省令で定める科目の単位を大学又は文部科学大臣の指定する教員養成機関において修得していることを要するものとする（別表第2及び別表第2の2の場合においても同様とする。）。

5　第3欄に定める科目の単位は、次のいずれかに該当するものでなければならない（別表第2及び別表第2の2の場合においても同様とする。）。

イ　文部科学大臣が第16条の3第4項の政令で定める審議会等に諮問して免許状の授与の所要資格を得させるために適当と認める課程（以下「認定課程」という。）において修得したもの

ロ　免許状の授与を受けようとする者が認定課程以外の大学の課程又は文部科学大臣が大学の課程に相当するものとして指定する課程において修得したもので、文部科学省令で定めるところにより当該者の在学する認定課程を有する大学が免許状の授与の所要資格を得させるための教科及び教職に関する科目として適当であると認めるもの（以下略）

特別免許状の取得要件

　特別免許状は、教育職員検定に合格した者に授与される教諭の免許状である（教育職員免許法第5条第2項）。ここに示されている「教育職員検定」とは、1978年（昭和53年）の教育職員免許法の改正で定められたものであり、学校教育の多様化への対応や活性化を図るため、教員免許状を保有していない優れた知識経験等を有する社会人等を教員として迎え入れることを目的としたものである。教育職員検定では、①「担当する教科に関する専門的な知識経験又は技能を有する者」、②「社会的信望があり、かつ、教員の職務を行うのに必要な熱意と識見を持っている者」という2つに該当する者として、都道府県教育委員会による推薦が必要であり、「担当する教科の専門的な知識経験又は技能」と「社会的信望・熱意と識見」が授与要件とされる。また、特別免許状には、幼稚園教諭の免許状はなく、小学校教諭の免許状も教科ごとに授与されることになるが、この場合、特別活動など教科外活動を担任することは、可能であるとされる。

　なお、特別免許状の授与を一層促進するため、2014年（平成26年）に文部科学省が示した「特別免許状の授与に係る教育職員検定等に関する指針」で

は、「授与候補者の教員としての資質の確認」、「任命者又は雇用者（雇用者は、学校の設置者に限る。以下同じ。）の推薦による学校教育の効果的実施の確認」、「授与候補者の教員としての資質についての第三者の評価を通じた確認」の３つが、教育職員検定において確認すべき事項として掲げられている。

臨時免許状の取得要件

　臨時免許状は、普通免許状を有する者を採用することができない場合に限り、教育職員検定を経て授与される助教諭、養護助教諭の免許状である（教育職員免許法第５条第５項）。ただし、高等学校助教諭の臨時免許状の授与については、①「短期大学士の学位（学校教育法第104条第２項に規定する文部科学大臣の定める学位（専門職大学を卒業した者に対して授与されるものを除く。）又は同条第６項に規定する文部科学大臣の定める学位を含む。）又は準学士の称号を有する者」、②「文部科学大臣が前号に掲げる者と同等以上の資格を有すると認めた者」のいずれかに該当する者に限定されている。

　なお、免許状を授与したときから３年間とされている臨時免許状の効力については、都道府県の教育委員会規則により、有効期間を６年とすることも可能である（教育職員免許法附則第６項）。

教員免許状授与の特例

　これらに加えて、免許状授与の特例として、普通免許状が「教員資格認定試験」（普通免許状の種類に応じて文部科学大臣又は文部科学大臣が委嘱する大学の行う試験）に合格した者に授与されることが教育職員免許法第16条第２項に規定されている。教員資格認定試験は、「大学等で教職課程を取らなかった者で教育者としてふさわしい資質を身に付け、教職を志すに至った者に対し教職への道を開くことを目的として創設」されたものであり、2023年度には、幼稚園教員資格認定試験、小学校教員資格認定試験、特別支援学校教員資格認定試験の３種類の試験が実施されている。さらに2024年度以降は、高等学校（情報）教員資格認定試験が再開される。

　この教員資格認定試験の受験資格、実施の方法その他試験に関し必要な事項は、文部科学省令である「教員資格認定試験規程」により、定められている。

第3節　**教員の資格としての欠格条項**

欠格条項とは

　教員免許状が保有者の教員としての資質・能力を根拠づけるものであると同時に、被教育者である幼児・児童・生徒の教育を受ける権利を確実に保障するものであること、さらには、教員が「自己の崇高な使命を深く自覚し、絶えず研究と修養に励み、その職責の遂行に努めなければならない」(教育基本法第9条) 存在であることなどから、教員免許状の授与や教員であるための資格には、事前に排除されるべき一定の条件が規定されている。この「事前に排除されるべき一定の条件」が「欠格条項」と呼ばれる。

　教員としての欠格条項には、①教育職員免許法における「教員免許状授与の欠格条項」、②学校教育法における「校長又は教員の欠格条項」、③地方公務員法における「地方公務員の欠格条項」がある。

教育職員免許法に示された欠格条項

　教育職員免許法第5条によれば、教員免許状授与の欠格条項は、次のとおりであり、1つでも該当する場合には、教員免許状が授与されない。すなわち、教員免許状を取得することができない。

1　18歳未満の者
2　高等学校を卒業しない者(通常の課程以外の課程におけるこれに相当するものを修了しない者を含む。)。ただし、文部科学大臣において高等学校を卒業した者と同等以上の資格を有すると認めた者を除く。
3　禁錮以上の刑に処せられた者
4　第10条第1項第2号又は第3号に該当することにより免許状がその効力を失い、当該失効の日から3年を経過しない者
5　第11条第1項から第3項までの規定により免許状取上げの処分を受け、当該処分の日から3年を経過しない者
6　日本国憲法施行の日以後において、日本国憲法又はその下に成立した政府を暴力で破壊することを主張する政党その他の団体を結成し、又はこれに加入した者

143

学校教育法に示された欠格条項

　学校教育法第9条によれば、校長又は教員の欠格条項は、次の通りであり、1つでも該当する場合には、校長又は教員となることができない。すなわち、公立学校のみならず、国立学校や私立学校においても、校長または教員になることができない。

> 1　禁錮以上の刑に処せられた者
> 2　教育職員免許法第10条第1項第2号又は第3号に該当することにより免許状がその効力を失い、当該失効の日から3年を経過しない者
> 3　教育職員免許法第11条第1項から第3項までの規定により免許状取上げの処分を受け、3年を経過しない者
> 4　日本国憲法施行の日以後において、日本国憲法又はその下に成立した政府を暴力で破壊することを主張する政党その他の団体を結成し、又はこれに加入した者

地方公務員法に示された欠格条項

　地方公務員法第16条に示された欠格条項は、次の通りであり、1つでも該当する場合には、条例で定める場合を除くほか、職員となり、又は競争試験若しくは選考を受けることができない。すなわち、地方公務員となる公立学校の教員になることはもちろん、都道府県および政令指定都市の各教育委員会が実施する教員採用試験を受験することもできない。

> 1　禁錮以上の刑に処せられ、その執行を終わるまで又はその執行を受けることがなくなるまでの者
> 2　当該地方公共団体において懲戒免職の処分を受け、当該処分の日から2年を経過しない者
> 3　人事委員会又は公平委員会の委員の職にあつて、第60条から第63条までに規定する罪を犯し、刑に処せられた者
> 4　日本国憲法施行の日以後において、日本国憲法又はその下に成立した政府を暴力で破壊することを主張する政党その他の団体を結成し、又はこれに加入した者

第4節　教員採用の機会

教員採用における「選考」の意味

　学校教育法第2条によれば、学校を設置することができるのは、①国（国立大学法人法第2条第1項に規定する国立大学法人及び独立行政法人国立高等専門学校機構を含む）、②地方公共団体（地方独立行政法人法第68条第1項に規定

する公立大学法人を含む)、③私立学校法第3条に規定する学校法人の3つで
あるとされる。この設置者の違いにより、学校を①国の設置する国立学校、
②地方公共団体の設置する公立学校、③学校法人の設置する私立学校の3つ
に分類することができる（学校教育法第2条第2項)。また、公立学校の教員
の採用は、教育公務員特例法第11条において、「選考による」ものと規定さ
れている。国立学校と私立学校の教員の採用は、各々の法人等の定める規定
によるものとされているが、多くの場合、公立学校と同じく「選考による」
ものとされている。

　このことは、「競争試験による」ものとされている企業や一般公務員の採
用と教員の採用とが、明確に異なることを意味している。すなわち、教員の
採用は、幼児児童生徒の人格形成にかかわる教員の職責や教員免許状の保有
者を対象としたものであることなどを踏まえ、教員としてのより優れた資質
能力を有する人材を確保するための人物評価をより適正に行うことが求めら
れることから「選考によるもの」とされているのである。

　なお、公立学校の教員の採用については、臨時的任用又は非常勤職員の任
用の場合を除き、その採用はすべて条件付のものとされている。教育公務員
特例法第12条では、公立の小学校、中学校、義務教育学校、高等学校、中
等教育学校、特別支援学校、幼稚園及び幼保連携型認定こども園の教諭、助
教諭、保育教諭、助保育教諭及び講師の採用は、1年間良好な成績で職務を
遂行することにより、はじめて正式なものとなることが示されている。国立
学校、私立学校の教員の採用も、多くの場合、公立学校と同様の措置がとら
れている。

教員採用における「選考」と「任命」

　一般的には、「選考」が「能力・人柄などをよく調べて適格者を選び出す
こと」を意味する言葉であるのに対して、「任命」とは「ある官職や役目に
就くよう命じること」を意味する言葉とされている。この2つの言葉は、教
員の採用にあたり、採用の過程における「選考」を重視し、公正な任用を図
るという観点から、厳格に区別され使用されている。

　この区別がもっとも明確に現れているのは、公立学校の場合である。教育

公務員特例法第11条では、幼保連携型認定こども園を除く大学附置の学校以外の公立学校の教員の「選考」は、任命権者である教育委員会の教育長が行うものとされている。これに対して、地方教育行政の組織及び運営に関する法律第37条では、市町村立学校職員給与負担法第1条及び第2条に規定する職員の「任命」権は、都道府県委員会に属するものとされている。なお、国立学校の場合、根拠法令は異なるものの「選考」権者と「任命」権者は、ともに設置主体となる大学の学長とされる。私立学校の場合、選考権者と任命権者は、ともに設置主体となる学校法人であるとされる。

　ここに、教員採用試験に合格することと教員になるということが異なる意味であることが明らかになる。教員採用試験に合格することは、単に教員の採用候補者として「選考」を通過したことに過ぎず、任命権者に「任命」されることにより、はじめて教員としての「採用」が決定するのである。

公立学校における教員採用の機会

　公立学校の正規の教員になるためには、文部科学省が管轄し、各都道府県と政令指定都市の教育委員会などが実施する「教員採用試験」に合格しなければならない。教員採用試験の出願区分は、各都道府県・政令指定都市により、多少の違いがあるものの、概ね「一般選考」と「特別選考」の2つに分けることができる。

　「一般選考」は、地方公務員法第16条、学校教育法第9条の欠格条項に該当せず、各都道府県・政令指定都市の定める年齢制限と必要な免許状を取得または取得見込みである全ての者の出願が可能である。これに対して、「特別選考」は、「一般選考」において定められた条件に加え、「英語の資格」や「スポーツや芸術の技能や実績」、「前年度試験の実績」、「民間企業や国際貢献活動、教職などの経験」など、各都道府県・政令指定都市の定める条件を満たす者に限り、出願することが可能となる。

　これらに加えて、「小学校における特定の教科を対象とした選考」や「採用後、一定期間の特定の地域での勤務を条件とした選考」、いわゆる「教師養成塾の修了者を対象とした選考」、「大学推薦」なども「特別選考」として位置付けることが可能である。しかしながら、これらの選考を実施している

都道府県・政令指定都市は、必ずしも多くなく、対象は限定されている。

　なお、地方教育行政の組織及び運営に関する法律第 55 条第 1 項では、「都道府県は、都道府県委員会の権限に属する事務の一部を、条例の定めるところにより、市町村が処理することとすることができる」とされている。この規定に基づき、2012 年（平成 24 年）には、大阪府豊能地区の 3 市 2 町（豊中市、池田市、箕面市、豊能町、能勢町）が大阪府豊能地区教職員人事協議会を設立し、政令指定都市以外では全国で初めてとなる市町による教員採用選考などが実施されている。

私立学校における教員採用の機会

　私立学校の正規の教員になるためには、当該学校法人が実施する採用試験に合格しなければならない。私立学校の採用は、基本的には「公募」によるものとなるため、各学校のホームページや新聞広告、大学の求人票などをもとに、直接学校へ問い合わせたり、採用を申しこんだりすることが必要になる。私立学校の採用試験の出願条件は、公立学校の「一般選考」と基本的には同じであるが、各々の学校ごとに、さまざまな条件が加えられることもある。

　なお、東京都や静岡県、愛知県など、一部の都道府県私学協会は、教員としての資質と適性の基礎的・基本的な事項について検査することを目的とする「私学適性検査」を実施している。また、北海道や神奈川県、京都府などの私学協会は、「私学教職員志望者履歴書依託預かり登録等」を実施しており、加盟する小学校・中学校・高等学校に対して教員志望者に関する情報提供を行っている。これらは、必ずしも当該都道府県の私立学校への採用を保証するものではないが、採用候補者を選考するための資料として活用されることもある。なお、私学教育に関する我が国の初等中等教育段階における唯一の「総合研究所」である「日本私学教育研究所」のホームページでは、各都道府県私学協会加盟の私立学校（中学校・高等学校。一部小学校を含む）の教職員募集情報の概要を閲覧することが可能である。

　しかしながら、私立学校では、固有の建学の精神に基づき、自主性・独自性を発揮した特色ある教育活動が実践されている。それゆえ、私立学校の教

員採用では、当該学校の関係者や校風の近い大学の「推薦」などに基づく選考が行われることも少なくない。

国立学校における教員採用の機会

　国立学校の正規の教員になるためには、設置主体となる大学の学長が実施する採用試験に合格しなければならない。国立学校の採用は、私立学校の場合と同じく、原則的には「公募」によるものとなるため、各学校のホームページなどを参照し、直接学校へ問い合わせたり、採用を申しこんだりすることが必要になる。

　しかしながら、国立学校の「公募」の情報を、新聞広告や大学の求人票で目にすることは、ほとんどない。なぜならば、国立学校の採用試験では、専任教員としての勤務経験が出願条件の1つとされることが、少なくないからである。国立学校の採用試験では、設置の趣旨からも明らかなように、採用時に、幼児児童生徒の教育に関する研究業績等が求められることもある。

　実際、国立学校の採用は、きわめて少数であり、対象も、現役の教員に限定されることがほとんどである。こうしたことから、多くの場合、国立学校の教員の採用は、当該国立学校の所在地となる都道府県・政令指定都市の公立学校との人事交流によることが一般的である。

　なお、国立大学附属学校教員で組織する「全国国立大学附属学校連盟」と附属学校PTAで組織する「一般社団法人 全国国立大学附属学校PTA連合会」の総称である「全附連」のホームページには、国立大学附属学校園の教職員募集情報が紹介されている。

第5節　**教員採用の方法**

公立学校における教員採用の流れ

　公立学校の教員は、各都道府県・政令指定都市などの実施する教員採用試験の結果を基に、候補者が決定され、教育委員会や採用予定校の校長による審査を経て、採用される。

　教員採用試験は、各都道府県・政令指定都市などにより、詳細が異なるものの、これまでは多くの場合、毎年1回、概ね以下のようなスケジュールで実施されてきた[1]。

```
①募集要項の配布・願書の受付（4月～6月）
②1次試験（7月）
③1次試験合格発表（7月～8月）
④2次試験（8月～9月）
⑤2次試験合格発表・採用候補者名簿登載（9月～10月）
```

　教員採用試験の結果、2次試験に合格した者は「採用候補者名簿」に、1次試験・2次試験のどちらかで不合格となった者は、出願時に希望した場合に限り「臨時的任用候補者名簿」に、登載される。「採用候補者名簿」に登載された者については、各都道府県・政令指定都市が実施する採用事務説明会に参加し、必要な手続きをおこない、教育委員会や採用予定校の校長による面接等の審査を経て、採用が決定する。「採用候補者名簿」の有効期間は、原則として4月1日から1年間であり、4月1日付で採用されなかった場合でも、名簿の有効期間内に欠員が生じた場合など、年度途中で正式採用となることもある。また、「臨時的任用候補者名簿」に登載された者については、専任教員に欠員が出た場合に限り、教育委員会や採用予定校の校長による面接等の審査を経て、採用が決定される。臨時採用教員については、正規の教員と同様の業務に就く「臨時的任用教員（常勤講師）」と、特定の教科や時間のみ業務に就く「非常勤講師（時間講師）」とに大別することができるが、いずれの場合においても、採用に至るスケジュールは同じである。

私立学校における教員採用の流れ

　私立学校の教員の採用は、募集から採用まで、全て当該学校法人の定める規程に基づいておこなわれる。私立学校の教員の募集は、専任とは限らず、非常勤の場合もある。

　私立学校の場合、各学校法人により、教員採用試験が独自に実施されているため、公立学校の場合のように期日を明確にすることは困難であるが、7月から9月にかけて採用試験を実施するケースが多くみられる。受験手続きから採用までのスケジュールは、概ね次頁の通りである。

①採用説明会の実施
②応募書類の提出
③書類選考
④書類選考結果通知
⑤試験
⑥試験結果通知

　教員採用試験の結果、合格した者については、必要な手続きを行った後、採用が決定される。また、近年では、一般企業の採用と同じように、インターネットのホームページ等において、出願の予約エントリーを受け付ける学校法人や派遣による教員の採用を行っている学校法人もある。

　なお、一部の都道府県私学協会が主催する「私学適性検査」は、例年7月上旬が出願期間、8月下旬が主な試験日となっている。

国立学校における教員採用の流れ

　公募による国立学校の教員の採用は、私立学校の場合と同様、募集から採用まで、全て設置主体となる大学の定める規程に基づいて実施されている。

　なお、国立学校の場合も、教員採用試験が独自に実施されており、期日を明確にすることは困難であるが、受験手続から採用までのスケジュールは、概ね私立学校の場合と同じである。

教員採用試験の内容

　学校の設置者を問わず、国公私立全ての学校が教員を採用する際には、教育者としての使命感、豊かな人間性や社会性、確かな指導力などを備え、任命権者の求める教師像を実現することのできる優れた人材を確保することが目的とされる。それゆえ、近年の教員採用試験では、教員としての資質・能力や適性をより多面的かつ適正に評価するため、多くの場合、さまざまな内容を組み合わせた選考が実施されている。教員採用試験の主な内容は、①筆記試験、②実技試験、③面接試験、④適性検査、⑤作文・小論文、⑥模擬授業・場面指導・指導案作成の6つであり、各々の試験のねらいと概要は、以下の通りである。

150

（1）筆記試験

　筆記試験は、多くの場合、志願者をふるいにかけることをねらいとして実施される。出題の内容は、広く社会人としての知識・教養を問う「一般教養」、教員としての知識・教養を問う「教職教養」、指導教科・領域の実践にかかわる知識・教養を問う「専門教養」の３つに分類することができる。筆記試験では、これら３つの分類の全てが実施されることが一般的ではあるが、何をどのように実施するかは、各都道府県・政令指定都市、学校法人などにより異なる。

（2）実技試験

　実技試験は、主に志願者の実技指導にかかわる指導力を評価することをねらいとして実施される。小学校の場合には体育実技（水泳を含む）と音楽実技、中学校・高等学校の場合には英語・保健体育・音楽・美術などが中心的な内容になる。養護教諭の場合には包帯法や人工呼吸、心肺蘇生法などの救急措置や保健指導などが問われることもある。

（3）面接試験

　面接試験は、主に志願者の教員としての適性と人間性を評価することをねらいとして実施される。これは、「個人面接」、「集団面接」、「集団討論」の３つに分類することができる。筆記試験と同じく、これら全てを教員採用試験で実施するかどうかは、各都道府県・政令指定都市、学校法人などにより異なるが、複数の内容を組み合わせたり、同一の内容を複数回実施したりされることも多い。

（4）適性検査

　適性検査は、志願者の情緒安定性、責任感、協調性などの性格特性を調べることをねらいとして実施される。これは、人物評価を総合的に行うための補完的な役割を果たすものであり、主な適性検査として、「内田クレペリン検査」、「矢田部ギルフォード性格検査」、「ミネソタ多面人格目録」などがある。どのような検査をどれだけ使用するかは、各都道府県・政令指定都市、

学校法人などによりさまざまである。

(5) 作文・小論文

　作文・小論文は、主に志願者の教員としての適性を評価することをねらいとして実施される。それゆえ、作文・小論文では、教員としての物の見方やとらえ方が問われることになる。出題されるテーマは、教師像や教師としての資質能力を問うもの、今日の教育課題を問うもの、人物や人生観を問うものなどさまざまである。

(6) 模擬授業・場面指導・指導案作成

　模擬授業・場面指導・指導案作成は、実践的な指導力を直接的に判断することをねらいとして実施される。これらは、近年、もっとも増加している試験内容であり、十分な対策が必要である。模擬授業・場面指導・指導案作成は、複数の内容を組み合わせて実施されることもあるが、これら全てを教員採用試験で実施するかどうかは、各都道府県・政令指定都市、学校法人などにより異なる。

　ところで、教員採用試験の出願に必要な履歴書などの提出書類には、多くの場合、クラブ活動やボランティア活動の概要、各種検定試験などの成績や特技を記載する欄が設けられている。さらに、近年では、得意分野や重点履修分野の記述や自己アピールなどの申告書、ボランティア先の推薦書・人物証明書などの書類の提出が求められることも少なくない。これらは、豊かな経験や教師としての意欲、使命感を把握し評価することをねらいとするものであり、人物重視の「選考」を行うための資料として活用されている。さらに、近年は、わいせつ行為などにより懲戒処分を受ける教員が後を絶たないことなどから、願書等における賞罰の記載を求める動きが広がっている。

第6節　教員採用の現状と課題

教員採用の改善の方向性

　「教育は人なり」という言葉からも端的に伺い知ることができるように、学校教育の成果は、担い手となる教員の資質能力に負うところがきわめて大きい。それだけに、教員の採用は、優れた魅力ある教員を確保するための中心的な役割を担っているといっても過言ではない。社会構造の急激な変化とこれに伴う学校教育を巡る複雑で多様な課題への対応が急務とされる一方、教員志望者が減少傾向にある近年、優れた資質能力を持つ教員の確保は、喫緊の課題である。

　このような背景を踏まえ、近年の教員の採用では、「豊かな知識や識見、幅広い視野を持ち個性豊かでたくましい人材」、さらには、「特定の教科や指導法についてより高い専門性を持った人材」の確保が強く期待されている。このような課題に応えるため、2015年（平成27年）の中央教育審議会の答申である「これからの学校教育を担う教員の資質能力の向上について〜学び合い、高め合う教員育成コミュニティの構築に向けて〜」では、教員の養成・採用・研修を通じた改革の一環として、以下の4つの「教員採用に関する改革の具体的な方向性」が示されている。

◆国及び各都道府県の教育委員会等は、後述する教員育成協議会（仮称）における協議等を踏まえ、採用前の円滑な入職や最低限の実践力獲得のための取組を普及・推進する。
◆国は、教員採用試験の共通問題の作成について、各都道府県の採用選考の内容分析やニーズの把握等、必要な検討に着手する。
◆国は、後述のように特別免許状授与の手続の改善を図るなど活用を促進する。
◆国は、特別免許状以外にも、教員免許を有しない有為な外部人材を教員として確保するための方策について検討する。

　これを踏まえ、同答申では、①「円滑な入職のための取組の推進」、②「教員採用試験における共通問題の作成に関する検討」、③「特別免許状制度の活用等による多様な人材の確保」の観点に基づき提言がなされている。これに加えて、同答申では、「教職大学院の設置拡充に伴い、新任教員の採用に当たり、大学院修了者向けの採用試験の実施、名簿登載期間の延長や初任者研

修の免除などによりインセンティブを付与すること」や「教員養成系以外の修士課程等における教員養成機能の充実」、多様で多面的な選考方法を促進するための各教育委員会が実施する採用選考試験への支援方策の必要性などが明らかにされている。

教員採用の現状

　全国の公立学校の教員採用試験の実施状況及び実施方法については、毎年度、文部科学省が調査を行い、調査結果を「教師の採用等の改善に係る取組事例」として取りまとめ、公表している。そのため、以下、直近となる「令和3年度 教師の採用等の改善に係る取組事例」により、①試験実施区分・実施時期等、②採用選考試験の内容、③特別の選考の3つの観点に基づき、教員採用の現状を明らかにする[2]。なお、「令和3年度 教師の採用等の改善に係る取組事例」の調査対象は、67都道府県・指定都市に大阪府豊能地区教職員人事協議会を加えた68の自治体である。

（1）試験実施区分・実施時期等

　令和3年度（令和2年度実施）の全国の公立学校の教員採用試験において、「小・中一括募集」を行った自治体は群馬県・東京都・大阪府の3県市、「中・高一括募集」を行った自治体は宮城県・千葉県など17県市である。また、東京都は、全国で唯一、家庭の「小・中・高一括募集」を行っている。また、特別支援学校について他学種と別に募集したのは、58県市、特別支援学級について別の区分で募集したのは10県市である。

　実施時期としては、51県市が1次試験を7月に、57県市が2次試験を8月におこなっている。なお、石川県は2次試験を実施しておらず、大阪府と大分県は3次試験を実施している。また、広島県・広島市、北九州市は1次試験と2次試験を併せて8月に実施している。採用試験を自らの都道府県外においても実施しているのは、全体の約25％にあたる17県市である。

（2）採用選考試験の内容

　提出書類（特別選考などの受験者のみが提出するものを含む）に自己アピー

ル、自己推薦・評価・申告書が含まれるのは、51県市であり、全体の約75％である。また、「志願書や自己アピール等の提出書類において記載を求める社会体験等」は、「クラブ活動、部活動等」（60県市）、「ボランティア活動等」（60県市）、「各種検定試験等の成績」（50県市）が上位を占めている。

筆記試験として、「一般教養」を実施したのは43県市、「教職教養」を実施したのは57県市、「専門教養」を実施したのは67県市であり、「作文・小論文」は33県市、「適性検査」は29県市で実施されている。

実技試験は、小学校の場合31県市、中学校の場合60県市、高等学校の場合51県市で実施されている[3]。高等学校の実技試験科目は、英語（57県市）、保健体育（55県市）、音楽（44県市）、美術（41県市）が上位を占めている。

また、面接試験として、「個人面接」を実施したのは68県市、「集団面接」を実施したのは28県市である。「個人面接」は、多くの場合2次試験で実施されるが、「集団面接」は、1次試験で実施される場合と2次試験で実施される場合がほぼ同数である。

なお、「模擬授業」を実施したのは41県市、「場面指導」を実施したのは32県市、「指導案作成」を実施したのは、7県市である。

（3）特別の選考

一部試験免除、加点、特別免許状を活用した選考、その他の特別選考を含む「特別の選考」の実施状況は、英語の資格等によるものが63県市、スポーツの技能や実績によるものが43県市、芸術の技能や実績によるものが22県市となっている。さらに、複数免許状の所持によるものは49県市である。英語の資格等によるものでは、「加点」が52県市ともっとも多く次いで「一部試験免除」が32県市となっている[4]。これに対して、スポーツの技能や実績によるものでは、「一部試験免除」が30県市、「加点」は8県市に留まっている。

また、いわゆる「教師養成塾」生を対象とした特別の選考は、11県市で実施されており、9県市で一部の試験が免除される。これらの他に、その他の資格等による特別の選考として、「大学・大学院の推薦」による選考が32県市、「博士号取得」による選考が9県市、「教職大学院修了」による選考が

13県市、「専修免許状の所持」による選考が13県市で実施されている。加えて、司書教諭任用資格や臨床心理士、公認心理士等の所持による一部試験免除や加点を行っている県市もある。

　なお、国際貢献活動による特別選考は39県市、民間企業等経験による特別の選考は56県市、教職経験による特別の選考は68県市、前年度採用選考試験での実績による特別の選考は49県市で実施されている。

教員採用の課題と改善の手がかり

　このような実態から明らかにされる教員採用のもっとも重要な課題は、2015年の中央教育審議会の答申である「これからの学校教育を担う教員の資質能力の向上について〜学び合い、高め合う教員育成コミュニティの構築に向けて〜」などの提言を踏まえた「教員の養成・採用・研修を通じた一体的制度改革」において、「養成」段階と「研修」段階を連関させる「採用」段階の果たすべき役割が十分に機能していないと考えられることである。実際、「令和2年度 教師の採用等の改善に係る取組事例」によれば、「養成」段階での実践的指導力の基礎の育成に有効とされる「教育実習」の成績評価を提出書類としている県市は1つもなく、「教師養成塾」生を対象とする特別選考の実施件数も68県市中わずかに24県市と約35%に過ぎない[5]。さらに、高度な専門性と実践的指導力を育成するための「修士レベルの教員養成」に対応する教職大学院修了者を対象とする特別選考も11県市の実施にとどまり、教員養成高度化の中核機関となる教職大学院での学びの成果が適切に評価されているとは言い難い状況にある。ここに、「養成」段階における改革の成果と教員の採用の断絶が明らかになる。

　ところで、近年の深刻な教員不足や多発する不祥事など、ここで指摘した課題に限らず、教員の採用にかかわるあらゆる課題は、我が国最初の近代教育法である「学制」の制定に伴い、教育する者と教育される者との関係が直接的なものから間接的なものへと変化したことに起因するものとしてとらえることができる。このような視座に立てば、多面的で複雑に見える現代の教員採用の課題を改善していくための鍵は、成城小学校の創設者であり、我が国の新教育の指導者としても知られる沢柳政太郎が『教育者の精神』で取り

上げた「教員」と「教育者」の区別をどのように克服していくのかとの課題
を改めて問い直すことにあるといえるのかもしれない[6]。

学修課題

（1）教員免許状を保有することの意味について、考察しなさい。
（2）教員免許状の種類と取得要件、欠格事項について、まとめなさい。
（3）教員採用の内容と方法、現状を踏まえ、教員としての資質能力の向上
　　　に向けた自己の課題を明らかにしなさい。

〈引用・参考文献〉
・中央教育審議会「教職生活の全体を通じた教員の資質能力の総合的な向上方策について（答申）」2012 年（https://www.mext.go.jp/component/b_menu/shingi/toushin/__icsFiles/afield file/2012/08/30/1325094_1.pdf、最終閲覧日2020 年 8 月 25 日）
・中央教育審議会「これからの学校教育を担う教員の資質能力の向上について～学び合い、高め合う教員育成コミュニティの構築に向けて～（答申）」2015 年（https://www.mext.go.jp/component/b_menu/shingi/toushin/__icsFiles/afieldfile/2016/01/13/1365896_01.pdf、最終閲覧日2020 年 8 月 25 日）
・文部科学省「教員免許制度の概要」2019年（https://www.mext.go.jp/a_menu/shotou/kyoin/__icsFiles/afieldfile/2019/09/09/1339300_1.pdf、最終閲覧日2020 年 8 月 25 日）
・文部科学省「教員資格認定試験について」（https://www.mext.go.jp/b_menu/shingi/chukyo/chukyo3/002/siryo/attach/1377047.htm、最終閲覧日2020 年 8 月 25 日）
・文部科学省「特別免許状の授与に係る教育職員検定等に関する指針」2014 年（https://www.mext.go.jp/component/a_menu/education/detail/__icsFiles/afieldfile/2014/06/23/1348574_3.pdf、最終閲覧日2020 年 8 月 25 日）
・文部科学省「令和3 年度 教師の採用等の改善に係る取組事例」2020 年（https://www.mext.go.jp/content/20220908-mxt_kyoikujinzai01-000024925-1.pdf、最終閲覧2023 年 8 月 25 日）

〈註〉
1）教員採用試験の倍率が著しく低下し、教員志望者が著しく減少傾向にある中、令和 5 年には、文部科学省が「公立学校教員採用選考試験の早期化・複数回実施等について　方向性の提示」により、文部科学省が令和 6 年度の教員採用試験の 1 次試験の「標準日」を 6 月16 日と定めるとともに、最終合格発表をできるだけ前倒しすること、さらには、年度内に複数回の試験を実施すること、大学 3 年生の受験を可能にすることなどについて、各教育委員会に検討することを求めた。これを受けて、公立学校における教員採用の流れは、全国的に大きな過渡期を迎えている。
2）「教師の採用等の改善に係る取組事例」の調査対象は、公立学校に限定されている。それゆえ、

これ以降の記述は、直接的には公立学校に限定されるものになる。しかしながら、学校を取り巻く環境や学校の直面する課題などは、私立学校・国立学校にも、共通する事項であるため、考察の一助となるはずである。

3) 実技試験の実施状況は、前年度に比べ、新型コロナウイルス感染症の感染拡大の影響や受験者の確保と負担軽減への配慮により、前年度に比べ減少している。小学校の場合、この傾向は特に顕著である。

4) 英語の資格等による特別の選考では、対象となる資格はもちろん、「一部試験免除」となる基準や「加点」となる点数は、県市により異なる。また、同じ県市でも校種により異なる場合もある。しかしながら、実用英語技能検定を例にすれば、小学校では2級以上の取得、中学校では準1級以上の取得、高等学校では1級以上の取得が概ねの目安となる。

5) 「教師養成塾」生を対象とする特別選考については、2017年度にスタートした「教員の養成・採用・研修の一体的改革推進事業」において、「実施件数を直近3か年の平均よりも増加させる」ことが成果目標として掲げられている。しかしながら、成果実績は、2017年度9件、2018年度9件である。

6) 沢柳は、「学制」の制定以来、さまざまな教育制度が広く普及し発展していくなかで、なお教育の成果を決定的に左右する教師が十分な信用と尊敬を得られていないと考えていた。それゆえ、彼は、教育の制度において規定される「教員」が、ペスタロッチーの如く、教育という仕事に喜びをもって取り組む「教育者」としての精神を高揚させることが急務であると主張したのである。これにかかわる詳細については、成城学園 澤柳政太郎全集刊行会編『澤柳政太郎全集』、乙訓稔「沢柳政太郎の小学校教師論―使命・資格・身分・待遇」（実践女子大学生活科学部紀要第47号）などが参考になる。

コラム4

教職大学院という道

　2019年に文部科学大臣に就任した萩生田光一は、当時の産経新聞の
「あるべき学校の姿や教育をどう考えるか」という問いに「教師力を高
めないといけない。（大学で）4年間の教職課程を取って社会に出て、
1年目から教壇に立つことが、子供たちや教師を目指す人にとって本当
にいいのかなと疑問に思ってきた」と答えている。いじめや不登校の深
刻化、社会意識や自立心、学ぶ意欲の低下など、近年の学校教育が直面
する複雑で多様な諸課題に対応するためには、確かに、学部4年間の学
びだけでは、困難な状況が生まれつつある。

　このことは、たとえば、2018年度に採用された全国の公立小中高校、
特別支援学校の教諭のうち1年以内に依願退職したのは、431人であ
るとする文部科学省の調査結果からも明らかになる。確かに、この人数
は、採用者全体に占める割合は1.38%と高いものではないが、前年度
と比較すると73人の増加となり、1999年度以降で最多となっている。
2023年には、さらに、全国最多の教員数を誇る東京都において、
2022年度に正規採用した公立の小中高校、特別支援学校などの新任教
諭2,429人のうち過去10年で最高となる4.4%にあたる108人が1年
以内に退職したことも報じられた。これらは、ベテラン教諭の大量退職
や教員志望者の減少などを背景とした新任教員の負担の増加を示唆する
ものといえるだろう。

　このような状況の中で、学校教育が直面する複雑で多様な諸課題に対
応することのできる高度な専門性と豊かな人間性・社会性を備えた高度
専門職業人の養成に特化した専門職大学院としての枠組みとして、
2008年に制度化された教職大学院には、大きな期待が寄せられている。
「学校現場における職務についての広い理解をもち、自ら諸課題に積極
的に取り組む資質能力を有し、新しい学校づくりの有力な一員となる新
人教員」「学校現場が直面する諸課題の構造的・総合的な理解に立って、

教科・学年・学校種の枠を超えた幅広い指導性を発揮できるスクールリーダー」の養成を目的とする教職大学院では、共通するカリキュラムの枠組を踏まえた理論と実践の融合を強く意識した体系的な教育課程を編成している。とくに、学部段階における教育実習をさらに充実・発展し、実践的な指導力の強化を図るという観点を踏まえ、教職大学院には、10 単位以上の「学校における実習」をカリキュラムに含めることが求められている。さらに、教職大学院には、学校教育に関する理論と実践の融合を図るため、専任教員の 4 割以上が教職等としての実践経験を有する実務家教員であることも求められている。理論と実践の融合を基軸とする教職大学院での学びは、まさに 1 年目から即戦力として活躍するための素地となる実践的な指導力の育成を図ることに直結しているのである。

　皆さんはどのような教師を目指しているだろうか？　学部段階での学びを終え、直ぐに教壇に立つことに不安はないだろうか？　このような省察からは、理論と実践の融合を基軸とする教職大学院で学び、実践的な指導力の育成を図ることの意義を十分に感じることができるのではないだろうか。現在、ほとんどの県市は、教職大学院への進学による次年度以降の採用選考試験における特別選考の実施や採用候補者名簿登載期間の延長・採用の延期など、特例的な措置を講じている。学部段階での学びを終える前に、ぜひ一度、教員採用試験に合格することの先にある未来を想像し、問い直してほしい。児童生徒を幸せにできるのか？　保護者の期待に応えられるのか？　これらの問いに自信をもって"Yes"と答えることのできる実践的な指導力を身に付けて教壇に立つことが望ましい教職生活を実現するために不可欠であるとするならば、あと 2 年、大学院で学ぶことも一つの選択肢であるのかもしれない。

第6章　教員の研修と評価

　　本章は、教員研修と教員評価の2本柱で構成する。第1節「教員研修の意義」では、教員にとってなぜ研修が必要なのかという教員研修の基本的考え方と教員研修に関する法規定をまとめる。第2節「教員研修の体系」では、キャリアステージに応じて求められる教員の資質能力と、それらを形成するために用意された教員研修の体系、内容及び制度について解説する。第3節「『令和の日本型学校教育』を担う教師の学びの在り方」では、対話に基づく受講奨励と教師自身による主体的な学びを柱にした新たな研修の在り方を取り上げる。第4節「教員評価システム」では、評価システム導入と人材育成の関係、従来型の勤務評定と異なる人事評価制度の特徴について、東京都の教育職員人事考課制度を事例に解説する。第5節「教員の研修と評価をめぐる現状と課題」では、2006年の中央教育審議会答申「今後の教員養成・免許制度の在り方について」とその後の動向を踏まえて、教員研修と教員評価について検討すべき課題について論じる。

第1節　教員研修の意義

教員にとっての研修の意義

　「教育は人なり」といわれる。この言葉は、学校教育の成果が子供の教育に直接携わる教員の資質能力に負うところが大きいことを端的に表している。教職は、日々変化する子供の教育に最前線で携わりながら子供の可能性を引き出していく職業であり、子供の人格形成に大きな影響を与えるものである。そうした教職に携わる者の職責に鑑み、教員には教育者としての使命感、人間の成長・発達についての深い理解、子供に対する教育的愛情、教科等に関する専門的知識、幅広く豊かな教養、そしてこれらを基盤とした実践的指導力が求められる。

　教員に求められるこうした資質能力は、養成・採用・研修の各段階を通じて形成されていくものであり、さらに日々の職務や研修を積み重ねていくことで育成されるものである。それゆえ、教員として学校現場で教育活動に携わりながらも、生涯にわたりその向上を図るべく、絶えず研究と修養に励むことが法的にも義務づけられている。

　教員の資質向上は、いつの時代においても変わらずに重要な課題とされている。教員を取り巻く社会状況が加速度的に変化し、学校教育が抱える課題もますます複雑化・多様化する現在、それらに真正面から取り組む教員にとって、最新の専門的知識や指導技術等を身に付けていくことは不可欠なことである。それだけに、子供だけでなく教員自身に対しても「学びの精神」がこれまで以上に求められているのである。その重要な「学びの場」の1つが、「研修」である。

教員研修に関する法規定

　教員には、日々成長発達を続ける子供とともに、自らもまた日常生活のなかで継続的に学ぶ姿勢が求められる。そのため、教員の研修は法的に位置づけられ、かつ義務づけられている。ここでは、研修に関する法規定をまとめておく。

（1）教員研修の根本規定

　教育公務員特例法第21条において、「教育公務員は、その職責を遂行するために、絶えず研究と修養に努めなければならない」と教員研修に対する根本的姿勢が規定されている。研究とは「物事を詳しく調べたり、深く考えたりして、事実や真理などを明らかにすること」であり、修養とは「知識を高め、品性を磨き、自己の人格形成につとめること」である。こうした研究や修養は与えられるものではなく、自ら継続的に取り組んで初めて成果が得られるものである。それゆえ、教員には絶えず自ら研究と修養に努めることが求められている。

　この根本的姿勢は、教育基本法第9条にも「法律に定める学校の教員は、自己の崇高な使命を深く自覚し、絶えず研究と修養に励み、その職責の遂行に努めなければならない」（第1項）、「前項の教員については、その使命と職責の重要性にかんがみ、その身分は尊重され、待遇の適正が期せられるとともに、養成と研修の充実が図られなければならない」（第2項）と規定されて、その重要性が明記されている（表6-1）。

（2）教員研修の機会

　教育公務員特例法第22条では、「教育公務員には、研修を受ける機会が与

表6-1　「教員研修」に関する法規定

〈教育基本法〉	
第9条1項	法律に定める学校の教員は、自己の崇高な使命を深く自覚し、**絶えず研究と修養**に励み、その**職責の遂行**に努めなければならない。
2項	前項の教員については、その使命と職責の重要性にかんがみ、その身分は尊重され、待遇の適正が期せられるとともに、**養成と研修の充実**が図られなければならない。
〈教育公務員特例法〉	
第21条1項	教育公務員は、その**職責**を遂行するために、**絶えず研究と修養**に努めなければならない。
第22条1項	教育公務員には、**研修を受ける機会**が与えられなければならない。
2項	教員は、授業に支障のない限り、本属長の承認を受けて、**勤務場所を離れて研修**を行うことができる。
3項	教育公務員は、任命権者の定めるところにより、**現職のままで、長期にわたる研修**を受けることができる。

出典：教育基本法（平成18年法律120号）、教育公務員特例法（平成29年5月17日法律第29号）より筆者作成

えられなければならない」として、研修の機会に関する特例を規定している。1つは、授業に支障のない限り、本属長の承認を受けて、「勤務場所を離れて研修を行うことができる」というものであり（第2項）、もう1つは「現職のままで、長期にわたる研修を受けることができる」というものである（第3項）。一般公務員の場合も、地方公務員法第39条において「職員には、その勤務能率の発揮及び増進のために、研修を受ける機会が与えられなければならない」と研究の機会の確保が規定されているが、教育公務員のような特例は規定されていない。

第2節　教員研修の体系

教員に求められる資質能力

　先に述べたように、教員は日々の職務及び研修を積み重ねていくことで、その資質能力を育成していく。その際、教員一人一人がそれぞれのキャリアに応じて計画的に研修や自己啓発に取り組んでいくことが重要である。教員のキャリアステージについては、自治体によってそのとらえ方が若干異なるが（表6-2）、各キャリアステージに応じて担うべき役割が異なることから、それに応じた資質能力を修得していくことが必要である。

教員研修の体系

　各キャリアステージで求められる資質能力を、そのステージにおいて確実に修得することができるように、教員研修は体系化されている。
　多様な教員研修を実施主体ごとに分類すると、研修のねらいや内容によって国レベル、都道府県レベル、市町村レベルに分けられる。国レベルでは、独立行政法人教職員支援機構が地方公共団体や大学等とのネットワークを構築し連携を図りながら、学校関係職員への研修及び各都道府県教育委員会等への研修に関する指導、助言等を行っている。また、教員の資質能力向上に関する調査研究の実施や任命権者が策定する教員の育成指標に対する専門的助言の実施等、教職員に対する総合的支援を行う全国拠点としてさまざまな

表6-2 人材育成指標にみる「キャリアステージ」（例：東京都）

【東京都】

教　員					
職層	教諭		主任教諭	指導教諭	主幹教諭
・	基礎形成期	伸長期	充実期		
成長段階	1～3年目	4年目～	9年目～	11年目～	
求められる役割や能力	○学習指導、生活指導や学級経営において直面する課題に対して、適切に対応する。	○主任教諭を補佐しながら、分掌組織の一員として職務を遂行する。	○主幹教諭を補佐しながら、校務分掌などにおける学校運営上の重要な職務を遂行する。	○都公立学校教員全体の授業力の向上を図る。	○管理職を補佐しながら、教員を指導・育成するとともに、積極的に学校経営に関与する。
	○学習指導、生活指導や学級経営における教員としての基礎的な力を身に付けるとともに実践に生かすことができる。	○自分の能力開発について謙虚に自己研さんに励み、知識や経験に基づく実践力を高めることができる。	○教育指導の専門性を活用し、校務を処理するとともに同僚や教諭等に対して助言や支援を行うことができる。	○高い専門性と優れた指導力を活用し、自校や他校の教員の人材育成を推進することができる。	○教員に対して指導・助言し、保護者・地域・関係機関等と連携して担当する校務を処理することができる。

教育管理職等		
職層	教育管理職候補	教育管理職
	主幹教諭	副校長 / 校長
求められる役割	○学校経営方針を受けて、他の教員に対してリーダーシップを発揮することで副校長を支え、管理職として必要な学校経営ができる力を身に付ける。	○学校経営方針の具現化に向けた方策を作成・提示し、リーダーシップを発揮して教育活動の改善の中心となり、校長と共に学校を経営する。 ○学校内外の実態把握に基づいた学校経営方針を作成・提示し、広い視野でリーダーシップを発揮して学校改革を推進する。
	○教職員とのコミュニケーションにより自校の課題を捉えて解決策を立案し、課題解決に向けて参画する。	○教職員の状況変化を敏感に捉え、組織的な課題解決に向けて、校長と共に働きやすい職場環境を推進する。 ○教職員の状況等を的確に把握し、個々の能力が最大限に発揮できる人材配置と働きやすい職場環境を構築し、推進する。
	○学校内外との良好なコミュニケーションを実践し、学校の教育力を高める方策を提案する。	○学校内外とのコミュニケーションの中心的役割を担い、学校の教育力を高める。 ○学校内外との良好なコミュニケーションを推進して、学校をとりまく関係者の相互作用により、学校の教育力を最大化する。

出典：東京都教育委員会「東京都公立学校の校長・副校長及び教員としての資質の向上に関する指標」2023
年2月改定版より一部抜粋

活動を行っている。都道府県及び市町村レベルでは、法律で実施が定められた研修（法定研修）である初任者研修や中堅教諭等資質向上研修の他、教職経験に応じた研修、職能に応じた研修、長期派遣研修、専門的な知識・技術に関する研修等、教育政策の動向や学校現場の状況、ニーズをふまえながら多様な研修を実施している（図6-1）。

　これらの研修を服務の形態別にみると、「職務研修（行政研修）」、「職専免研修」、「自主研修」に分類される。「職務研修」は、行政研修とも呼ばれ、

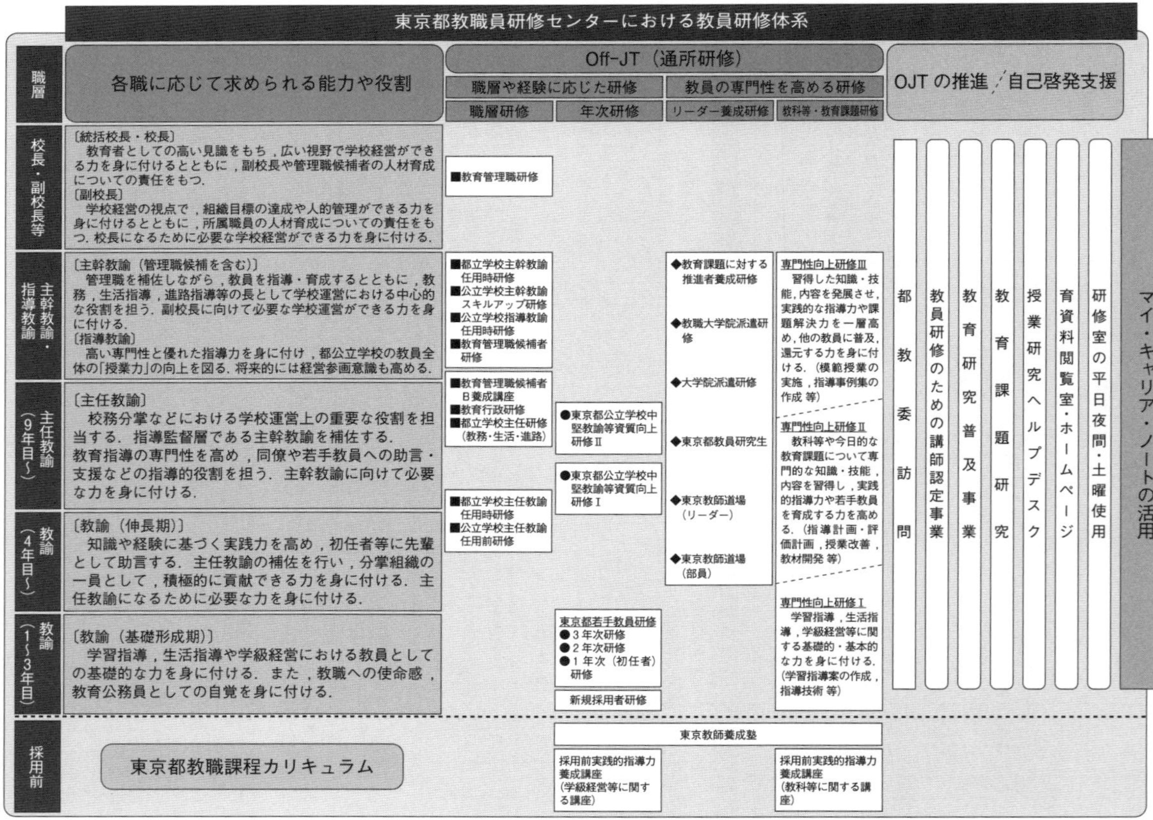

図6-1　東京都　教員研修体系

出典：東京都教職員研修センターにおける教員研修体系（https://www.metro.tokyo.lg.jp/tosei/hodohappyo/press/2019/06/17/documents/12_05.pdf、最終閲覧日2023年9月10日）

職務命令にもとづき参加者が職務として参加する研修である。また「職専免研修」とは、参加教員が職務専念義務（地方公務員法第35条）を免除されて、勤務場所以外で行う研修である。そしてこれらとは別に、勤務時間外において自主的に行う私的研修を「自主研修」という。

多様な教員研修

　ここでは、これまで論じてきたさまざまな研修のうち、いくつかの研修についてそのねらいや仕組みなどについて詳しくみていく。

（1）初任者研修

　公立の小学校等の教諭等のうち新規採用された者は、採用の日から1年間、実践的指導力と教職に就く者としての使命感を養うとともに幅広い知見を得るため、学級や教科・科目を担当しながらの実践的な研修を受けることになっている（教育公務員特例法第23条）。この研修を「初任者研修」という。これは、先に述べた「職務研修」の1つである。初任者研修は、1986年（昭和61年）の臨時教育審議会第2次答申により創設が提唱され、1989年（平成元年）より制度化されている。そのねらいは、大学の教職課程で修得した基礎的、理論的内容と実践的指導力の基礎等を前提に、それを更に深めることにある。この制度の導入により、それまで6か月とされていた条件付採用期間が1年間に延長された。

　初任者研修は、学校内と学校外において、前者が週10時間以上（年間300時間以上）、後者が年間25日以上実施するよう規定されている。学校内で実施される研修（校内研修）では、主として教員に必要な素養等に関する指導や授業方法等に関する研修が行われる。また、学校外の研修（校外研修）では、教育センター等での講義・演習や企業・福祉施設等での体験研修、さらには宿泊研修等が行われる。

　一方で、臨時に任用された講師等としての教職経験を積んだ後に採用される者や、全都道府県に設置された教職大学院を修了して採用される者等が増加しているほか、一部の地域においては、教員志望の学生を対象にして、初任者の円滑な入職や必要最低限の実践力獲得のためにいわゆる「教師養成

表6-3　初任者研修年間研修項目例（小・中学校）

基礎的素養	学級経営	教科指導
1　公教育の役割と諸課題の解決に向けた取組 公教育と使命／教育改革と学校教育の現状／関係法令と学校目標の実現／社会教育、家庭教育との関連／教育施策や事業の展開 2　学習指導要領と教育課程の編成・実施並びに評価 学習指導要領の法的位置と基準性／学習指導要領と教育課程の編成実施 3　学校教育目標の具現化に向けた取組 学校教育目標と目指す児童生徒像／学校教育目標と学校経営／学校教育目標と指導計画／学校教育目標と教育活動／学校教育目標と学校評価 4　教員の勤務と公務員としての在り方 服務、義務／勤務と給与／人事異動 5　学校の組織運営 関係法令と学校組織／校務分掌とその機能／教育環境の整備／開かれた学校づくり／PDCAの運営／安全管理・事故防止 6　教員研修と教員としての生き方在り方 教員としての心構え／教職観の涵養／研修と自己成長／校内研修・研究への参画 7　教育課題の解決に向けた取組 人権教育／環境教育／教育の情報化等への対応／教育の国際化等への対応／帰国・外国人児童生徒教育への対応／学校保健、安全指導の進め方／食に関する指導の進め方（給食指導を含む） 8　特別支援教育の制度と具体的な取組 特別な教育的ニーズと指導／特別支援教育体制の整備と活用／特別支援教育の制度 9　教育機関や企業等における体験を通した研修 体験研修／課題研究 10　研修の総括 初任者研修の総括	1　学級経営の意義 学級経営の内容と果たす役割／学級経営案の作成と活用／学級経営と学年経営 2　学級経営の実際と工夫 学級の組織づくり／教室環境づくり／児童生徒による活動の運営／児童生徒との関わり方／学級集団づくり／日常の指導 3　保護者と連携を図った学級経営 授業参観と保護者会／学級通信／保護者への助言 4　学級事務の処理 年度当初、各学期当初の学級事務／成績等に関わる諸表簿の作成などの学級事務／各学期末、年度末の学級事務／学級事務と情報処理の活用	1　基礎技術 教科指導の基礎技術 2　授業の進め方 授業実践に関する技術 学習指導案の作成／授業における児童生徒理解／授業の診断と記録の分析／教材研究の方法と実際／授業の進め方／テストの作成と評価の在り方／教科指導と情報機器の活用／授業の分析と診断 個に応じた学習指導の進め方／学習指導と評価の要点／教材・教具の作成と活用の仕方／授業の反省と評価／年間指導計画の作成 3　授業参観 示範授業参観の視点 4　授業研究 授業研究

出典：文部科学省「初任者研修目標・内容例」（小・中学校）2007年

塾」が行われていること等を背景に、初任者の教職にかかわる背景事情が多様化してきている。そのため、2015年の中央教育審議会答申「これからの学校教育を担う教員の資質能力の向上について―学び合い、高め合う教員育成コミュニティの構築に向けて」において、①校内研修の実施時間及び校外研修の実施日数の弾力的設定、②教職大学院修了者等に対する個別的対応、③校内研修における指導にかかわる教員定数の効果的活用と体制の工夫とい

道徳	特別活動	総合的な学習の時間	生徒指導・進路指導
1　道徳教育の基礎的理解 道徳教育の目標や意義／学校、地域における道徳教育の基本方針／道徳教育の諸計画の意義とその作成／他教科・領域等における道徳教育／「心のノート」の趣旨とその生かし方 2　道徳の時間の指導 道徳の主題構想と資料研究道徳学習指導案の作成／道徳における評価の在り方／示範授業参観／道徳の授業研究	1　特別活動の教育的意義 特別活動の目標／特別活動の内容／特別活動の特質 2　特別活動の指導計画と授業の実際 全体の指導計画と年間指導計画／学級活動（1）の指導計画の作成と授業の実際／学級活動（2）、（3）の指導計画の作成と授業の実際 3　学級活動の指導と評価の工夫改善 学級活動（1）の指導と評価の工夫／計画委員会の指導と評価の工夫／係の活動の指導と評価の工夫／集会の活動の指導と評価の工夫／学級活動（2）、（3）の指導と評価の工夫 4　児童会・生徒会活動、クラブ活動、学校行事の指導と評価の工夫改善 児童会活動、生徒会活動／クラブ活動／学校行事／集団宿泊体験	1　趣旨・ねらい 総合的な学習の時間の趣旨／総合的な学習の時間のねらい 2　全体計画の作成 全体計画作成の必要性／全体計画の内容と取扱い 3　学習活動の進め方 学習活動の展開体験的・問題解決的な学習／学習形態、指導体制の工夫／地域の教育資源の活用／国際理解・外国語会話等の学習活動 4　評価の特質と評価方法 評価の特質／評価の方法と生かし方	1　生徒指導　生徒指導の意義 児童生徒理解の内容と方法／教員と児童生徒の人間関係／児童生徒の誉め方・叱り方／ガイダンスの機能と教育相談の充実／社会奉仕体験活動等、体験活動の意義と進め方／児童生徒の健全育成の取組問題行動等に関する事例研究／学校における生徒指導体制／家庭・地域や関係機関との連携 生徒指導の反省と評価 2　進路指導 進路指導（キャリア教育）の意義／進路指導（キャリア教育）の展開と事例研究／進路情報の収集と活用／職業や進路にかかわる啓発的な体験活動の指導の実際／学校における進路指導（キャリア教育）体制／ガイダンスの機能と教育相談の充実／家庭・地域や関係機関との連携／進路指導（キャリア教育）の反省と評価

った初任者研修の弾力的な運用が可能となっている。

　初任者研修の実施にあたっては、初任者の所属する学校の副校長、教頭、主幹教諭、指導教諭、教諭又は講師のうちから「指導教員」が決められ、指導にあたる。指導教員は、学習指導や学級経営、生徒指導の方法など、初任者に対して教員の職務の遂行に必要な事項について指導及び助言を行う。また2003年（平成15年）度からは、従来の初任者1名に対して指導教員1名

が指導にあたる方式に加え、拠点となる学校に初任者研修に専念する教員（拠点校指導教員）1名を配置し、近隣の学校を含めた初任者4人の指導・助言にあたる拠点校方式が導入されている。この方式においては、拠点校に初任者4人当たり1人の拠点校指導教員が配置されるが、各初任者の勤務する学校内においてはコーディネーター役の校内指導教員を置き、その指導教員のコーディネートのもとで初任者配置校の全教員が分担して教科指導、生徒指導、学級経営など必要な研修分野について指導する。

　具体的な研究内容については、文部科学省が2007年（平成19年）2月に初任者研修の目標及び研修内容例をまとめている。そこでは研修内容を①基礎的素養、②学級経営、③教科指導、④道徳、⑤特別活動、⑥総合的な学習の時間、⑦生徒指導・進路指導の7つに分類し、各領域において初任者として修得すべき研修内容を詳細に例示している（表6-3）。

（2）中堅教諭等資質向上研修

　中堅教諭等資質向上研修は、教育公務員特例法第24条に規定された研修である。公立の小学校等における教育に関し相当の経験を有し、その教育活動その他の学校運営の円滑かつ効果的な実施において中核的な役割を果たすことが期待される中堅教諭等を対象に、職務を遂行するうえで必要とされる資質の向上を図ることをねらいとした研修である。

（3）教職経験者研修

　都道府県教育委員会等においては、初任者研修、中堅教諭等資質向上研修以外の教職経験年数に応じた教職経験者研修が実施されている。多くの教育委員会では、各学校種ともに教職経験2年目、3年目、6年目、10〜12年目に教職経験者研修を実施している。「指導力に優れた教員の授業を観察」、「授業研究の実施」、「ロールプレイングやケーススタディ等」等、座学による研修に限らず多様な研修方法により実施されている。また、多くの教育委員会が大学・大学院や民間組織との連携を図りながら研修を実施している。

（4）社会体験研修

　学校教育における諸課題がますます複雑化していくなかで、教員には深刻かつ多様な課題に適切に対応するための幅広い視野やコミュニケーション能力が求められている。そこで、教員が社会の構成員としての視野をさらに広げるために、いったん学校現場を離れ、長期間にわたり学校以外の施設等において通常の教員としての職務とは異なる幅広い多様な社会体験を積む「長期社会体験研修」が各自治体で実施されている。

　具体的には、教員を民間企業や社会福祉施設、社会教育施設等の学校以外の施設等へ長期（概ね1か月～1年）にわたって派遣するものである。教員自身が学校以外の施設等で長期にわたって社会体験を積み、それらを通じて得られた新たなものの見方や考え方を学校教育の場に還元していくことが期待される。この長期社会体験研修を通じて、それまでに体験したことのない経験を通した新たな自己実現を図ろうとする意欲や、教育に対する使命感や情熱の再確認が望まれる。

（5）大学院修学休業制度

　教員の資質向上に向けて、大学院に修学しながら専門的な研修を受ける制度もある。2001年（平成13年）度から運用が開始された「大学院修学休業制度」である（教育公務員特例法第26条）。これは、公立の小学校等の教諭等で、①教諭の専修免許状（養護教諭にあっては養護教諭の専修免許状）の取得を目的としていること、②取得予定の専修免許状にかかわる基礎となる免許状を有していること、③取得予定の専修免許状にかかわる基礎となる免許状について必要最低在職年数を満たしていること、④条件付採用期間中の者や臨時的任用者、初任者研修中の者等でないことのいずれにも該当する者は、任命権者の許可を受けて、3年を超えない範囲内で国内外の大学院に在学して、その課程を履修するために休業することを可能とする制度である（ただし、休業中は給与は支給されない）。この制度の活用により、教員としての身分を保有したままで大学院において専門的な研究に取り組み、より高度な実践力を修得することが期待される。

（6）指導改善研修

　学校現場での児童生徒による問題行動が深刻化する一方で、児童生徒の指導や学級経営がうまくできない「指導が不適切」な教員、いわゆる「指導力不足教員」が問題になっている。指導が不適切な教員に対する人事管理システムの一環として、全国的に教育水準の確保を図る観点から、公立の小学校等の教諭等の任命権者である教育委員会は、児童等に対する指導が不適切であると認定した教諭等に対して、その能力・適性等に応じて「指導改善研修」を実施しなければならない（教育公務員特例法第25条）。指導改善研修の期間は、1年を超えてはならない（ただし、特に必要があると認めるときは、2年を超えない範囲で延長することができる）。

　ここでいう「指導力不足教員」とは、いくつかの法令等において表6-4のように定義されている。指導改善研修の実施に当たっては、指導改善研修を受ける者の能力、適性等に応じて個別に計画書が作成される。特に、指導が不適切な状態を改善するためには、指導改善研修のなかで本人に自らが指導が不適切な状態にあることを気づかせることが重要であることから、個別面接を実施するなど、「気づき」の機会が必要である。また、「指導が不適切」とされる教員に見られる特徴の1つとして、人間関係を構築することが不得手であることが指摘されている。このような特徴がみられる場合には、指導改善研修のなかで人間関係を築くことに資するような研修内容を組み込むことが必要である。

　しかしながら重要なことは、教員が「指導が不適切」な状態に陥らないように、校長らが日常的に教員の指導状況を把握し、指導に課題がある教員がいた場合には早期に適切な指導・助言を行う等、各学校においてきめ細かな支援体制を整えることである。そうした支援体制を整備する観点から、2008年（平成20年）からは「指導教諭」が新たな職として設置できるようになった。指導教諭は、自ら授業を受け持つとともに、他の教員に対して教育指導に関する指導、助言を行う職であり、他の教員の授業を観察したり、自らの授業を公開するなどして他の教員の資質能力の向上に向けた働きかけを行う。指導に課題がある教員への指導、助言に当たっては、こうした指導教諭の役割を十分に生かすことも重要である。

表6-4 「指導力不足教員」のとらえ方

◆地方教育行政の組織及び運営に関する法律第47条の2第1項
　都道府県委員会は、地方公務員法第27条第2項及び第28条第1項の規定にかかわらず、その任命に係る市町村の県費負担教職員（教諭、養護教諭、栄養教諭、助教諭及び養護助教諭で次の各号のいずれにも該当するもの）を免職し、引き続いて当該都道府県の常時勤務を要する職（指導主事並びに校長、園長及び教員の職を除く。）に採用することができる。
　一　児童又は生徒に対する指導が不適切であること。
　二　研修等必要な措置が講じられたとしてもなお児童又は生徒に対する指導を適切に行うことができないと認められること。

◆文部科学省「指導が不適切な教員に対する人事管理システムのガイドライン」（2022年一部改定）
　ここでいう「指導が不適切である」教諭等とは、知識、技術、指導方法その他教員として求められる資質能力に課題があるため、日常的に児童等への指導を行わせることが適当ではない教諭等のうち、研修によって指導の改善が見込まれる者であって、直ちに後述する分限処分等の対象とはならない者をいう。

◆文部科学省「教育職員免許法及び教育公務員特例法の一部を改正する法律について（通知）」（19文科初第541号　2007年）
　「指導が不適切である」ことに該当する場合には、様々なものがあり得るが、具体的な例としては、下記のような場合が考えられること。
　各教育委員会においては、これらを参考にしつつ、教育委員会規則で定める手続に従い、個々のケースに則して適切に判断すること。
①教科に関する専門的知識、技術等が不足しているため、学習指導を適切に行うことができない場合（教える内容に誤りが多かったり、児童等の質問に正確に答え得ることができない等）
②指導方法が不適切であるため、学習指導を適切に行うことができない場合（ほとんど授業内容を板書するだけで、児童等の質問を受け付けない等）
③児童等の心を理解する能力や意欲に欠け、学級経営や生徒指導を適切に行うことができない場合（児童等の意見を全く聞かず、対話もしないなど、児童等とのコミュニケーションをとろうとしない等）

出典：地方教育行政の組織及び運営に関する法律（令和2年3月31日法律第11号）、文部科学省「指導が不適切な教員に対する人事管理システムのガイドライン」（令和4年8月31日一部改定）より筆者作成

（7）校内研修

　学校を場として行われる教員の研修を「校内研修」と呼ぶ。校内研修は、「子どもの期待されるべき成長・発達を促進するために、学校として組織的・継続的に取り組み、教師一人ひとりの職能成長と、集団としての成長を伸長し、かつ、教師集団の協働態勢を促し、さらには学校の経営、組織革新へと結びつく研修活動」（岸本・久高 1986）と定義される。この定義からもわかるように、教員一人一人の職能成長を期するだけでなく、教師集団としての成長と協働態勢の促進・強化が期待されるところに校内研修の特徴があ

る。

　OECDによる2018年国際教員指導環境調査（TALIS2018）では、日本には学校で教員が学び合う校内研修、授業研究等の伝統的な実践の背景があり、教員が組織内指導者（メンター）による支援を受けている割合が高く、校長やその他の教員（特に学校運営チームメンバー以外の校内の同僚）からフィードバックを受けている割合も高いとの調査結果が出され、日本では校内研修等を通じて教員が日頃からともに学び合うことが教員の指導実践の改善や意欲の向上等につながっていることが指摘された。

　校内研修については、たとえば2006年の中央教育審議会答申「今後の教員養成・免許制度の在り方について」において、「各学校においては、魅力ある職場づくりを進めるため、教員同士が学び合い、高め合っていくという同僚性や学校文化を形成することが必要である。このため、個々の教員の能力向上だけでなく、学校におけるチームワークを重視し、全体的なレベルアップを図るという観点から、校内研修の充実に努める必要がある」と指摘されており、組織力の向上に向けた充実の重要性が指摘されている。

　また、横浜市では校内OJTシステムの1つとして、多くの学校において授業力・学校経営力・コミュニケーション力の向上を意図して「メンターチーム」による人材育成が行われている。学校によりメンターチームの構成や活動内容、活動方法等は異なるが、経験の浅い教職員同士でメンターチームを作り、自分たちが学びたいことや知りたいことを気軽に聞き合ったり教え合ったりしながら、互いに悩みや課題を解決し成長を図っているケースや、ミドル教員がメンターチームの核となりボトムアップの人材育成を牽引しているケースなど、多様な取組が行われている。

第3節　『令和の日本型学校教育』を担う教師の学びの在り方

『令和の日本型学校教育』を担うこれからの教師に求められるもの

　2021年1月の中央教育審議会答申「『令和の日本型学校教育』の構築を目

指して～全ての子供たちの可能性を引き出す、個別最適な学びと、協働的な学びの実現～」において、「令和の日本型学校教育」の在り方が「全ての子供たちの可能性を引き出す、個別最適な学びと、協働的な学びの実現」と定義された。「令和の日本型学校教育」の実現は、時代の変化に応じた高い資質能力を身に付けた教師の安定的な確保と、教師のライフサイクルの変化も踏まえた、一人一人が生き生きと活躍できる環境の整備にかかっている。ICT環境の効果的活用と少人数によるきめ細かな指導体制の整備を両輪としながら、個別最適な学びと協働的な学びによる「令和の日本型学校教育」を実現するために、教師はどのように力量を形成していくことが求められるのか。

　2022年12月の中央教育審議会答申「『令和の日本型学校教育』を担う教師の養成・採用・研修等の在り方について～『新たな教師の学びの姿』の実現と、多様な専門性を有する質の高い教職員集団の形成～」では、①子供たちの学び（授業観・学習観）とともに教師自身の学び（研修観）を転換し、「新たな教師の学びの姿」（個別最適な学び、協働的な学びの充実を通じた、「主体的・対話的で深い学び」）を実現すること、②教師一人一人の専門性の向上と、多様な専門性・背景を有する人材の取り込みにより、教職員集団の多様性を確保し、学校組織のレジリエンス（復元力、立ち直る力）を向上させること、③教職志望者の多様化や教師のライフサイクルの変化を踏まえた育成と安定的な確保等を、今後必要な改革の方向性として示している。

「新たな教師の学びの姿」の実現に向けた仕組みの構築

　2016年の教育公務員特例法の改正により、公立の小学校等の校長及び教員の任命権者が、文部科学大臣が定める公立の小学校等の校長及び教員の資質の向上に関する基本的な事項に関する指針を参酌しつつ、その地域の実情に応じ、校長及び教員の職責や経験、適性に応じて向上を図るべき資質に関する指標を策定し、それを踏まえて教員研修計画を策定するという体系的な仕組みが整備された。

　これを基盤として、2022年6月に成立した「教育公務員特例法及び教育職員免許法の一部を改正する法律」により、2009年4月に導入された教員

免許更新制は、新たな研修制度の実施へと発展的に解消された。具体的には、校長及び教員の資質の向上のための施策をより合理的かつ効果的に実施するために、公立の小学校等の校長及び教員の任命権者等が「研修等に関する記録」の作成と、「資質の向上に関する指導及び助言等に関する規定」を整備することを通して、教師の主体的な学びを引き出す新たな仕組みが導入された。

　また、教師に共通的に求められる資質能力が、①教職に必要な素養、②学習指導、③生徒指導、④特別な配慮や支援を必要とする子供への対応、⑤ICTや情報・教育データの利活用の5つの柱で再整理され、これらの力量を高めていくことが求められた。

研修履歴を活用した対話に基づく受講奨励と「新たな教師の学び」

　新たな研修制度では、教師と学校管理職とが対話を繰り返し、学校管理職による効果的な指導助言を受けながら（「対話に基づく受講奨励」）、教師が自らの研修ニーズと、自分の強みや弱み、今後伸ばすべき力や学校で果たすべき役割などを踏まえて必要な学びを主体的に行っていく（図6-2）。その際に活用されるのが、「研修履歴の記録」である。各教師が自身の学びの成果を振り返ったり、自らの成長実感を得たりすることが一層可能になると考えられる。また、これまで受けてきた研修履歴が可視化されることにより、無意

図6-2　新たな教師の学び

出典：「横浜市人材育成指標活用リーフレット」より

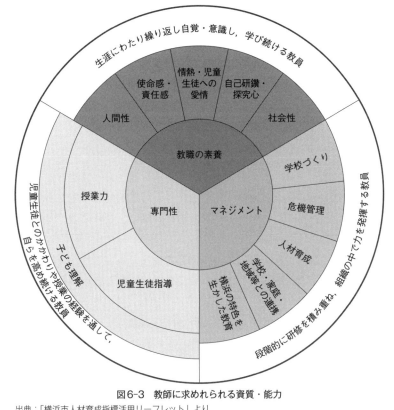

図6-3　教師に求めれられる資質・能力
出典：「横浜市人材育成指標活用リーフレット」より

　識のうちに蓄積されてきた自らの学びを客観視した上で、さらに伸ばしていきたい分野・領域や新たに能力開発をしたい分野・領域を見出すことができる。それにより、主体的・自律的な目標設定やこれに基づくキャリア形成につながることが期待される（図6-3）。さらには、個々の教師の強みや専門性を把握した上で校務分掌を決定するなど効果的な学校運営を行うことも可能になると考えられる。

　変化の激しい時代にあって、「新たな教師の学びの姿」が、教師自身が探究心を持ちつつ自律的に学ぶこと、主体的に学びをマネジメントしていくことが前提であることを踏まえ、対話に基づく受講奨励は教師の意欲・主体性

と調和したものとなるよう、当該教師の意向を十分にくみ取って行うことが
望まれる。

第4節　教員評価システム

教員評価と人材育成

　教員が意欲を持って業務を遂行し、自らの役割を果たすことができるよう
にするためには、一人一人の教員の能力や業績を適正に評価するとともに、
これを適切に人事や処遇に反映することはきわめて重要なことである。評価
と人材育成を連動させ、その専門性を適切に評価し、これに基づく体系的な
人材育成を行うようにすることが大切である。

　従来、教員の勤務成績の評定は、地方公務員法で規定された「勤務評定」
として行われてきた。勤務評定とは、職員の勤務成績と職務執行に関連して
見られた職員の性格、能力、適性を公平に評価し、それを人事管理（昇任・
転任等の任用、勤務成績の優秀な者の表彰、降任・免職等）に活用するしくみの
ことである。しかし、2014年（平成26年）5月の「地方公務員法及び地方独
立行政法人法の一部を改正する法律」により、勤務評定に代わり「人事評価
制度」が導入されることとなった（改正地方公務員法第6条）。

　人事評価とは、「任用、給与、分限その他の人事管理の基礎とするために、
職員がその職務を遂行するに当たり発揮した能力及び挙げた業績を把握した
うえで行われる勤務成績の評価」をいう。これまでの勤務評定については、
「評価項目が明示されない」、「上司からの一方的な評価で結果を知らされな
い」、「人事管理に十分活用されない」等の問題点が指摘されてきたが、新た
な人事評価制度では能力・業績の両面から評価し、かつ評価基準の明示や自
己申告、面談、評価結果の開示等の仕組みにより客観性等を確保し、人材育
成にも活用することが意図されている。

教員の人事評価

　人事評価制度は、「能力評価」と「業績評価」を大きな柱としている。従

表6-5　新しい教員評価システム

> **4．新しい時代に新しい学校づくりを**
> ◎教師の意欲や努力が報われ評価される体制をつくる
>   学校教育で最も重要なのは一人ひとりの教師である。個々の教師の意欲や努力を認め、良い点を伸ばし、効果が上がるように、教師の評価をその待遇などに反映させる。
>
> 提言
>   （1）努力を積み重ね、顕著な効果を上げている教師には、「特別手当」などの金銭的処遇、準管理職扱いなどの人事上の措置、表彰などによって、努力に報いる。
>   （2）すべての教師が、退職するまで児童・生徒に直接接し、教える仕事に就くことが望ましいとは限らない。学校内でも適性によって異なる役割を負い、また、必要に応じて学校教育以外の職種を選択できるようにする。
>   （3）専門知識を獲得する研修や企業などでの長期社会体験研修の機会を充実させる。
>   （4）効果的な授業や学級運営ができないという評価が繰り返しあっても改善されないと判断された教師については、他職種への配置換えを命ずることを可能にする途を拡げ、最終的には免職などの措置を講じる。
>   （5）非常勤、任期付教員、社会人教員など雇用形態を多様化する。教師の採用方法については、入口を多様にし、採用後の勤務状況などの評価を重視する。免許更新制の可能性を検討する。

出典：教育改革国民会議報告「教育改革国民会議報告―教育を変える17の提案」2000年

来型の勤務評定が、人事管理上の基礎資料として活用することに主眼を置いていたのに対し、人事評価制度では個々の教員の日頃の職務遂行状況を的確に把握し、客観的事実及びその実績に基づいた評価を行い、その結果を人材育成や能力開発等に生かすことにより、教員の資質能力の向上と学校の活性化を図ることを重視している。評価結果を職員の能力開発、指導育成、人事配置等に活用することに主眼を置いているところに特徴がある。評定項目においても、教員の「意欲・行動特性」、「能力」、「実績」の評定要素を評価し、能力、実績主義の評価にするとともに、職務に取り組む意欲や結果に至るプロセスも重視した評価を行う。

　この制度が各自治体で導入される契機となったのは、2000年（平成12年）の教育改革国民会議報告における「教師の意欲や努力が報われ評価される体制をつくる」という指摘である。そこでの指摘の具体的な内容は、表6-5である。

　この提案を受け、2002年（平成14年）の中央教育審議会答申「今後の教員免許制度の在り方について」において、「信頼される学校づくりのために」の具体的方策の1つとして「新しい教員評価システムの導入」が挙げられた。

そこでは、「教員がその資質能力を向上させながら、それを最大限に発揮するためには、教員一人一人の能力や実績等が適正に評価され、それが配置や処遇、研修等に適切に結び付けられることが必要である。」としたうえで、「各都道府県教育委員会等において教員の勤務評価について、公務員制度改革の動向を踏まえつつ、新しい評価システムの導入に向け、早急に検討を開始すること」が提言された。以降、各自治体において新しい教員評価システムの構築に向けた研究開発が行われ、結果として教員の意欲や努力が反映される新たな評価システムが各地で導入されるようになった。このように、現在の教員評価は従来型の勤務評定から、「意欲・行動特性」、「能力」、「実績」の評定要素を評価し、職務に取り組む意欲や結果に至るプロセスも重視した評価へと移行してきている。言い換えれば、教員の職能発達に資する教員評価への移行といえよう。

　一例として、東京都では全国に先駆けて2000年（平成12年）4月に従来型の勤務評定を廃止し、「教育職員人事考課制度」を導入した。教員の資質能力の向上及び学校組織の活性化を図ることをねらいとして導入された「能力開発型の人事考課制度」である。ここでいう業績とは、職務遂行上の能力、情意及び職務の実績を意味するが、本制度では評価結果が当該教員の給与、昇任その他の人事管理に反映させることが明記されている。

　この制度は、「自己申告制度」と「業績評価」の2つの柱からなる。「自己申告制度」とは、教員が校長・教頭との面接を通じて自己目標を設定し、目標に対する成果等の自己評価を行うものである。学校経営方針を踏まえて教員自らが職務上の目標を設定し、その目標をどこまで達成できたかを自己評価するのである。自ら目標設定することでより主体的に職務に取り組むとともに、自己評価を行い自己の能力や改善すべき点等を把握することにより、職務遂行能力の開発・向上を目指すことを目的とする。

　また「業績評価」では、教員の職務遂行の成果やその過程における努力等が評価される。自己申告を取り入れていることで、教員が一方的に評価されるのではなく、評価が双方向的な仕組みのなかで行われる。具体的には、教員は4月に学校の課題や業務上の目標を記入した「自己申告書」を提出する。この自己申告書をもとに、校長・教頭は教員と面談して指導・助言を行う。

自己申告は年度途中と年度末（最終申告）にも行われ（年間3回）、校長・教頭は別途授業観察を行った上で、教員の自己申告に基づき業績評価を行う。

　この制度では、校長・教頭が教員に対して適切な指導や助言を行い、さらに研修や自己啓発、適切な処遇等を行うことを通じて、教員の資質能力やモラルの向上、適材適所の人事配置や学校組織の活性化を図っていくことがねらいとされる。評価結果を、教員の自己啓発や職務改善など教員の能力開発に活用することを意図し、あわせて適正な人事配置や昇給等に反映させるところに特徴がある。

第5節　　教員の研修と評価をめぐる現状と課題

　教員の資質能力の向上は、これまでも常に重要な政策課題とされてきた。2000年以降だけでも「今後の教員免許制度の在り方について」（2002年）、「今後の教員養成・免許制度の在り方について」（2006年）、「教職生活の全体を通じた教員の資質能力の総合的な向上方策について」（2012年）、「これからの学校教育を担う教員の資質能力の向上について〜学び合い、高め合う教員育成コミュニティの構築に向けて〜」（2015年）「『令和の日本型学校教育』を担う教師の養成・採用・研修等の在り方について」（2022年）等の中央教育審議会答申が出されている。

　新たな知識や技術の活用により社会の進歩や変化のスピードが速まるなか、教員の資質能力向上は我が国の最重要課題であり、世界的潮流でもある。特に近年の教員の大量退職、大量採用の影響等により、教員の経験年数の均衡が顕著に崩れ始め、かつてのように先輩教員から若手教員への知識・技能の伝承をうまく図ることのできない状況があり、継続的な研修を充実させていくための環境整備を図るなど、早急な対策が必要である。

　2015年（平成27年）の中央教育審議会（答申）「これからの学校教育を担う教員の資質能力の向上について―学び合い、高め合う教員育成コミュニティの構築に向けて（答申）」では、これからの時代の教員に求められる資質能力として、これまで教員として不易とされてきた資質能力に加え、表6-6

181

表6-6　これからの時代の教員に求められる資質能力

◆自律的に学ぶ姿勢を持ち、時代の変化や自らのキャリアステージに応じて求められる資質能力を生涯にわたって高めていくことのできる力
◆情報を適切に収集し、選択し、活用する能力や知識を有機的に結びつけ構造化する力
◆アクティブ・ラーニングの視点からの授業改善、道徳教育の充実、小学校における外国語教育の早期化・教科化、ICTの活用、発達障害を含む特別な支援を必要とする児童生徒等への対応などの新たな課題に対応できる力
◆「チーム学校」の考えの下、多様な専門性を持つ人材と効果的に連携・分担し、組織的・協働的に諸課題の解決に取り組む力

出典：中央教育審議会「これからの学校教育を担う教員の資質能力の向上について―学び合い、高め合う教員養成コミュニティの構築に向けて」2015年より筆者作成

のような資質能力の重要性を指摘している。

　変化の激しい社会において教員が求められる使命に対応していくためには、各教育委員会が実施する研修や校内研修に加えて、教員の自主性・主体性を重視した自己研修の重要性が指摘されている。派遣型等の画一的な研修スタイルからの転換を図り、教員一人一人のニーズに基づく自発的・多様型研修スタイルを奨励・支援していくことも必要である。そして、それらを可能にする労働環境の整備は不可欠である。

　さらに、教員評価のあり方をめぐっては各地でさまざまな取り組みがなされている。教員評価の実施において重要なのが、教員が意欲を持って業務を遂行し、自らの役割を果たすことができるよう、一人一人の教員の能力や業績を適正に評価するとともに、これを適切に人事や処遇に反映することである。そのためには、評価者の評価能力の育成が不可欠である。そのための仕組みづくりの強化が求められる。

学修課題

（1）「教育公務員は、その職責を遂行するために、絶えず研究と修養に努めなければならない」と法令で規定されているが、教員が「絶えず研究と修養に努めなければならない」のはなぜか。
（2）教員評価において、従来型の勤務評定から新たな教員評価システムが導入されるようになった理由はどこにあると考えるか。

〈引用・参考文献〉
・小島弘道他『教員の条件―授業と学校をつくる力』(学文社、2008年)
・勝野正章『教員評価の理念と政策―日本とイギリス』(エイデル研究所、2003年)
・苅谷剛彦・金子真理子編著『教員評価の社会学』(岩波書店、2010年)
・岸本幸次郎・久高善行編『教師の力量形成』(ぎょうせい、1986年)
・北神正行・木原俊行・佐野孝子『学校改善と校内研修の設計』(学文社、2010年)
・東京学芸大学教員養成カリキュラム開発研究センター『教員教育改革のゆくえ―現状・課題・提言』(創風社、2006年)
・東京教育委員会「東京都公立学校の校長・副校長及び教員としての資質の向上に関する指標」(2017年)
・日本教師教育学会編『日本の教師教育改革』(学事出版、2008年)
・平原春好・土屋基規・室井修『現代教育法概説(改訂版)』(学陽書房、2004年)
・堀内孜編著『公教育経営の展開』(東京書籍、2011年)
・文部科学省「初任者研修目標・内容例(小・中学校)」(2007年)
・八尾坂修編著『教員人事評価と職能開発―日本と諸外国の研究』(風間書房、2005年)

第7章　教員と学校経営

　本章では、学校経営という前章までとは少し違う側面から
教員の職務内容をとらえている。本章の内容である学校経営
を理解するためのキーワードは、「組織」である。組織とは、
一定の共通目標を達成するために、成員間の役割や機能が分
化・統合されている集団をいう。組織としての学校をいかに
経営していくかということを考えることが、本章のねらいと
なる。

　第1節「学校経営の意義」では、まず学校の定義を明確に
する。学校は他の組織とは異なる組織的特性を有しており、
ここでは学校組織の3つの特質についてまとめる。第2節
「学校における意思決定組織」では、①校務分掌、②主任制、
③新たな職、④職員会議といった意思決定組織について概説
する。第3節「学校評価を生かした学校づくり」では、学校
評価の目的と手法を取り上げる。そして第4節「学校経営の
現状と課題」では、①地域との協働、②学校の組織力という
2つの観点から学校経営の現状について論じる。

第 1 節　学校経営の意義

学校とは

　学校とは、「法律に基づく物的、人的要件を備え、教育目的達成のために組織的・継続的に教育活動を行う組織体」であり、「校長、教員その他の職員の人的要素と校地、校舎、校具等の物的要素とからなる公共施設」（吉本 1974：51）である。学校では、教育目的達成のために一定の教育計画・教育課程が用意され、継続的に教育を提供する。

　この学校は、学校教育法第 1 条において「幼稚園、小学校、中学校、義務教育学校、高等学校、中等教育学校、特別支援学校、大学及び高等専門学校」と定義されている。また、教育基本法第 6 条においてこれらの学校を設置することができるのは、「国、地方公共団体及び法律に定める法人」とされている。

　学校においては、教育目標が達成されるよう、教育を受ける者の心身の発達に応じて、体系的な教育が組織的に行われなければならない。つまり、共通の目的に向かって個々がそれぞれの力を発揮しつつも、全体としてまとまりをもって機能することによって、全体が一定の秩序をもって教育を展開させていくことが必要なのである。

学校経営とは

　経営とは、事業目的を達成するために、継続的・計画的に意思決定を行って実行に移し、事業を管理・遂行するという意味を持つ。学校経営とは、この経営活動を行う組織体が学校ということであり、責任ある経営主体としての学校が 1 つの学校組織体（協力体系）の維持と発展をはかり、学校教育本来の目的を効果的に達成させる統括作用であると定義される。言い換えれば、組織成員である教職員の協働的な活動を通じて、共通目標を効果的に達成させる働きであると解することができる。

　学校経営は、校長を中心に教職員が教育目的の実現を目指して、学校の力を最大限に発揮できるような体制をとって行う組織的な営みである。そのた

・結果の公表
・評価結果をふまえて「次の一手」を考える

Action
更新

Plan
計画

・学校教育目標とそれを達成するための具体的な行動計画

Check
評価

Do
実行

・具体的な評価基準にしたがって教育活動の状況を確認

・行動計画の実行

図7-1　学校経営サイクル

出典：筆者作成

めに、学校は教育の専門機関として多角的な視点から学校教育目標を設定し、その実現のために人的（Man）、物的（Material）、財的（Money）、経営様式（Management）の4M条件を、学校で展開される諸活動に効果的に配分し、組織としての目標達成に努める。この学校経営のプロセスを単純に表してみると、計画（Plan）―実行（Do）―評価（Check）―更新（改善）（Action）のマネジメント・サイクル（PDCAサイクル）としてとらえることができる（図7-1）。

組織としての学校

（1）組織とは

　学校は組織である。組織とは、一定の共通目標を達成するために、成員間の役割や機能が分化・統合されている集団をいう。バーナード（Barnard, C.）は、組織を成立させる要素として、次の3つを挙げている。すなわち、①共通目標の達成を目指していること（共通目標）、②それらの人々が組織の共通目標の達成を目指して貢献しようとする意欲を持っていること（貢献意欲・協働意欲）、そして③相互に意思を伝達できる人がいること（コミュニケーション）である。組織が成立することにより、個々人の力の総和を超えた力、すなわち組織力が生み出される。どのような組織力を生み出していけるかは、学校経営の在り方によるところが大きい。

（2）学校組織の特質

　学校という組織においては、教職員と児童生徒が教育目標の達成に向けて

一定の役割関係を形成し、活動している。学校は組織であるが、企業など他の組織とは異なる特質を有している。

　第1に、学校組織はタテの地位（校長、副校長、教頭、主任、教員等）にもとづいた環境的側面と、専門的能力を有した教員からなる専門職的側面を兼ね備えた組織である。第2に、本来的に道徳的な関係から成り立つ規範的組織であり、強制や報酬のように外発的な力ではなく、こうあるべきという内面的な基準にもとづいて組織化される。第3に、組織として生み出す成果を客観的に測定・評価することが難しい。確かに、標準化された学力テストの結果や問題行動の減少、上級学校等への進学率など数値的に把握できる面もあるが、それでも教育活動の質的側面を客観的に評価することは難しい。特に、子供の成長発達は学校内での学習を通してのみ形成されるものではなく、かつ短期的なスパンで結果が現れるとは限らない。

第2節　学校における意思決定組織

学校に置かれる教職員

　体系的な教育を組織的・継続的に展開していくために、学校には校長及び相当数の教員が置かれる（学校教育法第7条）。必置の職員としては、小学校には校長、教頭、教諭、養護教諭及び事務職員を置かなければならない。このほか、副校長、主幹教諭、指導教諭、栄養教諭その他必要な職員を置くことができる。ただし、副校長を置くときその他特別の事情のあるときは教頭を、養護をつかさどる主幹教諭を置くときは養護教諭を、特別の事情のあるときは事務職員を、それぞれ置かないことができる（同法37条）。

校務分掌組織

　学校は、学校教育目標を達成するためにさまざまな仕事を展開している。そうした仕事を校務と呼ぶ。校務を教員の活動領域に基づいて分類すると、①教育・指導活動、②経営的活動、③研修活動に大別することができる。①の教育・指導活動は、当然のことながら学校の最大の任務である。この任務

を支え、かつより効果的に展開させるために②経営的活動（職員会議、運営委員会、学年会など）が発生する。そして、学校において校務を行っていく教員の職務遂行能力の向上を図るのが③研修活動である。これらの校務を教員が分担して処理していくための仕組みを「校務分掌」という。

学校教育法施行規則第43条では、「小学校においては、調和のとれた学校運営が行われるためにふさわしい校務分掌の仕組みを整えるものとする」と規定している。ここでいう「校務分掌の仕組みを整える」とは、「学校において全教職員の校務を分担する組織を有機的に編制し、その組織が有効に作用するよう整備すること」である（昭51.1.13文地136号文部事務次官通達）。校務分掌組織を定め、教員にその分掌を命ずる権限は、本来学校の管理機関である教育委員会にある。しかし、実際には教育委員会の定める学校管理規則により、（特殊なものを除いて）校長に委任され、校長が命じた分掌を報告

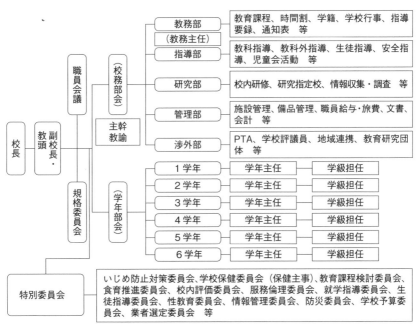

図7-2　校務分掌組織図（例）

出典：中央教育審議会「学校における働き方改革特別部会〈第6回〉配布資料」2018年より筆者作成

あるいは届け出させる場合が多い。

　効果的かつ効率的な学校経営を行うためには、各学校において、①教員一人ひとりの専門性を生かし、その能力を最大限発揮させる、②明確な教育方針の下に、組織的・一体的な教育活動を展開する、③今日の学校が抱えるさまざまな課題に対して柔軟に対応する、④学校の裁量権限の拡大に対応して、学校の管理運営の一層の適正を確保するなどの観点から、学級担任や教科担任をはじめとしてさまざまな校務を分担する組織体制を整備する必要がある。各学校では、学校教育目標の達成に向けて必要とされる校務を全教員が分担し、これを遂行するために、人員を適材適所に配置した校務分掌組織がつくられる（図7-2）。校務分掌組織は、学校教育目標を達成するために組織されるものであり、各学校の取組目標や子供・地域等の実態に応じて組織される。そして、その際の人員配置にあたっては、教員の専門性及び人間関係に着目するとともに、校務を通じた職能成長に十分配慮することが重要である。

主任制

　この校務分掌組織を円滑に機能させるための指導的役割を果たすものとして、学校では主任制がとられている。主任は、いわゆる中間管理職ではなく、それぞれの職務にかかわる事項について教員間の連絡調整及び指導、助言という、いわゆる教育指導職として位置づけられている（学校教育法施行規則第44条）。具体的には、校種によって異なるが、教務主任や生活指導主任、研究主任、進路指導主任、保健主任、学年主任などの主任が置かれている。たとえば教務主任は、各学年間を調整しながら、時間割作成や年間授業計画の作成等教育計画にかかわることや、児童生徒の指導要録や出席統計等、学

表7-1　学校におかれるおもな主任とその職務内容

教務主任	校長の監督を受け、教育計画の立案その他の教務に関する事項について連絡調整及び指導、助言に当たる。
学年主任	校長の監督を受け、当該学年の教育活動に関する事項について連絡調整及び指導、助言に当たる。
保健主事	校長の監督を受け、小学校における保健に関する事項の管理に当たる。

出典：学校教育法施行規則（昭和22年5月23日文部省令第11号）より筆者作成

籍に関することなどの校務を行っている（表7-1）。

「新たな職」の設置

　2007年（平成19年）に教育関連 3 法案（学校教育法、地方教育行政の組織及び運営に関する法律、教育職員免許法及び教育公務員特例法）の改正が可決・成立した。このうち学校教育法の改正により、学校における組織運営体制・指導体制の確立を図るため、幼稚園・小学校・中学校等に新たに副校長等のいわゆる新しい職の設置が法制化された。学校教育法第37条では、校長、教頭、教諭、養護教諭及び事務職員のほかに、「副校長、主幹教諭、指導教諭、栄養教諭その他必要な職員を置くことができる」と規定している。

　この改正により、学校内の教員組織は大きくその形を変えることになった。つまり、校長と教頭を除くと“横並び”という従来のなべぶた型組織から、上下関係のあるピラミッド型組織への移行である。このことで、学校経営を担う管理職の立場を明確にし、トップマネジメントの強化を図る等、責任の所在の明確化による学校運営の効率化が企図された。

　こうした新しい職が設置された理由はどこにあるのか。何が期待されているのか。この問いに対する解は、これらを提言した2000年（平成12年）12月の「教育改革国民会議報告—教育を変える17の提案」（以下、「報告」）から読み取ることができる。

　「報告」では、まず「学校運営を改善するためには、現行体制のまま校長の権限を強くしても大きな効果は期待できない」と指摘している。では、学校運営の改善のためには何が必要なのか。そこで「報告」が指摘したのが、学校への組織マネジメントの発想の導入である。マネジメントとは、一般的に協働する人々の集団の諸活動を共通の目的に導くことと定義される。さらに木岡（2004：30）は、「組織マネジメント」を「一人では果たせない結果を生むために、環境と折り合いをつけながら組織内外の資源（人的、物的、財的、情報、ネットワーク）や能力を統合・開発し、複数の人々による活動を調整する一人ないしはそれ以上の人々の活動と過程」と定義づけている。「報告」では、この組織マネジメントを学校において展開するために、予算使途、人事、学級編成などについての校長の裁量権を拡大するだけでなく、

同時に校長を補佐するための教頭複数制を含む運営スタッフ体制という"仕組み"を導入することで、校長が独自性とリーダーシップを発揮できるようにすることを提言している。

　つまり、学校経営の改善のために求められるものは、校長のリーダーシップとそれを支える組織づくり、すなわち学校の組織力の形成・強化ということになろう。組織的な学校経営においては、校長、教頭のもとでそれぞれのグループをまとめ、調整を行う中間的な指導層の役割も大切である。そこで求められたのが、新しい職を活かした学校組織への転換なのである。

校務分掌組織の見直し

　他方、昨今の学校現場の状況から鑑みると、教育の質の向上を図っていくには何よりもまず教員が子供たちに向き合い、きちんと指導を行えるための時間を確保することが緊要である。教員が子供と向き合う時間を確保するとともに、心身ともに健康な状態で指導に当たることはきわめて重要なことであり、そのためにも職務遂行の効率化を推進するとともに負担軽減を図ることが求められる。

　2019年（平成31年）1月の中央教育審議会答申「新しい時代の教育に向けた持続可能な学校指導・運営体制の構築のための学校における働き方改革に関する総合的な方策について」では、勤務時間管理の徹底や業務の明確化・適正化等、学校における働き方改革の総合的な推進についての具体的な提言がなされ、これをふまえて出された同年3月の文部科学省事務次官通知「学校における働き方改革に関する取組の徹底について」では、①勤務時間管理の徹底と勤務時間・健康管理を意識した働き方の推進、②学校及び教員が担う業務の明確化・適正化、③学校の組織運営体制の在り方について、各教育委員会及び各学校がそれぞれの権限と責任において取り組むことが重要と考えられる方策を整理し、各教育委員会に対して必要な取組の徹底を求めた。こうした観点から、組織的で効率的な学校運営が行われるためには、校務分掌の整理合理化や会議のスリム化といったことも含めて、校内組織の見直しを行う必要がある。

　校務分掌の見直しにあたっては、校務分掌の明確化・機能化という観点が

求められる。機能化とは、全体を構成する個々の部分がそれぞれの固有の役割を果たし、必要な働きを成し得ている状態をさす。したがって、機能化を図るためには、個々の役割と責任の明確化がその前提となる。つまり、教員一人一人が学校分掌組織において担っている役割と、それに付随する責任を明確化することが重要である。そうすることで、初めて必要な働きを成し得ることができる。さらに、それぞれが組織における立ち位置を確認し、自己の存在意義を認識することで、職務に対するモチベーションが上がることにもつながる。

　組織が個人に求めるものは、第1に組織目標を達成するために必要な技術・技能であり、第2に組織の方向性を理解し、組織目標を協働して達成しようとする意識である。そして、個人のこれらをもとにして、組織を形成するメンバー間の相互作用・相互学習から、組織全体として個人の総和を上回る成果を引き出すことが目指される。そのためには、校務分掌においても個々の教員の長短得失を最適に組み合わせた組織の組み立てや、それぞれの強みや良さを最大限に引き出せる組織運営を通じて、専門職集団としての組織力を高めていかなければならない。

職員会議

　学校の意思形成過程において情報や意見を伝え合い、共通理解を図っていくための1つの手段として、各学校には職員会議が置かれている。従来、職員会議は法令上規定がなかったが、2000年（平成12年）の学校教育法施行規則の改正により、職員会議は校長の職務の円滑な執行に資するためにおく「補助機関」であることが明記され、職員会議は「校長が主宰する」とされた（学校教育法施行規則第48条）。従来、職員会議の性格をめぐっては、議決機関（最高意思決定機関）とする説や、校長の諮問機関あるいは補助機関とする説などが混在していたが、この規定により校長の校務執行を助けるための補助機関という性格づけが制度上、明確になった。

　職員会議の位置づけをめぐっては賛否両論分かれるところであるが、重要なのは、①学校運営についての明確なビジョンを確立したうえで、②児童・生徒の状況等について学年・学級・教科を超えた情報交換を行うなど教職員

間の意思疎通を図りながら、③さまざまな教育課題への対応方策についての共通理解を深め、④校長・教員が一致協力して学校の教育活動を展開することである。

第3節　学校評価を生かした学校づくり

学校評価に関する法規定

　2002年（平成14年）3月に制定された「小・中学校設置基準」により、学校評価の実施が明記された。そして、2005（平成17年）年6月に閣議決定された「経済財政運営と構造改革に関する基本方針2005」において、学校の外部評価の実施と結果の公表のためのガイドラインを2005年（平成17年）度中に策定することが盛りこまれた。さらに同年10月の中央教育審議会答申「新しい時代の義務教育を創造する」では、第三者評価をも含めた外部評価の在り方の検討の必要性が指摘された。

　こうした流れを背景にして、2006年（平成18年）3月に策定された文部科学省「義務教育諸学校における学校評価ガイドライン」（以下、「学校評価ガイドライン」）により、学校評価の目安となる事項が示され、以降、2007年（平成19年）6月の学校教育法改正による学校評価の根拠規定の新設（第42〜43条）、同年10月の学校教育法施行規則による①自己評価の実施・公表、②保護者など学校関係者による評価の実施・公表、③自己評価結果・学校関係者評価結果の設置者への報告に関する規定の新設（第66〜68条）というように、学校評価の実施に関する法整備が図られた（表7-2）。

　これら学校評価に関する諸規定を概観すると、そのポイントは以下の3点である。

　　①学校は、教育活動その他の学校運営の状況について評価を行い、その結果に基づき学校運営の改善を図るために必要な措置を講ずることにより、教育水準の向上に努める（学校評価の義務化）。
　　②学校は、保護者及び地域住民その他の関係者の理解を深めるとともに、

表7-2　学校評価に関する法規定

学校教育法第42条	・小学校は、文部科学大臣の定めるところにより当該小学校の教育活動その他の学校運営の状況について評価を行い、その結果に基づき学校運営の改善を図るため必要な措置を講ずることにより、その教育水準の向上に努めなければならない。
学校教育法第43条	・小学校は、当該小学校に関する保護者及び地域住民その他の関係者の理解を深めるとともに、これらの者との連携及び協力の推進に資するため、当該小学校の教育活動その他の学校運営の状況に関する情報を積極的に提供するものとする。
学校教育法施行規則第66条	・小学校は、当該小学校の教育活動その他の学校運営の状況について、自ら評価を行い、その結果を公表するものとする。 ・前項の評価を行うに当たっては、小学校は、その実情に応じ、適切な項目を設定して行うものとする。
学校教育法施行規則第67条	・小学校は、前条第1項の規定による評価の結果を踏まえた当該小学校の児童の保護者その他の当該小学校の関係者（当該小学校の職員を除く。）による評価を行い、その結果を公表するよう努めるものとする。
学校教育法施行規則第68条	・小学校は、第66条第1項の規定による評価の結果及び前条の規定により評価を行つた場合はその結果を、当該小学校の設置者に報告するものとする。

出典：学校教育法（令和元年6月26日法律第44号）及び学校教育法施行規則（昭和22年5月23日文部省令第11号）より筆者作成

　これらの者との連携協力を推進するため、学校の教育活動その他の学校運営の状況に関する情報を積極的に提供する（情報提供の積極的推進）。
　③学校は、学校による自己評価の結果を踏まえた当該学校の保護者その他の関係者（当該小学校の職員を除く。）による評価を行い、その結果を公表するよう努める（学校関係者評価の努力義務化）。

学校評価のねらい

　2016年（平成28年）度改訂版の「学校評価ガイドライン」では、学校評価の目的として以下の3点を挙げている。

　①各学校が、自らの教育活動その他の学校運営について、目指すべき目標を設定し、その達成状況や達成に向けた取組の適切さ等について評価することにより、学校として組織的・継続的な改善を図ること。
　②各学校が、自己評価及び保護者など学校関係者等による評価の実施とその結果の公表・説明により、適切に説明責任を果たすとともに、保

護者、地域住民等から理解と参画を得て、学校・家庭・地域の連携協力による学校づくりを進めること。

③各学校の設置者等が、学校評価の結果に応じて、学校に対する支援や条件整備等の改善措置を講じることにより、一定水準の教育の質を保証し、その向上を図ること。

　学校評価は、評価結果を導き出しそれを保護者や地域に公表することが目的ではない。評価結果を学校改善に結び付ける、継続的な「評価→学校改善」のサイクルを定着させることが重要なのである。

表7-3　学校評価の目的と手法

自己評価
◆目的：学校評価の最も基本かつ重要なものであって、学校の教職員が設定した目標等について、自らその達成状況や達成に向けた取組状況等を評価することにより、学校の現状と課題について把握し、今後の学校運営の改善に活用することを目的として行うもの。
◆手法：校長のリーダーシップの下で、当該学校の全教職員が参加し、予め設定した目標や明確な目標、具体的計画等に照らして、その達成状況の把握や取組の適切さ等について評価を行うことを基本とする。

学校関係者評価
◆目的：当該学校の教職員以外の者で当該学校と密接な関係のあるもの（保護者、地域住民、学校評議員、接続する学校の教職員等）が、自己評価結果を評価すること等を通じて、学校と保護者等が学校の現状と課題について共通理解を深めて連携を促し、学校運営の改善に協力してあたることを促すことを目的として行うもの。
◆手法：保護者（PTA役員等）、学校評議員、地域住民、接続する学校の教職員その他の学校関係者などの評価者により構成された委員会等が、当該学校の教育活動の観察や意見交換等を通じて、具体的かつ明確な目標等に関する自己評価結果を踏まえて評価を行うことを基本とする。

第三者評価
◆目的：学校とその設置者が実施者となり、学校運営に関する外部の専門家を中心とした評価者により、自己評価や学校関係者評価の実施状況も踏まえつつ、教育活動その他の学校運営の状況について、専門的視点から評価を行うもの。
◆手法：当該学校に直接かかわりをもたない専門家等が、自己評価及び学校関係者評価結果等を資料として活用しつつ、教育活動その他の学校運営全般について、専門的・客観的立場から評価を行うことを基本とする。
◆実施者の責任の下で、第三者評価が必要であると判断した場合に行うものであり、法令上、実施義務や実施の努力義務を課すものではない。

出典：筆者作成

学校評価の手法

学校評価は、学校の教員による「自己評価」、保護者や地域住民等の学校関係者により構成された評価委員会等が自己評価結果について評価することを基本として行われる「学校関係者評価」、そして学校とその設置者が実施者となり、学校運営に関する外部の専門家を中心とした評価者により、自己評価や学校関係者評価の実施状況も踏まえつつ、教育活動その他の学校運営の状況について専門的視点から行う「第三者評価」に分けて実施される（表7-3）。

学校経営サイクルと学校評価

学校評価の制度化が急速に進められた一方で、実際の学校現場では評価行為そのものに対する疑念や戸惑い、欠点探しという評価に対するイメージが未だ払拭されているとは言い難い。学校にしても、学校評価システムの整備を進める教育委員会にしても、義務感や焦燥感を少なからず抱きながらも、何とか学校自己評価を学校経営サイクルのなかに定着させ、学校変革の原動力にしようと日々邁進している。

学校評価を実施するにあたって重要なことは、以下の通りである。

第1に、学校経営におけるPDCA（Plan-Do-Check-Action）サイクルのなかで、評価結果を学校改善に結び付ける継続的な「評価→学校改善」を定着させることである。

第2に、学校自己評価を定着させていくためには、まずは学校自己評価に対する懸念を払拭する、言い換えれば学校自己評価の目的を正しく認識する必要がある。評価結果を論じることが学校自己評価の目的ではない。PDCAサイクルの「A（改善）」の段階を意識して、評価結果を次年度の教育活動の立案段階に反映させていくことが大切である。

第3に、最初から完成度を求めないことである。「やってみる」、「見直す」、「続ける」ことによって、よりよい（より適した）学校自己評価のあり方を模索していくことが大切である。

第4に、改善に向けての支援という視点を加え、「学校経営→評価→学校に対する支援→学校改善」というサイクルを確立させることが、これからの

学校評価システムの構築には求められよう。

第4節　学校経営の現状と課題

コミュニティ・スクール（学校運営協議会制度）

　近年の急激な社会の変化に伴い、学校と地域を取り巻く課題はますます複雑化、多様化している。学校が担う役割は拡大しており、結果として教員の業務量の増加という課題も生み出している。一方、地域においても、家族形態の変化、価値観やライフスタイルの多様化等により地域社会における支え合いやつながりが希薄化し、地域社会の停滞や教育力の低下などが指摘されている。こうした状況において、学校と地域とが相互の連携・協働のもとに学校づくりと地域づくりを進め、一体となって子供たちの成長を支えていくことが必要となっている。

　コミュニティ・スクール（図7-3）は、保護者や地域住民等が一定の権限を持って学校経営に参画することを可能とする仕組みであり、2004年（平成16年）6月に制度化された。コミュニティ・スクールに指定された学校には学校運営協議会が設置され、委員となる保護者や地域住民が一定の権限と責任をもって学校経営の基本方針を承認したり、教育活動について意見を述べたりする。コミュニティ・スクールは、学校運営に地域の声を積極的に生かし、地域と一体となって特色ある学校づくりを進めていくために、学校と地域住民等が力を合わせて学校運営に取り組むことが可能となる、地域とともにある学校への転換を図るための有効な仕組みである。コミュニティ・スクールにおいては、保護者や地域住民のさまざまな意見や要望を学校経営に反映させることが可能となるが、そのねらいは家庭や地域住民の強力なサポートを得ることにより、学校改善を推し進めていくことにある。さらにそれが、地域全体の活性化につながることも期待されている。

　保護者や地域が学校経営に参画するこうしたシステムの意義はどこにあるのか。2004年（平成16年）の中央教育審議会答申「今後の学校の管理運営の在り方について」では、地域が公立学校の経営に参画する意義について、次

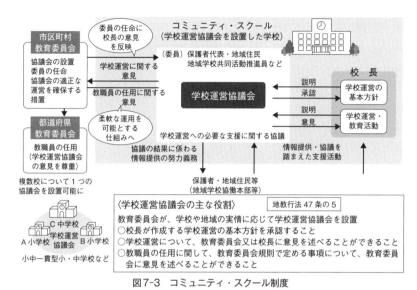

図7-3　コミュニティ・スクール制度

出典：文部科学省「コミュニティ・スクール（学校運営協議会制度）について」（https://manabi-mirai.mext.go.jp/torikumi/chiiki-gakko/cs.html、最終閲覧日2020年9月26日）より筆者作成

のように述べている。

　　都市化の進行等に伴い、多くの地域でかつての地縁に基づく地域社会が変容し、「地域の学校」という考え方が次第に失われてきた。……各学校の運営に保護者や地域住民が参画することを通じて、学校の教育方針の決定や教育活動の実践に、地域のニーズを的確かつ機動的に反映させるとともに、地域ならではの創意や工夫を生かした特色ある学校づくりが進むことが期待される。学校においては、保護者や地域住民に対する説明責任の意識が高まり、また、保護者や地域住民においては、学校教育の成果について自分たち一人一人も責任を負っているという自覚と意識が高まるなどの効果も期待される。さらには、相互のコミュニケーションの活発化を通じた学校と地域との連携・協力の促進により、学校を核とした新しい地域社会づくりが広がっていくことも期待される。

組織力の強い学校をつくる

　これまでの学校づくり論では、個々の教員の資質・能力の向上や学校管理職のリーダーシップ行動に焦点があてられてきた。しかし、そうした視点からのとらえ方だけでは、人事異動などによって流動性の高い学校は、せっかく育ってきた中核的な教職員や管理職の転出によって大きく状況が変化してしまう。だからこそ、組織力の強い学校を作っていくことが重要なのである。そのためには、校務分掌においても個々の教員の長短得失を最適に組み合わせた組織の組み立てや、それぞれの強みや良さを最大限に引き出せる組織運営を通じて、専門職集団としての組織力を高めていくことが必要となる。個々の教員の職能発達を超えて組織自体が発達し、問題に立ち向かう態勢がシステムとして確立されていかなければならない。

　また、学校経営においては、かつてのように計画された戦略が遺漏なく実行されるべくマネジメントを実践するということだけでなく、いかに教員一人ひとりの能力を向上させ、引き出していくかが重要な課題になってきている。それゆえ校内研修では、個々の教員が個別に職能発達させていった結果の総和として、学校の教育力が高まるという観点だけではなく、それぞれの勤務する学校の組織的な教育を協働で担うことを通して、その関係のなかで発揮され発達していくという観点が重要である。

　だからこそ、今、教員一人一人のマネジメント・マインドが求められている。マネジメント・マインドとは、学校組織の一員として、自分も自校の経営にかかわっているという認識を持つことである。信頼される学校づくりの必要性は認識できても、そのために必要な諸方策（学校と保護者・地域住民の双方向のコミュニケーション、公開授業の拡大、学校評価への取り組み、等）のいずれもが、個々の教員の努力だけでは成り立たず、すなわち学校という組織としての対応が不可欠であることを認識できているだろうか。さまざまな課題に直面する現在の学校現場においては、学校経営は管理職の仕事という意識では、これからの学校は成り立っていかないという危機感をすべての教職員が共有し、学校経営に積極的に参画していくことが肝要なのである。

学修課題

（1）学校における校務分掌の役割について説明しなさい。
（2）学校と地域を取り巻く課題がますます複雑化、多様化しているなかで、保護者や地域の学校経営への参画が促進されている。そのために、現在どのような制度が活用されているか。それらの制度の意義としくみについて説明しなさい。

〈引用・参考文献〉
・石村卓也『教職論』（昭和堂、2010年）
・木岡一明「学校組織マネジメントとは何か」『「学校組織マネジメント」研修』（教育開発研究所、2004年）
・西林克彦ほか『教師をめざす』（新曜社、2000年）
・浜田博文編『「学校の組織力向上」実践レポート』（教育開発研究所、2009年）
・堀内孜編『現代公教育経営学』（学術図書出版、2002年）
・吉本二郎『学校経営学』（国土社、1974年）

コラム5

「よい学校づくり」を考える

　「よい学校とはどのような学校か」と聞かれたら、あなたはどのように答えるだろうか。間違いなく言えることは、そこに唯一の正解というものはないということだ。立場によって、「よい」状態は異なるからだ。

　かつて、アメリカやイギリスを中心として「効果のある学校」研究が盛んにおこなわれた時期がある。「効果のある学校」とは、「学力格差をかなりの程度克服している学校」であり、家庭を中心とした環境的要因が子どもたちの学力形成に大きく関わるなかで、学校はどのような効果を生み出すことができるのかが研究された。「効果のある学校」は、あなたが求める「よい学校」であるだろうか。「そうだ」と答える人がいてもよいし、「いや違う」と感じる人がいてもよいはずだ。

　ある学校の教員が、「本校は、教職員が『明日行きたくなる学校』、子どもたちが『明日行きたくなる学校』、保護者が『通わせて良かったと思える学校』を目指している」と話してくれたことがある。素敵な学校ビジョンだと感じた。では、この目指す学校像はどのようにしたら実現できるだろうか。

　学校づくりは、そこに関わるすべての人が協働して行うものである。学校は、校長が自身の考えだけで作るものではなく、またスーパーマンのような教員が一人いればよい学校が作れるというものではない。大切なことは、「どのような学校にしたいのか」というビジョンを、学校に関わるすべての人で共有して、目指すビジョンに向かって協働していくこと。「誰かがやってくれる」ことを待つのではなく、自分の役割を見極めて自分も学校づくりに関わること。コミュニケーションを大切にして、対話を重ねながら前に進んでいくこと。こうしたことを積み重ねていった先に、そこに関わったすべての人が考える「よい学校」があるはずだ。

　ただし、たとえ「よい学校」が作れたとしても、それが未来永劫その

まま継続できるわけではない。学校を取り巻く環境は絶えず変化しており、学校はその変化に対応していくことが求められる。だから学校づくりは、ずっと続く「プロセス」であり、学校づくりに終わりはない。

あなたは教師としてどのような学校で働きたいか、保護者としてどのような学校に自分の子どもを通わせたいか、一度じっくりと考えてみてほしい。

第8章 教職をめぐる新たな諸課題

　本章では、今日教職関係者が知っておくべき諸課題について、特に子供たちを「誰一人取り残さない」取り組みという視点から取りまとめた。まず第1節「特別支援教育と教員養成」では、特別支援教育とインクルーシブ教育に関する法令や教職課程の重要事項を取り上げる。第2節「子供の貧困・外国籍の子供」は、今日顕在化している子供の貧困と外国人児童生徒等への教育に着目する。第3節「『個別最適化学習』の問題」では国連が採択したSDGs（持続可能な開発目標）や日本政府が描く未来社会（Society5.0）を見据えて、「個別最適化学習」の問題を取り上げる。

第1節　特別支援教育と教員養成

特別支援教育の理念

　2007年（平成19年）4月、学校教育法の改正により、「特殊教育」の制度が「特別支援教育」の制度となった。それまで、盲学校・聾学校・養護学校や特殊学級、通級指導教室という特別な場を中心に行われていた障害のある子供たちへの教育を、幼稚園、小学校、中学校、高等学校等も含め、すべての学校において行うこととされた。改正された学校教育法では、障害種別になっていた盲学校・聾学校・養護学校を「特別支援学校」に一本化し、幼稚園、小学校、中学校、高等学校などの、教育上特別の支援を必要とする幼児児童生徒も含め、障害による学習上又は生活上の困難を克服するための教育を行うことが明記された。また、教育職員免許法も同時に改正され、従来の盲学校・聾学校・養護学校教諭免許から特別支援学校教諭免許とされた。

　特別支援教育の理念については、文部科学省より次のように示されている。

> 　特別支援教育は、障害のある幼児児童生徒の自立や社会参加に向けた主体的な取組を支援するという視点に立ち、幼児児童生徒一人一人の教育的ニーズを把握し、その持てる力を高め、生活や学習上の困難を改善又は克服するため、適切な指導及び必要な支援を行うものです。

　また、特別支援教育においては、従前の特殊教育の対象の障害だけではなく、知的な発達の遅れのない発達障害（自閉症、アスペルガー症候群等の広汎性発達障害、学習障害、注意欠陥多動性障害）も対象とされている。

特別支援教育の歴史、現状と課題

　我が国の特殊教育は、1878年（明治11年）創設の京都盲唖院（視覚障害教育、聴覚障害教育）がその始まりとされている。以来、知的障害、肢体不自由、病弱・身体虚弱と、それぞれ、障害種別に教育の整備が進められた。

　1947年（昭和22年）、第2次世界大戦後の教育改革のなかで、新たに制定

された「学校教育法」において、盲学校、聾学校及び養護学校が新しい学校制度に位置づけられた。しかし、実際に義務教育として位置付けられたのは、盲学校及び聾学校については、1948年（昭和23年）から学年進行で、養護学校教育の義務制については、更に31年遅れた1979年（昭和54年）からということになった。

　その後、2000年（平成12年）代において、盲学校、聾学校及び養護学校に在籍する児童生徒の障害の重度・重複化が進んでいることや小・中学校等において発達障害のある子供たちへの教育が求められていることなどを踏まえ、2007年4月から、「特別支援教育」の新たな実施となったものである。

　特別支援教育については、子供の障害の状態等に応じ、特別支援学校、小・中学校の特別支援学級、通級による指導等において、特別の教育課程、少人数の学級編制、特別に配慮された教材・教具や施設・設備、専門性ある教職員などにより、特別な指導や支援が行われている。その対象となる児童生徒は、少子化のなかにあっても、年々、増加している。また、小・中学校の通常の学級に発達障害により特別な支援が必要とされる子供たちが6.5%程度在籍しているという調査（「通常の学級に在籍する発達障害の可能性のある特別な教育的支援を必要とする児童生徒に関する調査結果について」）があり、その教育や支援は大きな課題となっている。

　さらに、2014年（平成26年）1月、我が国は「障害者の権利に関する条約」（以下、条約）を批准した。この条約においては、インクルーシブ教育システム（inclusive education system）の構築が求められている。条約によると、インクルーシブ教育システムとは、人間の多様性の尊重等を強化し、障害者が精神的及び身体的な能力等を可能な最大限度まで発達させ、自由な社会に効果的に参加することを可能とするとの目的の下、障害のある者とない者がともに学ぶ仕組みであるとされている。インクルーシブ教育システムにおいては、障害のある者とない者が同じ場で「ともに学ぶこと」を追求するとともに、個別の教育的ニーズにもっとも的確に応える指導や合理的配慮を提供できる、多様で柔軟な仕組みを整備することが重要であるとされている。

特別支援教育に関する教員養成の現状と課題

（1）教員免許状制度

　特別支援教育にかかわる教員免許状制度のポイントは表8-1の通りである。

　幼稚園、小学校、中学校及び高等学校の教員については、2016年（平成28年）に改正された「教育職員免許法」により、小・中学校等の教員養成課程において、2019年度から教育課程が改訂された。「教育の基礎的理解に関する科目」では、「特別の支援を必要とする幼児、児童及び生徒に対する理解」に関する科目が、新たに単位として必修化（1単位以上）され、学ぶべき内容が文部科学省により教職課程コアカリキュラムとして示されている。

　「特別の支援を必要とする幼児、児童及び生徒に対する理解」の全体目標は、「通常の学級にも在籍している発達障害や軽度知的障害をはじめとする様々な障害等により特別の支援を必要とする幼児、児童及び生徒が授業において学習活動に参加している実感・達成感をもちながら学び、生きる力を身に付けていくことができるよう、幼児、児童及び生徒の学習上又は生活上の困難を理解し、個別の教育的ニーズに対して、他の教員や関係機関と連携しながら組織的に対応していくために必要な知識や支援方法を理解する」と示されており、以上の全体目標の下に、次の3つの項目について一般目標及び到達目標が示されている。

　　（1）特別の支援を必要とする幼児、児童及び生徒の理解
　　（2）特別の支援を必要とする幼児、児童及び生徒の教育課程及び支援
　　　　の方法
　　（3）障害はないが特別の教育的ニーズのある幼児、児童及び生徒の把
　　　　握や支援

　次に、特別支援学校教諭免許状のポイントについては表8-2の通りである。

　2007年度、盲学校、聾学校及び養護学校の特別支援学校への制度の1本化に合わせ、教諭免許についても特別支援学校教諭免許として1本化する見直しが行われた。

　「教育職員免許法施行規則」第7条において、特別支援学校教諭の免許状

表8-1　特別支援教育にかかわる教員免許状制度のポイント

・特別支援学校の教員は、幼稚園、小学校、中学校又は高等学校の教諭免許状を保有するほか、特別支援学校教諭免許状を有していなければならない（教育職員免許法第3条第3項）。
・法第3条の規定にかかわらず、幼稚園、小学校、中学校又は高等学校の教諭免許状を有する者は、「当分の間」、特別支援学校の相当する各部（幼稚部、小学部、中学部又は高等部）の教諭等となることができる（教育職員免許法附則第15項）。
・特別支援学級担任や、通級による指導を担当する教員については、小学校又は中学校の教諭免許状が求められるのみであり、特別支援学校教諭免許状を有すること等の法令上の規定はない。

出典：教育職員免許法（令和元年6月14日法律第37号）より筆者作成

表8-2　特別支援学校教諭免許状のポイント

・特別支援学校教諭の普通免許状は、専修免許状、1種免許状、2種免許状に区分されており（教育職員免許法第4条第2項）、それぞれの取得に必要な基礎資格、単位数等が定められている。
・特別支援学校教諭の免許状については、特別支援教育領域を定めて授与される（教育職員免許法第4条の2）。特別支援教育領域は、視覚障害者、聴覚障害者、知的障害者、肢体不自由者又は病弱者（身体虚弱者を含む。）に関する教育の5領域（教育職員免許法第2条第5項）であり、免許状の授与を受けた後、新たに特別支援教育領域を追加することも可能（教育職員免許法第5条の2第3項）となっている。

出典：教育職員免許法（令和元年6月14日法律第37号）より筆者作成

　を取得するための、特別支援教育に関する科目の単位修得の方法について規定されている。特別支援学校の教諭免許状を取得するための、基礎資格として、まず、幼稚園、小学校、中学校又は高等学校の教諭免許状を取得するための単位修得が必要である。併せて、特別支援教育に関する科目（表8-3）の単位を次のとおり修得することになる。

　①「教育職員免許法施行規則」第7条第1項の表・第1欄には、特別支援教育の基礎理論に関する科目が規定されている（備考1）。

　②同第2欄には特別支援教育領域に関する科目で、「心身に障害のある幼児、児童又は生徒の心理、生理及び病理に関する科目」と、「心身に障害のある幼児、児童又は生徒の教育課程及び指導法に関する科目」の2科目が示されている。

　③同第3欄には、免許状に定められることとなる特別支援教育領域以外の領域に関する科目について、第2欄に示されたものと同様の2科目が示されている。その科目について、視覚障害者、聴覚障害者、知的障害者、肢体不自由者及び病弱者に関する教育並びにその他の障害により教育上特別の支援

209

表8-3 普通免許状の授与を受ける場合の特別支援教育に関する科目の単位

特別支援教育に関する科目		最低修得単位数				
		第1欄	第2欄		第3欄	第4欄
免許状の種類		特別支援教育の基礎理論に関する科目	特別支援教育領域に関する科目		免許状に定められることとなる特別支援教育領域以外の領域に関する科目		心身に障害のある幼児、児童又は生徒についての教育実習
			心身に障害のある幼児、児童又は生徒の心理、生理及び病理に関する科目	心身に障害のある幼児、児童又は生徒の教育課程及び指導法に関する科目	心身に障害のある幼児、児童又は生徒の心理、生理及び病理に関する科目	心身に障害のある幼児、児童又は生徒の教育課程及び指導法に関する科目	
特別支援学校教諭	専修免許状	2	16		5		3
	1種免許状	2	16		5		3
	2種免許状	2	8		3		3

備考
1 第1欄に掲げる科目は、特別支援学校の教育に係る、心身に障害のある幼児、児童又は生徒についての教育の理念並びに教育に関する歴史及び思想並びに心身に障害のある幼児、児童又は生徒についての教育に係る社会的、制度的又は経営的事項を含むものとする。
2 第2欄に掲げる科目の単位の修得方法は、特別支援教育領域のうち、1又は2以上の免許状教育領域(授与を受けようとする免許状に定められることとなる特別支援教育領域をいう。次項において同じ。)について、それぞれ次のイ又はロに定める単位を修得するものとする。
　イ　視覚障害者又は聴覚障害者に関する教育の領域を定める免許状の授与を受けようとする場合にあつては、当該領域に関する心身に障害のある幼児、児童又は生徒の心理、生理及び病理に関する科目(以下「心理等に関する科目」という。)並びに当該領域に関する心身に障害のある幼児、児童又は生徒の教育課程及び指導法に関する科目(以下「教育課程等に関する科目」という。)について合わせて8単位(2種免許状の授与を受ける場合にあつては4単位)以上(当該心理等に関する科目に係る1単位以上及び当該教育課程等に関する科目に係る2単位(2種免許状の授与を受ける場合にあつては1単位)以上を含む。)
　ロ　知的障害者、肢体不自由者又は病弱者(身体虚弱者を含む。以下同じ。)に関する教育の領域を定める免許状の授与を受けようとする場合にあつては、当該領域に関する心理等に関する科目及び当該領域に関する教育課程等に関する科目について合わせて4単位(2種免許状の授与を受ける場合にあつては2単位)以上(当該心理等に関する科目に係る1単位以上及び当該教育課程等に関する科目に係る2単位(2種免許状の授与を受ける場合にあつては1単位)以上を含む。)
3 第3欄に掲げる科目は、視覚障害者、聴覚障害者、知的障害者、肢体不自由者及び病弱者に関する教育並びにその他障害により教育上特別の支援を必要とする者に対する教育に関する事項のうち、授与を受けようとする免許状に定められることとなる特別支援教育領域に関する事項以外の全ての事項を含むものとする。
4 第4欄に定める単位は、特別支援学校において、教員として一年以上良好な成績で勤務した旨の実務証明責任者の証明を有するものについては、経験年数1年について1単位の割合で、それぞれ第1欄から第3欄までに掲げる科目に関する単位をもつて、これに替えることができる。
出典:教育職員免許法施行規則(令和元年6月14日法律第37号)第7条より筆者作成

を必要とする者に対する教育に関する事項のうち、取得する事項以外のすべての事項を含むものとされている(備考3)。

　科目の単位の修得方法については、特別支援教育の領域(視覚障害者、聴

表8-4　科目の単位取得方法

> ・視覚障害又は聴覚障害の領域の免許状の場合
> 　→当該領域に関する科目　８単位以上（備考二のイ）
> ・知的障害、肢体不自由又は病弱の領域の免許状の場合
> 　→当該領域に関する科目　４単位以上（備考二のロ）

出典：教育職員免許法施行規則（令和元年６月14日法律第37号）第７条より筆者作成

覚障害者、知的障害者、肢体不自由者、病弱者の５領域）のうち、１又は２以上の免許状教育領域について、それぞれ表8-4に定められている単位を修得することが必要である。

　以上のように、特別支援学校教諭免許状取得には、当該領域以外の複数の特別支援教育領域の専門性も考慮する仕組みがとられているといえる。

免許制度上の課題

　特別支援学校の教員になるためには、当分の間、特別支援学校教諭免許状を保有しなくても、幼稚園、小学校、中学校及び高等学校の免許を有することにより、当該免許の相当する特別支援学校各部の教員になることができる旨規定されている（教育職員免許法附則第15項）。特別支援学校免状状保有率が83.0%（「特別支援学校教員の特別支援学校教諭等免許状保有状況等調査結果の概要（令和元年度）」）であることを踏まえ、保有率の向上や附則第15項の廃止も見据えた検討が課題となっている。

　また、特別支援学級、通級による指導にかかわる専門性については、インクルーシブ教育システムを構築するうえで重要な視点といえるが、現在は、特別支援学級や通級による指導に特化した免許の仕組みはなく、特別支援学校の免許の取得促進や、教育現場での現職研修等による専門性の向上についても課題となっている。

第２節　子供の貧困・外国籍の子供

今日の学校が直面する配慮を必要とする子供の問題

　あらゆる子供にとって、時々の状況に応じた人間的成長に寄与する学習の

機会が講じられなければならないことはいうまでもない。しかし近年では、子供を含めたあらゆる年代の人々が、社会の格差拡大や社会状況の多様化の中で、学習する権利が奪われつつある。各学校等は困難を抱える子供に対して、その状況に応じた学習を配慮し、支援を講じなければならないだろう。以下では、今日頻繁に耳にする「子供の貧困」と、文化背景の異なる外国籍の子供にかかわる2つの課題を取り上げ、特別な配慮を要するこれらの困難な状況を概観し、学校・教員としての対応を検討する。

（1）貧困家庭が抱える困難

厚生労働省による「2022年 国民生活基礎調査」によれば、2021年度に相対的貧困として設定されたライン以下、年間127万円以下の収入で生活を送る子供（17歳以下）を持つ世帯の割合は11.5％となっている。また子供がいる現役世帯（18歳以上65歳未満）の「大人が一人」の世帯では44.5％、「大人が二人以上」の世帯では8.6％が貧困とされる。上述の年間127万円以下で生活を送る子供を持つ世帯は、「子供の7人に1人が貧困状態」といわれた前回の2018年調査時の13.5％から改善している。

貧困をめぐっては家庭の事情が子供の学習に影響を及ぼす。貧困であることが、子供期の限られた機会や時間、経験を奪うことになる。例えば、子供自身の興味・関心に基づく「遊び」をおこなうこと、学校外のスポーツクラブや学習塾へ通って技能・知識を養うことができなかったりする。親の手伝いとしてきょうだいの世話をしなければならなかったり、父母や家庭の状況を汲み取って言いたいことを言わなかったり、言えなかったりする。子供同士の「ヨコ」のつながりを欠いたり、心身のアンバランスな成長、自分自身の気持ちを正直に表すことができなくなってしまう可能性がある。

学校に行っても先に挙げた家庭内の事情が影響をもたらす。例えば、きょうだいの世話によって睡眠不足になり、授業に集中力を欠いたり、ストレスを抱えて他の子供の考えに寄り添うことができなかったりする。結果として学級や学校内での「関係性」を築くことができず、不十分な「人間関係」や「学力」のまま学校教育を終えることになる。不十分な学力は、その後の学力やキャリア形成の機会にも多大なマイナスな影響を与え、教育が個人に果

たす人間としての成長の機会に困難が生じるのである。

（２）外国籍の子供が抱える困難

　日本国内の在留外国人数は2022年末の段階で307万5千人となり、その割合は2.5％にあたる。コロナ禍の2021年から31万5千人、11.4％の増加となり、過去最高を更新した。2018年に日本は人手不足を補う専門性と技能を持った外国人材を受け入れのために、「入管法」が一部改正され、実質的に「移民」の受け入れに舵を切ったことになるといわれている。

　外国籍の子供は、日本で生活することを選択し入国する両親に帯同したり、呼び寄せられたりして入国する。2022年に文部科学省がおこなった「外国人の子供の就学状況等調査」によれば、住民基本台帳に登録されている外国人の小学生・中学生相応の子供の数は13万6,193人を数え、義務教育諸学校に11万6,288人、外国人学校に9,180人が在籍する。一方で「不就学」等に該当する把握できていない子供が8,183人いることも明らかになっている。また同省による「日本語指導が必要な児童生徒の受入状況等に関する調査（令和3年度）」によれば、日本語指導が必要な子供の数は5万8,307人であり（日本語指導が必要な子供の中には「日本国籍」が1万688人を含む）、前回2018年度の調査から7,181人（14.0％）増加している。子供の母語別にみるとポルトガル語が1万1,956人と最も多く、続いて中国語9,939人、フィリピノ語7,462人、日本語1,929人、その他7,506人となっている。

　外国籍の子供に対しても学習指導要領をもとに教育がおこなわれるが、小・中学校にあっても義務教育として定められているわけではない。また背景や目的、教育に対する価値の置き方を異にする外国籍の保護者や子供は、「日本的な」学習の在り方に不安を覚える者も決して少なくない。大学等への留学生とは異なり、あらかじめ日本語を習得して来日するケースは少ない。そのため子供の日本での滞在歴によって日本語の運用能力に大きな差が生じ、「外国籍者」の対応策として、決して一括りにできない状況がある。生活を送る場にあっても、都市部に集住しているか、もしくは農村部に散在しているかによっても対応は大きく異なる。

教育的対応の在り方

　上述のように、子供の貧困と外国籍の子供には家庭という学校外での困難に起因した問題によって、「普通」の制度では十分に学校教育が機能しない共通点を見出せる。この点について、まず（1）学校・教員以外の「第三者」のかかわりから捉え、次に（2）「特別の教育課程」の弾力的運用を見ることとし、最後に（3）「教育機会」の確保の在り方を見ていく。

（1）学校・教員以外の「第三者」のかかわり

　中央教育審議会答申「チームとしての学校の在り方と今後の改善方策について」（2015年）では、大きな社会の変化に対応する子供を教育する学校は、組織として教育活動に取り組む体制の整備をすることが重要であるとする。このような学校内での組織整備と併せて、学校外とのつながりとして「学校や教員が心理や福祉等の専門家（専門スタッフ）や専門機関と連携・分担する体制を整備し、学校の機能を強化」する体制、つまり「チーム学校」としての支援が不可欠であるとしている。また学校・教員と専門家・専門機関との連携と併せて、多様な経験等を有する地域の様々なリソースとの連携・協働も重要であると指摘している。

　貧困家庭や外国籍の子供の場合、スクールソーシャルワーカーが有用なはたらきを担う。スクールソーシャルワーカーとは、子供の抱える問題に地域福祉的にかかわり、子供の置かれた環境にはたらきかける。地域社会に閉鎖的なイメージを与える学校をひらく契機として、外の機関へのアプローチを築く役割をもつ。その際に、貧困家庭の子供の場合には、2016年から東京都教育庁がおこなっている「「自立支援チーム」派遣事業」のような取り組みが一定の効果をあげている。「自立支援チーム」は、都立高校等と連携し、①中途退学の未然防止、②不登校生徒への支援、③生徒及びその家族が抱える課題への福祉的支援、④都立高校を中途退学した生徒への就労・再就学支援の役割を担うという。

　外国籍の子供の場合、民族や文化の異なりを前提として対応策を練ることのできる役割を担う者が重要な意味を持つ。愛知県や神奈川県などの外国籍者の多い地域では「多文化ソーシャルワーク」の理論と実践が積み重ねられ、

多文化ソーシャルワーカーの養成が地域福祉の観点からおこなわれている。この養成プログラムに学校教育の考えが加味され、例えば「多文化スクールソーシャルワーカー」のような運用がされていくことが「チーム学校」に必要である。

（2）「特別の教育課程」の弾力的運用

　外国籍の子供への対応として、教育課程編成時の外国籍の子供の持つ日本語運用能力を改めて検討する必要がある。現行の学習指導要領では「日本語の習得に困難のある児童（生徒）については、個々の児童（生徒）の実態に応じた指導内容や指導方法の工夫を組織的かつ計画的に行うものとする」と記され、通級指導による「特別の教育課程」を編成することができるとしている。つまり外国籍の子供が、日本語を用いて学校生活を送ること（生活言語としての日本語の習得）と、教科の学習に取り組むことができるようにすること（学習言語としての日本語の習得）を区別して習得することができる。そして教員免許を有する日本語指導担当教員からの指導を授業時数として年間280時間まで算入できる。

　高等学校へ通う外国籍の子供の「日本語」の授業については、2023年度より「特別の教育課程」として位置づけられることが可能となったが、上述した文部科学省による「日本語指導が必要な児童生徒の受入状況等に関する調査」からも、その必要性は見て取れる。

　また家庭の貧困を起因として不登校となるケースも少なくない中で、不登校となってしまった子供に対する「特別の教育課程」も編成可能である。学校内では例えば、保健室や相談室、図書室での学習、学校外ではフリースクールや家庭でのICTを用いた学習などが子供の実情に応じた支援として捉えられる。

（3）「教育機会」確保の在り方

　2017年施行の「義務教育の段階における普通教育に相当する教育の機会の確保等に関する法律」は、貧困家庭の子供および外国籍の子供をも視野に入れ、以下の基本理念を実現・保障するために制定された。①すべての子供

に対して安心できる教育環境の確保、②不登校の子供の状況に応じた教育支援、学校環境の整備、そして③「義務教育の段階における普通教育に相当する教育を十分に受けていない者の意思を十分に尊重しつつ、その年齢又は国籍その他の置かれている事情にかかわりなく」教育機会を確保することである。

　基本理念③を受けて、地方公共団体は、就学の機会提供として「夜間その他特別な時間において授業を行う学校における就学の機会の提供その他の必要な措置を講ずるものとする」（第14条）とし、政府は夜間中学をすべての都道府県に少なくとも1校を設置するものとしている。

　ただし、2023年10月の段階で、17都道府県に44校にとどまっているが、全47都道府県に1校設置されればそれでよいというわけではないだろう。学齢段階を過ぎて労働に従事している者の場合、労働時間との兼ね合いで十分な学習時間を確保することが困難である。また労働者としての役割を終えた年代の者の場合、体力の面で県内1か所しかない学校に通うことに困難が生じることも想像に難くない。地方にあっては学校に通うための交通手段が都心部のように整備されているわけではない。生活基盤のある地域社会で学校に通うことのできるような環境の構成も必要である。

今後のより良き社会の形成のための展望

　社会格差拡大や社会状況の多様な変化の途上として、学校教育の対象として捉えてきた「普通の子供」像が揺らいでいる。これまで見えてこなかった貧困家庭や外国籍といった社会的なマイノリティ（少数者）の存在に、近年多くの人々が気づきを得ることができるようになったことは意味を持つ。ただし、気づいたことで終わりにするのではなく、彼・彼女らの置かれた状況を自らの力で改善・解消を図っていくことができるように、日々の学校生活や、次の学校種や職業生活への移行時に働きかけることが教育の使命であり、これからの教育に求められる。

　自らの目や耳をもって貧困家庭や外国籍の子供の置かれた状況を知ることは有用である。外国籍の子供の多い学校へのインターンシップや地域社会でおこなわれている貧困家庭を対象とした無償の学習支援（日本語教室を含む）、

子ども食堂等を訪問、参加し、ボランティアとしてかかわる人と話し合えば、上記の教育課題に多くの知見を得ることができるだろう。

第3節　「個別最適化学習」の問題

「個別最適化学習」が求められる背景（Society5.0）

　我が国では現在、未来社会「Society5.0」の到来に備える取り組みがなされている（図8-1）。「Society5.0」は内閣府が閣議決定した第5期科学技術基本計画に登場するキーワードの1つである。「Society5.0」は、狩猟社会（Society1.0）、農耕社会（Society2.0）、工業社会（Society3.0）、情報社会（Society4.0）に続く、「新たな社会」を指している。そこでは、IoT（Internet of Things）、人工知能（AI）、ロボットや自動走行車などの技術によって「社会の変革（イノベーション）」が促進され、「希望の持てる社会、世代を超えて互いに尊重し合あえる社会、一人一人が快適で活躍できる社会」が実現していくという。未来社会「Society5.0」は、多様性を持つ一人一人が大切にされる「人間中心の社会」を描いたものとして注目されている。

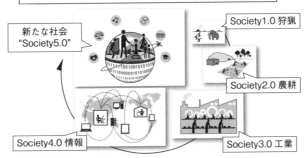

図8-1　人間中心の「新たな社会」（Society5.0）
出典：内閣府「Society5.0」（https://www8.cao.go.jp/cstp/society5_0/、最終閲覧日2020年8月28日）より筆者作成

　こうした未来社会へ向けた教育はいかにあるべきか。この課題に対して林芳正文部科学大臣（当時）による大臣懇談会が、2018年6月5日、「Society5.0に向けた人材育成─社会が変わる、学びが変わる」と題する文書を発表した。そこに今後取り組むべき教育政策の方向性の1つとして登場するのが「公正に個別最適化された学び」（あるいは「学習の個別最適化」）である。その定義は必ずしも明確でないが、「一人一人の特性や能力」に応じることが要件となっている。さらにこの学びを実現するための多様な学習機会と場所の提供が求められており、そのためにたとえば、それぞれの学習記録を蓄積する「学びのポートフォリオ」の活用、異年齢・異学年集団での協働学習、体験活動を含む多様な学習プログラム、アドバンスト・プレイスメント（高大接続の早期履修プログラム）や飛び入学及び早期卒業等が取り上げられた。

　経済産業省も同年6月25日、「『未来の教室』とEdTech研究会第1次提言」を発表し、EdTech（Educational Technology：教育におけるAI・講義動画・電子書籍・VR・オンライン会話・プログラミングソフト等を活用したあらゆる取組）によるSTEM（Science, Technology, Engineering and Mathematics：科学・技術・工学・数学の各分野を横断的総合的に学ぶ）／STEAM（STEMにArtを付加）教育や「学習の個別最適化」の実現を取り上げている。

　一般財団法人日本経済団体連合会（以下、経団連）も2018年11月13日、「Society5.0─ともに創造する未来」を発表し、これからの教育・人材育成においては「児童・生徒・学生全体の均一な能力向上を図るのではなく、他人と異なる考えや能力を褒めて伸ばす方向に大きく転換する必要がある」（一般社団法人日本経済団体連合会 2018：30-31）と提言している。

　さらに柴山昌彦文部科学大臣（当時）は同年11月22日、「新時代の学びを支える先端技術のフル活用に向けて─柴山・学びの革新プラン」をまとめ、翌2019年6月25日、文部科学省は「新時代の学びを支える先端技術活用推進方策（最終まとめ）」（2019年6月）を公表した。そこでは「公正に個別最適化された学び」を実現するために、ICTを基盤とした先端技術や教育ビッグデータが効果的に活用されるとしている。

「公正に個別最適化された学習」の射程

　では、「公正に個別最適化された学習」とは何か。前述の「新時代の学び
を支える先端技術活用推進方策（最終まとめ）」によれば、この学習は、「子
供の多様化に正面から向き合う」ものである。「子供の多様化」の現状につ
いては、次の 3 点が挙げられている（角カッコ内筆者）。

①不登校等の理由によって、他の子供とともに学習することが困難な子供
　［が］増加［している。］
②自閉症スペクトラム（ASD）、学習障害（LD）、注意欠陥多動性障害
　（ADHD）といった発達障害の可能性のある子供や、特定分野に特異な
　才能を持つ子供など、多様な特性を持った子供が同じ教室にいることが
　見受けられる。
③国内に在留する外国人の増加に伴い、日本の公立学校（小学校、中学校、
　義務教育学校、高等学校、中等教育学校、特別支援学校）に在籍する子供の
　中で、日本語指導が必要な子供も大きく増えている。

こうした多様な子供たちが誰一人取り残されることのない学び、しかも子供
たちそれぞれの力を最大限引き出すことができる学びが求められている。そ
してそれを「公正に個別最適化された学習」と呼ぶのである。この学びの特
徴は、①「知・徳・体を一体的に育む日本の学校教育の強み」は活かしつつ、
②「多様な子供の一人一人の個性や置かれている状況に最適な学びを可能に
していく」点にある。それによって、「多様な子供が誰一人取り残されるこ
となく未来の社会で羽ばたく前提となる基礎学力を確実に身に付けるととと
もに、社会性・文化的価値観を醸成していく」ことが目指されているのであ
る。この学びは単に知識・技能の習得にとどまるものではなく、子供一人ひ
とりの社会性や価値観の発達に寄与するものであり、その意味で、彼らの全
人格的な形成を射程に入れている。重要なのは、この学びを具体化するため
の具体的な取り組みである。これまで述べてきたような EdTech の導入にと
どまらず、「学びの共同体」や、約 1 世紀前に登場し、今世紀の教育界を刺
激し続けているイエナ・プランなど、「21 世紀型の学校[1]」への転換を促す

多くの取り組みも参考となろう。

「誰一人取り残さない」世界を目指して（SDGs）

　国連は創設70周年を迎え、2015年9月に「我々の世界を変革する―持続可能な開発のための2030アジェンダ（Transforming our world: the 2030 Agenda for Sustainable Development）」を採択した。そこで示されたのが「誰一人取り残さない（No one will be left behind）」世界の実現を目指すSDGs（Sustainable Development Goals：持続可能な開発目標）である。この目標は次の17項目に及んでいる（図8-2）。

　国連はこれらの目標を「5つのP」に分類し、次のように説明している（国際連合広報局 2016：4）。

> **人間（People）**
> あらゆる形態と次元の貧困と飢餓に終止符を打つとともに、すべての人間が尊厳を持ち、平等に、かつ健全な環境の下でその潜在能力を発揮できるようにする（目標1、2、3、4、5および6）。
> **豊かさ（Prosperity）**
> すべての人間が豊かで充実した生活を送れるようにするとともに、自然と調和した経済、社会および技術の進展を確保する（目標7、8、9、10および11）。
> **地球（Planet）**
> 持続可能な消費と生産、天然資源の持続可能な管理、気候変動への緊急な対応などを通じ、地球を劣化から守ることにより、現在と将来の世代のニーズを充足できるようにする（目標12、13、14および15）。
> **平和（Peace）**
> 恐怖と暴力のない平和で公正かつ包摂的な社会を育てる。平和なくして持続可能な開発は達成できず、持続可能な開発なくして平和は実現しないため（目標16）。
> **パートナーシップ（Partnership）**
> グローバルな連帯の精神に基づき、最貧層と最弱者層のニーズを特に

重視しながら、すべての国、すべてのステークホルダー、すべての人々の参加により、持続可能な開発に向けたグローバル・パートナーシップをさらに活性化し、このアジェンダの実施に必要な手段を動員する（目標17）。

ここで留意しておきたいことは、SDGsの各目標がまさに「誰一人取り残さない」との基本理念を基軸として、相互関係のなかでとらえられ、その達成が目指されている点である。我が国では2016年5月、内閣府にSDGs推進本部が設置され、地方公共団体におけるSDGsの達成に向けた取り組みの普及・推進が行われている。また経団連は2017年（平成29年）11月に「Society5.0の実現を通じたSDGsの達成」を柱として企業行動憲章を改定し、「Society5.0 for SDGs」を掲げた。2020年4月1日時点で、経団連の会員企業（日本の代表的な企業1,444社、製造業やサービス業等の主要な業種別全国団体109団体、地方別経済団体47団体など）にこの憲章の順守が求められている。

図8-2 「誰一人取り残さない」世界の実現を目指すSDGs

出典：国際連合広報センター「SDGsのポスター・ロゴ・アイコンおよびガイドライン」（https://www.unic.or.jp/activities/economic_social_development/sustainable_development/2030agenda/sdgs_logo/、最終閲覧日2020年8月28日）

教育機関においても、単に目標4が教育にかかわるからということではなく、17の目標全般にわたってSDGsへの関心が高まっており、SDGsにかかわる入試問題が出題されたり、大学のカリキュラム・ポリシーにSDGsが盛りこまれたりしている。

　国連が掲げるSDGsへの取り組みは、世界の行く末を方向づける重要な鍵となることはいうまでもなかろう。しかし、その取り組みの成否を握るのは、「誰一人取り残さない」という基本理念の内在化にある。ここでいわれる「誰一人」が、どこか遠くの誰かの話としてだけではなく、まさに自己自身と身近な他者（家族、友人、仲間、同僚そして教え子など）のこととして具体的にイメージされる取り組みが重要である。たとえば、SDGsの目標3（すべての人に健康と福祉を）に登場するwell-being（身体的、精神的、社会的に完全に良好な健康状態、「幸福〈感〉」や「福祉」などの訳例もみられる）や、目標4（質の高い教育をみんなに）に登場し、前述の「個別最適化学習」につながるすべての子供の「適切かつ効果的な学習成果」が、他人事ではなく、まず自己自身や身近な他者のこととして実感される出発点を探す必要があろう。このような当事者意識が希薄なままの取り組みでは、「誰一人取り残さない」という理念は空洞化し、絵空事のままに終わり、その取り組み自体、ある種のアリバイ工作化へと堕する危険性がある。

　2020年に入り、突如、新型コロナウイルス感染症の「世界的大流行（パンデミック）」という未曽有の事態を迎えた。教育界は感染拡大防止のため、学校の休校、遠隔授業、三密（密閉・密集・密接）回避の「新しい生活様式」を踏まえた学校生活など、新たな局面に突入した。2021年1月には、中央教育審議会答申「『令和の日本型学校教育』の構築を目指して〜全ての子供たちの可能性を引き出す、個別最適な学びと、協働的な学びの実現〜」が発表され、「ウィズコロナ・アフターコロナ」時代における教育や学習が進められている（本書3章8節参照）。期せずして生じた事態であるが、たとえば「個別最適化学習」へ向けた今現在の日々の取り組みや試行錯誤が、こうした学習の本質理解と深化につながることを願う。

学修課題

（1）インクルーシブ教育システム構築のための特別支援教育の課題は何か。

（2）「子どもの無気力」という課題に対して、「チーム学校」として学校外のどのような専門機関・専門家と連携・協働することができるか。考えられる専門機関・専門家を2、3あげ、それらと「チーム学校」として連携・協働することのメリットについて述べなさい。

（3）「特別の教育課程」としての日本語指導が抱える現状の課題を調べ、その課題を解決するためにはどうすればよいかを検討しなさい。

（4）「ウィズコロナ・アフターコロナ」時代の教育や学習の様子を実際に調べ、それ以前と比較して「変わったこと」・「変わらなかったこと」について考察しなさい。

〈引用・参考文献〉

・愛知県地域振興部国際課多文化共生推進室「多文化ソーシャルワーカーガイドブック」（https://www.pref.aichi.jp/uploaded/attachment/21240.pdf、最終閲覧日2023年11月29日）
・一般社団法人日本経済団体連合会「『企業行動憲章』の改定について」2017年11月8日（https://www.keidanren.or.jp/announce/2017/1108.html、最終閲覧日2020年8月28日）
・一般社団法人日本経済団体連合会「Society5.0―ともに創造する未来」2018年（https://www.keidanren.or.jp/policy/2018/095_sasshi.pdf、最終閲覧日2020年12月13日）
・沖大幹・小野田真二・黒田かをり・笹谷秀光・佐藤真久・吉田哲郎『SDGsの基礎』（事業構想大学院大学出版部、2018年）
・梶野光信「高校生の『社会的・職業的自立』を支援する社会教育行政の役割―都立学校『自立支援チーム』派遣事業が目指すもの」日本社会教育学会年報編集委員会編『子ども・若者支援と社会教育』（東洋館出版社、2017年）
・神奈川県医療ソーシャルワーカー協会「［10/2～開催］主催：かながわ多文化ソーシャルワーク実践研究会「多文化ソーシャルワーク実践講座」」（https://msw-kana.jp/wp/?p=686、最終閲覧日2023年11月29日）
・北村友人・佐藤真久・佐藤学編著『SDGs時代の教育―すべての人に質の高い学びの機会を』（学文社、2019年）
・経済産業省「『未来の教室』とEdTech研究会第1次提言」2018年（https://www.meti.go.jp/report/whitepaper/data/pdf/20180628001_1.pdf、最終閲覧日2020年12月13日）
・国際連合広報局「SDGsのもうひとつの捉え方―5つのP」UNDPI_SDG_0707（PPT版）、2016年（https://www.unic.or.jp/activities/economic_social_development/sustainable_development/2030agenda/、最終閲覧日2020年8月28日）
・厚生労働省「2022（令和4）年 国民生活基礎調査の概況」（https://www.mhlw.go.jp/toukei/saikin/hw/k-tyosa/k-tyosa22/dl/14.pdf、最終閲覧日2023年11月29日）

・国立特別支援教育総合研究所『特別支援教育の基礎・基本―共生社会の形成に向けたインクルーシブ教育システムの構築（新訂版）』（ジアース教育新社、2015年）
・佐藤学『学校を改革する―学びの共同体の構想と実践』（岩波書店、2012年）
・Society5.0に向けた人材育成に係る大臣懇親会「Society5.0に向けた人材育成―社会が変わる、学びが変わる」2018年（https://www.mext.go.jp/component/a_menu/other/detail/__icsFiles/afieldfile/2018/06/06/1405844_002.pdf、最終閲覧日2020年12月13日）
・中央教育審議会答申「チームとしての学校の在り方と今後の改善方策について」（https://www.mext.go.jp/b_menu/shingi/chukyo/chukyo0/toushin/__icsFiles/afieldfile/2016/02/05/1365657_00.pdf、最終閲覧日2023年11月29日）
・東京都教育庁地域教育支援部生涯学習課「都立学校『自立支援チーム』活用の手引」（https://www.syougai.metro.tokyo.lg.jp/sesaku/ysw/pdf/6-2.pdf、最終閲覧日2020年10月11日）
・東京都生涯学習情報「都立学校「自立支援チーム」派遣事業」（https://www.syougai.metro.tokyo.lg.jp/sesaku/ysw/teacher.html、最終閲覧日2023年11月29日）
・内閣府「Society5.0」（https://www8.cao.go.jp/cstp/society5_0/、最終閲覧日2020年8月28日）
・西川純『個別最適化の教育』（学陽書房、2019年）
・西川純・網代涼佑『Society5.0に向けた進路指導―個別最適化時代をどう生きるか』明治図書出版、2020年
・広島大学教育ヴィジョン研究センター（EVRI）・草原和博・吉田成章編著『ポスト・コロナの学校教育―教育者の応答と未来デザイン』（渓水社、2020年）
・文部科学省「高等学校学習指導要領（平成30年告示）解説 総則編」（東洋館出版社、2018年）
・文部科学省『中学校学習指導要領（平成29年告示）』（東山書房、2018）
・文部科学省『小学校学習指導要領（平成29年告示）』（東洋館出版社、2018）
・文部科学省「新時代の学びを支える先端技術活用推進方策（最終まとめ）」2019年（https://www.mext.go.jp/component/a_menu/other/detail/__icsFiles/afieldfile/2019/06/24/1418387_02.pdf、最終閲覧日2020年12月13日）
・文部科学省初等中等教育局「学校教育法施行規則の一部を改正する省令等の施行について（通知）」25文科初第928号（https://www.mext.go.jp/a_menu/shotou/clarinet/003/1341903.htm、最終閲覧日2020年10月11日）
・文部科学省初等中等教育局初等中等教育企画課教育制度改革室「夜間中学の設置・検討状況」（https://www.mext.go.jp/content/2023-mxt_syoto02-000021383_1.pdf、最終閲覧日2023年11月29日）
・文部科学省初等中等教育局支援プロジェクトチーム「資料1 就学援助実施状況等調査報告」（https://www.mext.go.jp/content/20200327-mxt_shuugaku-100001991_2.pdf、最終閲覧日2020年10月11日）
・文部科学省総合教育政策局国際教育課「外国人の子供の就学状況等調査」（https://www.mext.go.jp/b_menu/toukei/chousa01/shugaku/1266536.html、最終閲覧日2023年11月29日）
・文部科学省総合教育政策局国際教育課「日本語指導が必要な児童生徒の受入状況等に関する調査結果について」（https://www.mext.go.jp/content/20221017-mxt_kyokoku-000025305_02.pdf、最終閲覧日2023年11月29日）

〈註〉
1)「21世紀型の学校」では、①カリキュラムが「プログラム型」から「プロジェクト型」へ、②

授業方式が「一斉授業」から「協同的学び」へ、③学校が「教師が教育の専門家として学び合うところ」や「地域共同体の文化センター」へと機能を変えるという（佐藤学『学校を変革する―学びの共同体の構想と実践』岩波書店、2012年、9-12頁参照）。

コラム6

インクルーシブ教育が目指すもの

　現代日本の教育界では「インクルーシブ教育」システムの構築が重視され、それがとりわけ特別支援教育との関連でとらえられている。「インクルーシブ教育」は元来、「包摂、包含、包括、包容」（荒巻 2019：5）などを意味する「インクルージョン（inclusion）」に由来する。しかし、「インクルージョンの定義は非常に曖昧であり、政策主体のその時々の政策的意図に合わせて、臨機応変に対応してきた」（水野 2019：123）と指摘されている。訳語も「包摂、包含、包括、包容」などよりも、むしろそのまま「インクルージョン」とカタカナ書きされるのが一般的である。

　「インクルージョン」の考え方が初めて国際的な舞台に登場したのは、1994年6月、ユネスコとスペイン政府の共催による「特別なニーズ教育に関する世界会議」で採択された「特別なニーズ教育における原則、政策、実践に関するサラマンカ声明ならびに行動の枠組み」においてであった（以下「サラマンカ声明」）。この「サラマンカ声明」は、すでに1990年、タイのジョムティエンで開催された「万人のための教育世界会議」が提唱し、国際的なスローガンとなっていた「万人のための教育」をインクルージョンの観点からさらに推し進めようとするものであった。学校が「すべての子供たち、とりわけ特別な教育的ニーズをもつ子供たち」の必要を満たし得る「万人のための学校」となるよう、「インクルーシブ教育のアプローチ」を促進するように求めたのである。

　「サラマンカ声明」は、インクルーシブ教育を目指すことが先進国のみならず途上国でも主流となるほど、世界の教育界に影響をもたらしたという。

　ところで、「サラマンカ声明」には「特別なニーズに関する行動のための枠組み」が付記されている。そこには「学校というところは、子供たちの身体的・知的・社会的・情緒的・言語的もしくは他の状態と関係

なく、『すべての子供たち』を対象とすべきである」(UNESCO and Ministry of Education and Science (Spain) 1994：6) と記されているのである。そして「すべての子供たち」の中に、「障害児や才能のある子供たち、ストリート・チルドレンならびに路上で働く子供たち、遠隔地や遊牧民の子供たち、言語的・民族的・文化的マイノリティーの子供たち、その他の恵まれない地域やグループの子供たちが含まれる」(ibid) としている。つまり、「特別な教育的ニーズ」をもつ子供たちとは、障害児だけを指しているわけではない。むしろ広く多様な子供たちに目を向けているのである。

　それと共に「サラマンカ声明」が次のようなまなざしを持っていることにも注目しておかねばならない。

　　すべての関係者はいま、万人のための教育というときの「万人のため」が、実質的には特に最も傷つきやすく、最も困っている人々を指していることを確固たるものにするため、挑戦し、活動しなければならない。(ibid：iv)

この引用文が示しているように、「万人のための教育」は、まず最も困っていて支援を必要としている人々の課題解決を優先しようとしているのである。「サラマンカ声明」に依拠するならば、インクルーシブ教育の対象は、広く多様なニーズを包括しているが、同時に現実社会がどのような人々の困難や支援の必要を自覚しているかをも反映しているのである。

※本稿は、佐久間 (2019) のインクルーシブ教育に関する記述内容を再編し、コラム用の加筆を施したものである。

〈引用・参考文献〉
・荒巻恵子『インクルージョンとは、何か？—多様性社会での教育を考える—』(日本標準、2019年)
・佐久間裕之「イエナ・プランにおけるグループ形成の鍵概念としてのミッシュングーインクル

ーシブ教育におけるその位置づけー」『論叢：玉川大学教育学部紀要』（第19号、2019年）、25-42頁

・水野和代『イギリスにおけるインクルーシブ教育政策の歴史的展開』（風間書房、2019年）

・UNESCO and Ministry of Education and Science (Spain), *THE SALAMANCA STATEMENT AND FRAMEWORK FOR ACTION ON SPECIAL NEEDS EDUCATION*. Adopted by the WORLD CONFERENCE ON SPECIAL NEEDS EDUCATION: ACCESS AND QUALITY, Salamanca, Spain, 7- 10 June 1994.（https://unesdoc.unesco.org/ark:/48223/pf0000098427、最終閲覧日：2023年9月12日）

資料

収録法令等一覧

① 日本国憲法（抄）

② 教育基本法（全文）

③ 学校教育法（抄）

④ 学校教育法施行規則（抄）

⑤ 地方公務員法（抄）

⑥ 教育公務員特例法（抄）

⑦ 地方教育行政の組織及び運営に関する法律（抄）

⑧ 教育職員免許法（抄）

⑨ 教員の地位に関する勧告（抄）

⑩ 教育職員養成審議会答申「新たな時代に向けた教員養成の改善方策について」（抄）

⑪ 中央教育審議会答申「『令和の日本型学校教育』の構築を目指して」（抄）

⑫ 教育ニ關スル勅語

【①日本国憲法（抄）】

1946年（昭和21年）11月3日

前文

　日本国民は、正当に選挙された国会における代表者を通じて行動し、われらとわれらの子孫のために、諸国民との協和による成果と、わが国全土にわたつて自由のもたらす恵沢を確保し、政府の行為によつて再び戦争の惨禍が起ることのないやうにすることを決意し、ここに主権が国民に存することを宣言し、この憲法を確定する。そもそも国政は、国民の厳粛な信託によるものであつて、その権威は国民に由来し、その権力は国民の代表者がこれを行使し、その福利は国民がこれを享受する。これは人類普遍の原理であり、この憲法は、かかる原理に基くものである。われらは、これに反する一切の憲法、法令及び詔勅を排除する。

　日本国民は、恒久の平和を念願し、人間相互の関係を支配する崇高な理想を深く自覚するのであつて、平和を愛する諸国民の公正と信義に信頼して、われらの安全と生存を保持しようと決意した。われらは、平和を維持し、専制と隷従、圧迫と偏狭を地上から永遠に除去しようと努めてゐる国際社会において、名誉ある地位を占めたいと思ふ。われらは、全世界の国民が、ひとしく恐怖と欠乏から免かれ、平和のうちに生存する権利を有することを確認する。

　われらは、いづれの国家も、自国のことのみに専念して他国を無視してはならないのであつて、政治道徳の法則は、普遍的なものであり、この法則に従ふことは、自国の主権を維持し、他国と対等関係に立たうとする各国の責務であると信ずる。

　日本国民は、国家の名誉にかけ、全力をあげてこの崇高な理想と目的を達成することを誓ふ。

第3章　国民の権利及び義務

　第10条　日本国民たる要件は、法律でこれを定める。

　第11条　国民は、すべての基本的人権の享有を妨げられない。この憲法が国民に保障する基本的人権は、侵すことのできない永久の権利として、現在及び将来の国民に与へられる。

　第12条　この憲法が国民に保障する自由及び権利は、国民の不断の努力によつて、これを保持しなければならない。又、国民は、これを濫用してはならないのであつて、常に公共の福祉のためにこれを利用する責任を負ふ。

　第13条　すべて国民は、個人として尊重される。生命、自由及び幸福追求に対

する国民の権利については、公共の福祉に反しない限り、立法その他の国政の上で、最大の尊重を必要とする。

第14条　すべて国民は、法の下に平等であつて、人種、信条、性別、社会的身分又は門地により、政治的、経済的又は社会的関係において、差別されない。

2　華族その他の貴族の制度は、これを認めない。

3　栄誉、勲章その他の栄典の授与は、いかなる特権も伴はない。栄典の授与は、現にこれを有し、又は将来これを受ける者の一代に限り、その効力を有する。

第15条　公務員を選定し、及びこれを罷免することは、国民固有の権利である。

2　すべて公務員は、全体の奉仕者であつて、一部の奉仕者ではない。

3　公務員の選挙については、成年者による普通選挙を保障する。

4　すべて選挙における投票の秘密は、これを侵してはならない。選挙人は、その選択に関し公的にも私的にも責任を問はれない。

第16条　何人も、損害の救済、公務員の罷免、法律、命令又は規則の制定、廃止又は改正その他の事項に関し、平穏に請願する権利を有し、何人も、かかる請願をしたためにいかなる差別待遇も受けない。

第17条　何人も、公務員の不法行為により、損害を受けたときは、法律の定めるところにより、国又は公共団体に、その賠償を求めることができる。

第18条　何人も、いかなる奴隷的拘束も受けない。又、犯罪に因る処罰の場合を除いては、その意に反する苦役に服させられない。

第19条　思想及び良心の自由は、これを侵してはならない。

第20条　信教の自由は、何人に対してもこれを保障する。いかなる宗教団体も、国から特権を受け、又は政治上の権力を行使してはならない。

2　何人も、宗教上の行為、祝典、儀式又は行事に参加することを強制されない。

3　国及びその機関は、宗教教育その他いかなる宗教的活動もしてはならない。

第21条　集会、結社及び言論、出版その他一切の表現の自由は、これを保障する。

2　検閲は、これをしてはならない。通信の秘密は、これを侵してはならない。

第22条　何人も、公共の福祉に反しない限り、居住、移転及び職業選択の自由を有する。

2　何人も、外国に移住し、又は国籍を離脱する自由を侵されない。

第23条　学問の自由は、これを保障する。

第24条　婚姻は、両性の合意のみに基いて成立し、夫婦が同等の権利を有することを基本として、相互の協力により、維持されなければならない。

　　2　配偶者の選択、財産権、相続、住居の選定、離婚並びに婚姻及び家族に関するその他の事項に関しては、法律は、個人の尊厳と両性の本質的平等に立脚して、制定されなければならない。

第25条　すべて国民は、健康で文化的な最低限度の生活を営む権利を有する。

　　2　国は、すべての生活部面について、社会福祉、社会保障及び公衆衛生の向上及び増進に努めなければならない。

第26条　すべて国民は、法律の定めるところにより、その能力に応じて、ひとしく教育を受ける権利を有する。

　　2　すべて国民は、法律の定めるところにより、その保護する子女に普通教育を受けさせる義務を負ふ。義務教育は、これを無償とする。

第27条　すべて国民は、勤労の権利を有し、義務を負ふ。

　　2　賃金、就業時間、休息その他の勤労条件に関する基準は、法律でこれを定める。

　　3　児童は、これを酷使してはならない。

【②教育基本法（全文）】

2006年（平成18年）12月22日（法律第120号）

　教育基本法（昭和22年法律第25号）の全部を改正する。我々日本国民は、たゆまぬ努力によって築いてきた民主的で文化的な国家を更に発展させるとともに、世界の平和と人類の福祉の向上に貢献することを願うものである。我々は、この理想を実現するため、個人の尊厳を重んじ、真理と正義を希求し、公共の精神を尊び、豊かな人間性と創造性を備えた人間の育成を期するとともに、伝統を継承し、新しい文化の創造を目指す教育を推進する。ここに、我々は、日本国憲法の精神にのっとり、我が国の未来を切り拓く教育の基本を確立し、その振興を図るため、この法律を制定する。

第1章　教育の目的及び理念

（教育の目的）

　第1条　教育は、人格の完成を目指し、平和で民主的な国家及び社会の形成者として必要な資質を備えた心身ともに健康な国民の育成を期して行われなければならない。

（教育の目標）

　第2条　教育は、その目的を実現するため、学問の自由を尊重しつつ、次に掲げる目標を達成するよう行われるものとする。

　1　幅広い知識と教養を身に付け、真理を求める態度を養い、豊かな情操と道徳心を培うとともに、健やかな身体を養うこと。

　2　個人の価値を尊重して、その能力を伸ばし、創造性を培い、自主及び自律の精神を養うとともに、職業及び生活との関連を重視し、勤労を重んずる態度を養うこと。

　3　正義と責任、男女の平等、自他の敬愛と協力を重んずるとともに、公共の精神に基づき、主体的に社会の形成に参画し、その発展に寄与する態度を養うこと。

　4　生命を尊び、自然を大切にし、環境の保全に寄与する態度を養うこと。

　5　伝統と文化を尊重し、それらをはぐくんできた我が国と郷土を愛するとともに、他国を尊重し、国際社会の平和と発展に寄与する態度を養うこと。

（生涯学習の理念）

　第3条　国民一人一人が、自己の人格を磨き、豊かな人生を送ることができるよ

う、その生涯にわたって、あらゆる機会に、あらゆる場所において学習することができ、その成果を適切に生かすことのできる社会の実現が図られなければならない。

（教育の機会均等）

第4条　すべて国民は、ひとしく、その能力に応じた教育を受ける機会を与えられなければならず、人種、信条、性別、社会的身分、経済的地位又は門地によって、教育上差別されない。

　　2　国及び地方公共団体は、障害のある者が、その障害の状態に応じ、十分な教育を受けられるよう、教育上必要な支援を講じなければならない。

　　3　国及び地方公共団体は、能力があるにもかかわらず、経済的理由によって修学が困難な者に対して、奨学の措置を講じなければならない。

第2章　教育の実施に関する基本

（義務教育）

第5条　国民は、その保護する子に、別に法律で定めるところにより、普通教育を受けさせる義務を負う。

　　2　義務教育として行われる普通教育は、各個人の有する能力を伸ばしつつ社会において自立的に生きる基礎を培い、また、国家及び社会の形成者として必要とされる基本的な資質を養うことを目的として行われるものとする。

　　3　国及び地方公共団体は、義務教育の機会を保障し、その水準を確保するため、適切な役割分担及び相互の協力の下、その実施に責任を負う。

　　4　国又は地方公共団体の設置する学校における義務教育については、授業料を徴収しない。

（学校教育）

第6条　法律に定める学校は、公の性質を有するものであって、国、地方公共団体及び法律に定める法人のみが、これを設置することができる。

　　2　前項の学校においては、教育の目標が達成されるよう、教育を受ける者の心身の発達に応じて、体系的な教育が組織的に行われなければならない。この場合において、教育を受ける者が、学校生活を営む上で必要な規律を重んずるとともに、自ら進んで学習に取り組む意欲を高めることを重視して行われなければならない。

（大学）

第7条　大学は、学術の中心として、高い教養と専門的能力を培うとともに、深く真理を探究して新たな知見を創造し、これらの成果を広く社会に提供するこ

とにより、社会の発展に寄与するものとする。

2　大学については、自主性、自律性その他の大学における教育及び研究の特性が尊重されなければならない。

（私立学校）

第8条　私立学校の有する公の性質及び学校教育において果たす重要な役割にかんがみ、国及び地方公共団体は、その自主性を尊重しつつ、助成その他の適当な方法によって私立学校教育の振興に努めなければならない。

（教員）

第9条　法律に定める学校の教員は、自己の崇高な使命を深く自覚し、絶えず研究と修養に励み、その職責の遂行に努めなければならない。

2　前項の教員については、その使命と職責の重要性にかんがみ、その身分は尊重され、待遇の適正が期せられるとともに、養成と研修の充実が図られなければならない。

（家庭教育）

第10条　父母その他の保護者は、子の教育について第一義的責任を有するものであって、生活のために必要な習慣を身に付けさせるとともに、自立心を育成し、心身の調和のとれた発達を図るよう努めるものとする。

2　国及び地方公共団体は、家庭教育の自主性を尊重しつつ、保護者に対する学習の機会及び情報の提供その他の家庭教育を支援するために必要な施策を講ずるよう努めなければならない。

（幼児期の教育）

第11条　幼児期の教育は、生涯にわたる人格形成の基礎を培う重要なものであることにかんがみ、国及び地方公共団体は、幼児の健やかな成長に資する良好な環境の整備その他適当な方法によって、その振興に努めなければならない。

（社会教育）

第12条　個人の要望や社会の要請にこたえ、社会において行われる教育は、国及び地方公共団体によって奨励されなければならない。

2　国及び地方公共団体は、図書館、博物館、公民館その他の社会教育施設の設置、学校の施設の利用、学習の機会及び情報の提供その他の適当な方法によって社会教育の振興に努めなければならない。

（学校、家庭及び地域住民等の相互の連携協力）

第13条　学校、家庭及び地域住民その他の関係者は、教育におけるそれぞれの役割と責任を自覚するとともに、相互の連携及び協力に努めるものとする。

（政治教育）

第14条　良識ある公民として必要な政治的教養は、教育上尊重されなければならない。

2　法律に定める学校は、特定の政党を支持し、又はこれに反対するための政治教育その他政治的活動をしてはならない。

（宗教教育）

第15条　宗教に関する寛容の態度、宗教に関する一般的な教養及び宗教の社会生活における地位は、教育上尊重されなければならない。

2　国及び地方公共団体が設置する学校は、特定の宗教のための宗教教育その他宗教的活動をしてはならない。

第3章　教育行政

（教育行政）

第16条　教育は、不当な支配に服することなく、この法律及び他の法律の定めるところにより行われるべきものであり、教育行政は、国と地方公共団体との適切な役割分担及び相互の協力の下、公正かつ適正に行われなければならない。

2　国は、全国的な教育の機会均等と教育水準の維持向上を図るため、教育に関する施策を総合的に策定し、実施しなければならない。

3　地方公共団体は、その地域における教育の振興を図るため、その実情に応じた教育に関する施策を策定し、実施しなければならない。

4　国及び地方公共団体は、教育が円滑かつ継続的に実施されるよう、必要な財政上の措置を講じなければならない。

（教育振興基本計画）

第17条　政府は、教育の振興に関する施策の総合的かつ計画的な推進を図るため、教育の振興に関する施策についての基本的な方針及び講ずべき施策その他必要な事項について、基本的な計画を定め、これを国会に報告するとともに、公表しなければならない。

2　地方公共団体は、前項の計画を参酌し、その地域の実情に応じ、当該地方公共団体における教育の振興のための施策に関する基本的な計画を定めるよう努めなければならない。

第4章　法令の制定

第18条　この法律に規定する諸条項を実施するため、必要な法令が制定されなければならない。

【③学校教育法（抄）】

1947年（昭和22年）3月31日（法律第26号）

一部改正：2007年（平成19年）6月27日（法律第96号）

一部改正：2015年（平成27年）6月24日（法律第46号）

第1章　総則

第1条　この法律で、学校とは、幼稚園、小学校、中学校、義務教育学校、高等学校、中等教育学校、特別支援学校、大学及び高等専門学校とする。

第2条　学校は、国（国立大学法人法（平成15年法律第112号）第2条第1項に規定する国立大学法人及び独立行政法人国立高等専門学校機構を含む。以下同じ。）、地方公共団体（地方独立行政法人法（平成15年法律第118号）第68条第1項に規定する公立大学法人（以下「公立大学法人」という。）を含む。次項及び第127条において同じ。）及び私立学校法（昭和24年法律第270号）第3条に規定する学校法人（以下「学校法人」という。）のみが、これを設置することができる。

2　この法律で、国立学校とは、国の設置する学校を、公立学校とは、地方公共団体の設置する学校を、私立学校とは、学校法人の設置する学校をいう。

第6条　学校においては、授業料を徴収することができる。ただし、国立又は公立の小学校及び中学校、義務教育学校、中等教育学校の前期課程又は特別支援学校の小学部及び中学部における義務教育については、これを徴収することができない。

第9条　次の各号のいずれかに該当する者は、校長又は教員となることができない。

1　禁錮以上の刑に処せられた者

2　教育職員免許法第10条第1項第2号又は第3号に該当することにより免許状がその効力を失い、当該失効の日から3年を経過しない者

3　教育職員免許法第11条第1項から第3項までの規定により免許状取上げの処分を受け、3年を経過しない者

4　日本国憲法施行の日以後において、日本国憲法又はその下に成立した政府を暴力で破壊することを主張する政党その他の団体を結成し、又はこれに加入した者

第2章　義務教育

第16条　保護者（子に対して親権を行う者（親権を行う者のないときは、未成年後見人）をいう。以下同じ。）は、次条に定めるところにより、子に9年の普通教育を受けさせる義務を負う。

第21条　義務教育として行われる普通教育は、教育基本法（平成18年法律第120号）第5条第2項に規定する目的を実現するため、次に掲げる目標を達成するよう行われるものとする。

1　学校内外における社会的活動を促進し、自主、自律及び協同の精神、規範意識、公正な判断力並びに公共の精神に基づき主体的に社会の形成に参画し、その発展に寄与する態度を養うこと。

2　学校内外における自然体験活動を促進し、生命及び自然を尊重する精神並びに環境の保全に寄与する態度を養うこと。

3　我が国と郷土の現状と歴史について、正しい理解に導き、伝統と文化を尊重し、それらをはぐくんできた我が国と郷土を愛する態度を養うとともに、進んで外国の文化の理解を通じて、他国を尊重し、国際社会の平和と発展に寄与する態度を養うこと。

4　家族と家庭の役割、生活に必要な衣、食、住、情報、産業その他の事項について基礎的な理解と技能を養うこと。

5　読書に親しませ、生活に必要な国語を正しく理解し、使用する基礎的な能力を養うこと。

6　生活に必要な数量的な関係を正しく理解し、処理する基礎的な能力を養うこと。

7　生活にかかわる自然現象について、観察及び実験を通じて、科学的に理解し、処理する基礎的な能力を養うこと。

8　健康、安全で幸福な生活のために必要な習慣を養うとともに、運動を通じて体力を養い、心身の調和的発達を図ること。

9　生活を明るく豊かにする音楽、美術、文芸その他の芸術について基礎的な理解と技能を養うこと。

10　職業についての基礎的な知識と技能、勤労を重んずる態度及び個性に応じて将来の進路を選択する能力を養うこと。

第3章　幼稚園

第22条　幼稚園は、義務教育及びその後の教育の基礎を培うものとして、幼児を保育し、幼児の健やかな成長のために適当な環境を与えて、その心身の発達

を助長することを目的とする。

第4章　小学校

第29条　小学校は、心身の発達に応じて、義務教育として行われる普通教育のうち基礎的なものを施すことを目的とする。

第35条　市町村の教育委員会は、次に掲げる行為の1又は2以上を繰り返し行う等性行不良であつて他の児童の教育に妨げがあると認める児童があるときは、その保護者に対して、児童の出席停止を命ずることができる。

1　他の児童に傷害、心身の苦痛又は財産上の損失を与える行為

2　職員に傷害又は心身の苦痛を与える行為

3　施設又は設備を損壊する行為

4　授業その他の教育活動の実施を妨げる行為

  2　市町村の教育委員会は、前項の規定により出席停止を命ずる場合には、あらかじめ保護者の意見を聴取するとともに、理由及び期間を記載した文書を交付しなければならない。

  3　前項に規定するもののほか、出席停止の命令の手続に関し必要な事項は、教育委員会規則で定めるものとする。

  4　市町村の教育委員会は、出席停止の命令に係る児童の出席停止の期間における学習に対する支援その他の教育上必要な措置を講ずるものとする。

第5章　中学校

第45条　中学校は、小学校における教育の基礎の上に、心身の発達に応じて、義務教育として行われる普通教育を施すことを目的とする。

第6章　高等学校

第50条　高等学校は、中学校における教育の基礎の上に、心身の発達及び進路に応じて、高度な普通教育及び専門教育を施すことを目的とする。

第7章　中等教育学校

第63条　中等教育学校は、小学校における教育の基礎の上に、心身の発達及び進路に応じて、義務教育として行われる普通教育並びに高度な普通教育及び専門教育を一貫して施すことを目的とする。

第8章　特別支援教育

第72条　特別支援学校は、視覚障害者、聴覚障害者、知的障害者、肢体不自由者又は病弱者（身体虚弱者を含む。以下同じ。）に対して、幼稚園、小学校、中学校又は高等学校に準ずる教育を施すとともに、障害による学習上又は生活上の困難を克服し自立を図るために必要な知識技能を授けることを目的とする。

第9章　大学

第83条　大学は、学術の中心として、広く知識を授けるとともに、深く専門の学芸を教授研究し、知的、道徳的及び応用的能力を展開させることを目的とする。

2　大学は、その目的を実現するための教育研究を行い、その成果を広く社会に提供することにより、社会の発展に寄与するものとする。

第10章　高等専門学校

第115条　高等専門学校は、深く専門の学芸を教授し、職業に必要な能力を育成することを目的とする。

2　高等専門学校は、その目的を実現するための教育を行い、その成果を広く社会に提供することにより、社会の発展に寄与するものとする。

第11章　専修学校

第124条　第1条に掲げるもの以外の教育施設で、職業若しくは実際生活に必要な能力を育成し、又は教養の向上を図ることを目的として次の各号に該当する組織的な教育を行うもの（当該教育を行うにつき他の法律に特別の規定があるもの及び我が国に居住する外国人を専ら対象とするものを除く。）は、専修学校とする。

1　修業年限が1年以上であること。

2　授業時数が文部科学大臣の定める授業時数以上であること。

3　教育を受ける者が常時40人以上であること。

【④学校教育法施行規則（抄）】

1947年（昭和22年）5月23日（文部省令第11号）

一部改正：2008年（平成20年）3月28日（文部科学省令第5号）

2018年（平成30年）3月27日（文部科学省令第6号）改正

2023年（令和5年）3月31日（文部科学省令第18号）改正

第4章　小学校

第51条　小学校（第52条の2第2項に規定する中学校連携型小学校及び第79条
の9第2項に規定する中学校併設型小学校を除く。）の各学年における各教科、
特別の教科である道徳、外国語活動、総合的な学習の時間及び特別活動のそれ
ぞれの授業時数並びに各学年におけるこれらの総授業時数は、別表第1に定め
る授業時数を標準とする。

（別表第1）

区分		第1学年	第2学年	第3学年	第4学年	第5学年	第6学年
各教科の授業時数	国語	306	315	245	245	175	175
	社会			70	90	100	105
	算数	136	175	175	175	175	175
	理科			90	105	105	105
	生活	102	105				
	音楽	68	70	60	60	50	50
	図画工作	68	70	60	60	50	50
	家庭					60	55
	体育	102	105	105	105	90	90
	外国語					70	70
特別の教科である道徳の授業時数		34	35	35	35	35	35
外国語活動の授業時数				35	35		
総合的な学習の時間の授業時数				70	70	70	70
特別活動の授業時数		34	35	35	35	35	35
総授業時数		850	910	980	1015	1015	1015

第5章　中学校

第73条　中学校（併設型中学校、第74条の2第2項に規定する小学校連携型中学校、第75条第2項に規定する連携型中学校及び第79条の9第2項に規定する小学校併設型中学校を除く。）の各学年における各教科、特別の教科である道徳、総合的な学習の時間及び特別活動のそれぞれの授業時数並びに各学年におけるこれらの総授業時数は、別表第2に定める授業時数を標準とする。

（別表第2）

区分		第1学年	第2学年	第3学年
必修教科の授業時数	国語	140	140	105
	社会	105	105	140
	数学	140	105	140
	理科	105	140	140
	音楽	45	35	35
	美術	45	35	35
	保健体育	105	105	105
	技術・家庭	70	70	35
	外国語	140	140	140
特別の教科である道徳の授業時数		35	35	35
総合的な学習の時間の授業時数		50	70	70
特別活動の授業時数		35	35	35
総授業時数		1015	1015	1015

【⑤地方公務員法（抄）】

1950年（昭和25年）12月13日（法律第261号）

2017年（平成29年）5月17日（法律第 29 号）改正

第17条　職員の職に欠員を生じた場合においては、任命権者は、採用、昇任、降任又は転任のいずれかの方法により、職員を任命することができる。

第30条（服務の根本基準）すべて職員は、全体の奉仕者として公共の利益のために勤務し、且つ、職務の遂行に当つては、全力を挙げてこれに専念しなければならない。

第31条（服務の宣誓）職員は、条例の定めるところにより、服務の宣誓をしなければならない。

第32条（法令等及び上司の職務上の命令に従う義務）職員は、その職務を遂行するに当つて、法令、条例、地方公共団体の規則及び地方公共団体の機関の定める規程に従い、且つ、上司の職務上の命令に忠実に従わなければならない。

第33条（信用失墜行為の禁止）職員は、その職の信用を傷つけ、又は職員の職全体の不名誉となるような行為をしてはならない。

第34条（秘密を守る義務）職員は、職務上知り得た秘密を漏らしてはならない。その職を退いた後も、また、同様とする。

第35条（職務に専念する義務）職員は、法律又は条例に特別の定がある場合を除く外、その勤務時間及び職務上の注意力のすべてをその職責遂行のために用い、当該地方公共団体がなすべき責を有する職務にのみ従事しなければならない。

第36条（政治的行為の制限）職員は、政党その他の政治的団体の結成に関与し、若しくはこれらの団体の役員となつてはならず、又はこれらの団体の構成員となるように、若しくはならないように勧誘運動をしてはならない。

　2　職員は、特定の政党その他の政治的団体又は特定の内閣若しくは地方公共団体の執行機関を支持し、又はこれに反対する目的をもつて、あるいは公の選挙又は投票において特定の人又は事件を支持し、又はこれに反対する目的をもつて、次に掲げる政治的行為をしてはならない。（以下、略）

第37条（争議行為等の禁止）職員は、地方公共団体の機関が代表する使用者としての住民に対して同盟罷業、怠業その他の争議行為をし、又は地方公共団体の機関の活動能率を低下させる怠業的行為をしてはならない。又、何人も、こ

のような違法な行為を企て、又はその遂行を共謀し、そそのかし、若しくはあおつてはならない。

第38条（営利企業の従事等制限）職員は、任命権者の許可を受けなければ、商業、工業又は金融業その他営利を目的とする私企業（以下この項及び次条第一項において「営利企業」という。）を営むことを目的とする会社その他の団体の役員その他人事委員会規則（人事委員会を置かない地方公共団体においては、地方公共団体の規則）で定める地位を兼ね、若しくは自ら営利企業を営み、又は報酬を得ていかなる事業若しくは事務にも従事してはならない。ただし、非常勤職員（短時間勤務の職を占める職員及び第22条の2第1項第2号に掲げる職員を除く。）については、この限りでない。

第39条（研修）職員には、その勤務能率の発揮及び増進のために、研修を受ける機会が与えられなければならない。

第40条　削除

【⑥教育公務員特例法（抄）】

1949年（昭和24年）1月12日（法律第1号）
2017年（平成29年）5月17日（法律第29号）改正
2022年（令和4年）5月18日（法律第40号）改正

第11条（採用及び昇任の方法）公立学校の校長の採用（現に校長の職以外の職
に任命されている者を校長の職に任命する場合を含む。）並びに教員の採用
（現に教員の職以外の職に任命されている者を教員の職に任命する場合を含む。
以下この条において同じ。）及び昇任（採用に該当するものを除く）は、選考
によるものとし、その選考は、大学附置の学校にあつては当該大学の学長が、
大学附置の学校以外の公立学校（幼保連携型認定こども園を除く。）にあつて
はその校長及び教員の任命権者である教育委員会の教育長が、大学附置の学校
以外の公立学校（幼保連携型認定こども園に限る。）にあつてはその校長及び
教員の任命権者である地方公共団体の長が行う。

第12条（条件附任用）公立の小学校、中学校、義務教育学校、高等学校、中等
教育学校、特別支援学校、幼稚園及び幼保連携型認定こども園（以下「小学校
等」という。）の教諭、助教諭、保育教諭、助保育教諭及び講師（以下「教諭
等」という。）に係る地方公務員法第22条第1項に規定する採用については、
同項中「6月」とあるのは「1年」として同項の規定を適用する。

第17条（兼職及び他の事業等の従事）教育公務員は、教育に関する他の職を兼
ね、又は教育に関する他の事業若しくは事務に従事することが本務の遂行に支
障がないと任命権者（地方教育行政の組織及び運営に関する法律第37条第1
項に規定する県費負担教職員（以下「県費負担職員」という。）については、
市町村（特別区を含む。以下同じ。）の教育委員会）において認める場合には、
給与を受け、又は受けないで、その職を兼ね、又はその事業若しくは事務に従
事することができる。

第21条（研修）教育公務員は、その職責を遂行するために、絶えず研究と修養
に努めなければならない。

第22条（研修の機会）教育公務員には、研修を受ける機会が与えられなければ
ならない。

2　教員は、授業に支障のない限り、本属長の承認を受けて、勤務場所を離れ
て研修を行うことができる。

 3 教育公務員は、任命権者（第20条第1項第号に掲げる者については、同
  号に定める市町村の教育委員会。以下この章において同じ。）の定めると
  ころにより、現職のままで、長期にわたる研修を受けることができる。

第23条（初任者研修）公立の小学校等の教諭等の任命権者は、当該教諭等（臨
時的に任用された者その他の政令で定める者を除く。）に対して、その採用
（現に教諭等の職以外の職に任命されている者を教諭等の職に任命する場合を
含む。）の日から1年間の教諭の職務の遂行に必要な事項に関する実践的な研
修（以下「初任者研修」という。）を実施しなければならない。

【⑦地方教育行政の組織及び運営に関する法律（抄）】

1956年（昭和31年）6月30日（法律第162号）
2019年（令和元年）6月14日（法律第37号）改正

第37条（任命権者）市町村立学校職員給与負担法（昭和23年法律第135号）第1条及び第2条に規定する職員（以下「県費負担教職員」という。）の任命権は、都道府県委員会に属する。

第38条（市町村委員会の内申）都道府県委員会は、市町村委員会の内申をまって、県費負担教職員の任免その他の進退を行うものとする。

第43条（服務の監督）市町村委員会は、県費負担教職員の服務を監督する。

第45条（研修）県費負担教職員の研修は、地方公務員法第39条第2項の規定にかかわらず、市町村委員会も行うことができる。

第46条　削除

第47条の2（県費負担教職員の免職及び都道府県の職への採用）都道府県委員会は、地方公務員法第27条第2項及び第28条第1項の規定にかかわらず、その任命に係る市町村の県費負担教職員（教諭、養護教諭、栄養教諭、助教諭及び養護助教諭並びに講師（同法第22条の2第1項各号に掲げる者を除く。）に限る。）で次の各号のいずれにも該当するもの（同法第28条第1項各号又は第2項各号のいずれかに該当する者を除く。）を免職し、引き続いて当該都道府県の常時勤務を要する職（指導主事並びに校長、園長及び教員の職を除く。）に採用することができる。

1　児童又は生徒に対する指導が不適切であること。

2　研修等必要な措置が講じられたとしてもなお児童又は生徒に対する指導を適切に行うことができないと認められること。

【⑧教育職員免許法（抄）】

1949年（昭和24年）5月31日（法律第147号）

2019年（令和元年）6月7日（法律第26号）改正

2022年（令和4年）5月18日（法律第40号）改正

第2条（定義）この法律において「教育職員」とは、学校（学校教育法（昭和22年法律第26号）第1条に規定する幼稚園、小学校、中学校、義務教育学校、高等学校、中等教育学校及び特別支援学校（第3項において「第1条学校」という。）並びに就学前の子どもに関する教育、保育等の総合的な提供の推進に関する法律（平成18年法律第77号）第2条第7項に規定する幼保連携型認定こども園（以下「幼保連携型認定こども園」という。）をいう。以下同じ。）の主幹教諭（幼保連携型認定こども園の主幹養護教諭及び主幹栄養教諭を含む。以下同じ。）、指導教諭、教諭、助教諭、養護教諭、養護助教諭、栄養教諭、主幹保育教諭、指導保育教諭、保育教諭、助保育教諭及び講師（以下「教員」という。）をいう。

第3条（免許）教育職員は、この法律により授与する各相当の免許状を有する者でなければならない。

第4条（種類）免許状は、普通免許状、特別免許状及び臨時免許状とする。

  2 普通免許状は、学校（義務教育学校、中等教育学校及び幼保連携型認定こども園を除く。）の種類ごとの教諭の免許状、養護教諭の免許状及び栄養教諭の免許状とし、それぞれ専修免許状、一種免許状及び二種免許状（高等学校教諭の免許状にあつては、専修免許状及び一種免許状）に区分する。

  3 特別免許状は、学校（幼稚園、義務教育学校、中等教育学校及び幼保連携型認定こども園を除く。）の種類ごとの教諭の免許状とする。

  4 臨時免許状は、学校（義務教育学校、中等教育学校及び幼保連携型認定こども園を除く。）の種類ごとの助教諭の免許状及び養護助教諭の免許状とする。

第5条（授与）普通免許状は、別表第1、別表第2若しくは別表第2の2に定める基礎資格を有し、かつ、大学若しくは文部科学大臣の指定する養護教諭養成機関において別表第1、別表第2若しくは別表第2の2に定める単位を修得した者又はその免許状を授与するため行う教育職員検定に合格した者に授与する。ただし、次の各号のいずれかに該当する者には、授与しない。

1　18歳未満の者

2　高等学校を卒業しない者。(中略) ただし、文部科学大臣において高等学校を卒業した者と同等以上の資格を有すると認めた者を除く。

3　禁錮以上の刑に処せられた者

4　第10条第1項第2号又は第3号に該当することにより免許状がその効力を失い、当該失効の日から3年を経過しない者

5　第11条第1項から第3項までの規定により免許状取上げの処分を受け、当該処分の日から3年を経過しない者

6　日本国憲法施行の日以後において、日本国憲法又はその下に成立した政府を暴力で破壊することを主張する政党その他の団体を結成し、又はこれに加入した者

第9条 (効力) 普通免許状は、全ての都道府県 (中学校及び高等学校の教員の宗教の教科についての免許状にあつては、国立学校又は公立学校の場合を除く。以下この条において同じ。) において効力を有する。

2　特別免許状は、その免許状を授与した授与権者の置かれる都道府県においてのみ効力を有する。

3　臨時免許状は、その免許状を授与したときから3年間、その免許状を授与した授与権者の置かれる都道府県においてのみ効力を有する。

【⑨教員の地位に関する勧告（抄）】

1966年（昭和41年）9月21日～10月5日　ユネスコ特別政府間会議採択

前文

　教員の地位に関する特別政府間会議は、 教育を受ける権利が基本的人権の一つであることを想起し、世界人権宣言の第26条、児童の権利宣言の第5原則、第7原則および第10原則および諸国民間の平和、相互の尊重と理解の精神を青少年の間に普及することに関する国連宣言を達成するうえで、すべての者に適正な教育を与えることが国家の責任であることを自覚し、不断の道徳的・文化的進歩および経済的社会的発展に本質的な寄与をなすものとして、役立てうるすべての能力と知性を十分に活用するために、普通教育、技術教育および職業教育をより広範に普及させる必要を認め、教育の進歩における教員の不可欠な役割、ならびに人間の開発および現代社会の発展への彼らの貢献の重要性を認識し、教員がこの役割にふさわしい地位を享受することを保障することに関心を持ち、異なった国々における教育のパターンおよび編成を決定する法令および慣習が非常に多岐にわたっていることを考慮し、かつ、それぞれの国で教育職員に適用される措置が、とくに公務に関する規制が教員にも適用されるかどうかによって非常に異なった種類のものが多く存在することを考慮に入れ、これらの相違にもかかわらず教員の地位に関してすべての国々で同じような問題が起こっており、かつ、これらの問題が、今回の勧告の作成の目的であるところの、一連の共通基準および措置の適用を必要としていることを確信し、教員に適用される現行国際諸条約、とくにILO総会で採択された結社の自由及び団結権保護条約（1948年）、団結権及び団体交渉権条約（1949年）、同一報酬条約（1951年）、差別待遇（雇用及び職業）条約（1958年）、および、ユネスコ総会で採択された教育の差別防止条約（1960年）等の基本的人権に関する諸条項に注目し、また、ユネスコおよび国際教育局が合同で召集した国際公教育会議で採択された初中等学校教員の養成と地位の諸側面に関する諸勧告、およびユネスコ総会で、1962年に採択された技術・職業教育に関する勧告にも注目し、教員にとくに関連する諸問題に関した諸規定によって現行諸基準を補足し、また、教員不足の問題を解決したいと願い、以下の勧告を採択した。

1　定義

　1　本勧告の適用上、(a)「教員」(teacher) という語は、学校において生徒の
　　　教育に責任を持つすべての人々をいう。

(b) 教員に関して用いられる「地位」(status) という表現は、教員の職務の重要性およびその職務遂行能力の評価の程度によって示される社会的地位または尊敬、ならびに他の職業集団と比較して教員に与えられる労働条件、報酬その他の物質的給付等の双方を意味する。

2 範囲

2　本勧告は、公立・私立共に中等教育終了段階までの学校、すなわち、技術教育、職業教育および芸術教育を行なうものを含めて、保育園・幼稚園・初等および中間または中等学校のすべての教員に適用される。

3 指導的諸原則

3　教育は、その最初の学年から、人権および基本的自由に対する深い尊敬をうえつけることを目的とすると同時に、人間個性の全面的発達および共同社会の精神的、道徳的、社会的、文化的ならびに経済的な発展を目的とするものでなければならない。これらの諸価値の範囲の中で最も重要なものは、教育が平和の為に貢献をすること、およびすべての国民の間の、そして人種的、宗教的集団相互の間の理解と寛容と友情に対して貢献することである。

4　教育の進歩は、教育職員一般の資格と能力および個々の教員の人間的、教育学的、技術的資質に大いに依存するところが大きいことが認識されなければならない。

5　教員の地位は、教育の目的、目標に照らして評価される教育の必要性にみあったものでなければならない。教育の目的、目標を完全に実現する上で、教員の正当な地位および教育職に対する正当な社会的尊敬が、大きな重要性をもっているということが認識されなければならない。

6　教育の仕事は専門職とみなされるべきである。この職業は厳しい、継続的な研究を経て獲得され、維持される専門的知識および特別な技術を教員に要求する公共的業務の一種である。また、責任をもたされた生徒の教育および福祉に対して、個人的および共同の責任感を要求するものである。

7　教員の養成および雇用のすべての面にわたって、人種、皮膚の色、性別、宗教、政治的見解、国籍または門地もしくは経済的条件にもとづくいかなる形態の差別も行なわれてはならない。

8　教員の労働条件は、効果的な学習を最もよく促進し、教員がその職業的任務に専念することができるものでなければならない。

【⑩教育職員養成審議会答申「新たな時代に向けた教員養成の改善方策について」(抄)】

1997年(平成9年)7月28日答申

Ⅰ　教員に求められる資質能力と教職課程の役割

1．教員に求められる資質能力

　諮問における検討事項に対する本審議会の見解を明らかにするに先立ち、その前提となる「教員に求められる資質能力」について検討してみることとしたい。

(1) いつの時代も教員に求められる資質能力

　昭和62年12月18日付けの本審議会答申「教員の資質能力の向上方策等について」(以下「昭和62年答申」という。)の記述(注)等をもとに考えてみると、教員の資質能力とは、一般に、「専門的職業である『教職』に対する愛着、誇り、一体感に支えられた知識、技能等の総体」といった意味内容を有するもので、「素質」とは区別され後天的に形成可能なものと解される。

　昭和62年答申に掲げられた資質能力は教員である以上いつの時代にあっても一般的に求められるものであると考えるが、このような一般的資質能力を前提としつつ、今日の社会の状況や学校・教員を巡る諸問題を踏まえたとき、今後特に教員に求められる資質能力は、具体的にどのようなものであろうか。

　　(注)「学校教育の直接の担い手である教員の活動は、人間の心身の発達にかかわるものであり、幼児・児童・生徒の人格形成に大きな影響を及ぼすものである。このような専門職としての教員の職責にかんがみ、教員については、教育者としての使命感、人間の成長・発達についての深い理解、幼児・児童・生徒に対する教育的愛情、教科等に関する専門的知識、広く豊かな教養、そしてこれらを基盤とした実践的指導力が必要である」(昭和62年答申「はじめに」)など。

(2) 今後特に教員に求められる具体的資質能力

　これからの教員には、変化の激しい時代にあって、子どもたちに[生きる力]を育む教育を授けることが期待される。そのような観点から、今後特に教員に求められる資質能力の具体例を、上記(1)に掲げた一般的資質能力との重複や事項間の若干の重複をいとわず図式的に整理してみると、概ね以下の[参考図]のようになると考える。

　すなわち、未来に生きる子どもたちを育てる教員には、まず、地球や人類の在

り方を自ら考えるとともに、培った幅広い視野を教育活動に積極的に生かすこと
が求められる。さらに、教員という職業自体が社会的に特に高い人格・識見を求
められる性質のものであることから、教員は変化の時代を生きる社会人に必要な
資質能力をも十分に兼ね備えていなければならず、これらを前提に、当然のこと
として、教職に直接関わる多様な資質能力を有することが必要と考える。

〔[参考図] 今後特に教員に求められる具体的資質能力の例（省略）〕

　教員に求められる資質能力は、語る人によってその内容や強調される点が区々
であり、それらすべてを網羅的に掲げることは不可能であるが、今日の社会の状
況や学校・教員を巡る諸課題を念頭に置くと、主として上記のようなものを例示
的に挙げ得るものと考える。

（3）得意分野を持つ個性豊かな教員の必要性

　このように教員には多様な資質能力が求められ、教員一人一人がこれらについ
て最小限必要な知識、技能等を備えることが不可欠である。しかしながら、すべ
ての教員が一律にこれら多様な資質能力を高度に身に付けることを期待しても、
それは現実的ではない。

　むしろ学校では、多様な資質能力を持つ個性豊かな人材によって構成される教
員集団が連携・協働することにより、学校という組織全体として充実した教育活
動を展開すべきものと考える。また、いじめや登校拒否の問題をはじめとする現
在の学校を取り巻く問題の複雑さ・困難さの中では、学校と家庭や地域社会との
協力、教員とそれ以外の専門家（学校医、スクール・カウンセラー等）との連
携・協働が一層重要なものとなることから、専門家による日常的な指導・助言・
援助の体制整備や学校と専門機関との連携の確保などを今後更に積極的に進める
必要がある。

　さらに、教員一人一人の資質能力は決して固定的なものでなく、変化し、成長
が可能なものであり、それぞれの職能、専門分野、能力・適性、興味・関心等に
応じ、生涯にわたりその向上が図られる必要がある。教員としての力量の向上は、
日々の教育実践や教員自身の研鑽により図られるのが基本であるが、任命権者等
が行う研修もまた極めて重要である。現職研修の体系や機会は着実に整備されつ
つあるが、今後一層の充実が期待される。

　このようなことを踏まえれば、今後における教員の資質能力の在り方を考える
に当たっては、画一的な教員像を求めることは避け、生涯にわたり資質能力の向
上を図るという前提に立って、全教員に共通に求められる基礎的・基本的な資質
能力を確保するとともに、さらに積極的に各人の得意分野づくりや個性の伸長を

　図ることが大切である。結局は、このことが学校に活力をもたらし、学校の教育力を高めることに資するものと考える。

【⑪中央教育審議会答申「令和の日本型学校教育」の構築を目指して（抄）】

2021年（令和3年）1月26日答申

第Ⅰ部　総論

4．「令和の日本型学校教育」の構築に向けた今後の方向性

○　家庭の経済状況や地域差、本人の特性等にかかわらず、全ての子供たちの知・徳・体を一体的に育むため、これまで日本型学校教育が果たしてきた、①学習機会と学力の保障、②社会の形成者としての全人的な発達・成長の保障、③安全・安心な居場所・セーフティネットとしての身体的、精神的な健康の保障、という3つの保障を学校教育の本質的な役割として重視し、これを継承していくことが必要である。

○　その上で、「令和の日本型学校教育」を、社会構造の変化や感染症・災害等をも乗り越えて発展するものとし、「全ての子供たちの可能性を引き出す、個別最適な学びと、協働的な学び」を実現するためには、今後、以下の方向性で改革を進める必要がある。

○　その際、学校現場に対して新しい業務を次から次へと付加するという姿勢であってはならない。学校現場が力を存分に発揮できるよう、学校や教師がすべき業務・役割・指導の範囲・内容・量を、精選・縮減・重点化するとともに、教職員定数、専門スタッフの拡充等の人的資源、ICT環境や学校施設の整備等の物的資源を十分に供給・支援することが、国に求められる役割である。

○　また、学校だけではなく地域住民等と連携・協働し、学校と地域が相互にパートナーとして、一体となって子供たちの成長を支えていくことが必要である。その際、コミュニティ・スクール（学校運営協議会制度）と地域学校協働活動を一体的に実施することが重要である。

○　さらに、一斉授業か個別学習か、履修主義か修得主義か、デジタルかアナログか、遠隔・オンラインか対面・オフラインかといった、いわゆる「二項対立」の陥穽に陥らないことに留意すべきである。どちらかだけを選ぶのではなく、教育の質の向上のために、発達の段階や学習場面等により、どちらの良さも適切に組み合わせて生かしていくという考え方に立つべきである。

○　なお、本答申で提言する新たな施策について、文部科学省を中心に実施していくに当たっては、第3期教育振興基本計画で掲げられているように、各施策を効

果的かつ効率的に実施し、目標の達成状況を客観的に点検し、その結果を対外的にも明らかしつつその後の施策へ反映していくことなどにより、教育政策のPDCAサイクルを着実に推進していくことが求められる。中央教育審議会においても、初等中等教育分科会を中心に、必要な検証を実施していく。

（1）学校教育の質と多様性、包摂性を高め、教育の機会均等を実現する

○　新しい時代を生きる子供たちに必要となる資質・能力をより一層確実に育むため、子供たちの基礎学力を保障してその才能を十分に伸ばし、また社会性等を育むことができるよう、学校教育の質を高めることが重要である。その際、インクルーシブ教育システムの理念の構築等により、様々な背景により多様な教育的ニーズのある子供たちに対して、自立と社会参加を見据えて、その時点で教育的ニーズに最も的確に応える指導を提供できる、多様で柔軟な仕組みを整備することが重要であり、実態として学校教育の外に置かれることのないようにするべきである。特に、憲法や教育基本法に基づき、全ての児童生徒に対し、社会において自立的に生きる基礎や、国家や社会の形成者として必要とされる基本的な資質を養うことを目的とする義務教育段階においては、このことが強く求められる。

○　このため、学校に十分な人的配置を実現し、1人1台端末や先端技術を活用しつつ、生徒指導上の課題の増加、外国人児童生徒数の増加、通常の学級に在籍する発達障害のある児童生徒、子供の貧困の問題等により多様化する子供たちに対応して個別最適な学びを実現しながら、学校の多様性と包摂性を高めることが必要である。その際、現状の学校教育における個の確立と異質な他者との対話を促すことに弱さがあるとの指摘も踏まえ、一人一人の内的なニーズや自発性に応じた多様化を軸にした学校文化となり、子供たちの個性が生きるよう、個別化と協働化を適切に組み合わせた学習を実施していくべきである。

○　性同一性障害や性的指向・性自認（性同一性）に悩みを抱える子供がいるとの指摘もある。こうした子供が、安心して学校で学べるようにするため、性同一性障害や性的指向・性自認（性同一性）について、研修を通じて教職員への正しい理解を促進し、その正しい理解を基に、学校における適切な教育相談の実施等を促すことが重要である。

○　また、ICTの活用や関係機関との連携を含め、現に学校教育に馴染めないでいる子供に対して実質的に学びの機会を保障していくとともに、離島、中山間地域等の地理的条件にかかわらず、教育の質と機会均等を確保することが重要である。

○　このような取組を含め、憲法第14条及び第26条、教育基本法第4条の規定に

基づく教育の機会均等を真の意味で実現していくことが必要である。なお、ここでいう機会均等とは、教育水準を下げる方向での均等を図るものではなく、教育水準を上げる方向で均等を実現すべきであることは言うまでもない。

○ 例えば、新型コロナウイルス感染症による学校の臨時休業期間において、一部では「全ての家庭にICT環境が整っていないので、学びの保障のためにICTは活用しない」という判断がなされたという事例や、域内の一部の学校がICTを活用した取組を実施しようとしても他の学校が対応できない場合には、域内全体としてICTの活用を控えてしまった事例もあるが、このように消極的な配慮ではなく、「ICT環境が整っている家庭を対象にまず実施し、そうでない家庭をどう支援するか考える」という積極的な配慮を行うといったように、教育水準の向上に向けた機会均等であるべきである。

○ また、国内外の学力調査では、家庭の社会経済的背景が児童生徒の学力に影響を与えている状況が確認されている。学力格差を是正するためには、社会経済的指標の低い層を幼少期から支援することが重要である。このため、国は、家庭の経済事情に左右されることなく、誰もが希望する質の高い教育を受けられるよう、幼児期から高等教育段階までの切れ目のない形での教育の無償化・負担軽減や、教育の質の向上のための施策を着実に実施することが求められる。

（2）連携・分担による学校マネジメントを実現する

○ 学校が様々な課題に対処し、学校における働き方改革を推進するためには、従来型のマネジメントの下、学校の有するリソースだけで対処するには限界がある。今般の新型コロナウイルス感染症への対応を契機とした業務の見直しも含め、校長のリーダーシップの下、組織として教育活動に取り組む体制を整備することが必要である。その際、校長を中心に学校組織のマネジメント力の強化を図るとともに、学校内、あるいは学校外との関係で、「連携と分担」による学校マネジメントを実現することが重要となる。

○ 学校内においては、教師とは異なる知見を持つ外部人材や、スクールカウンセラー、スクールソーシャルワーカー等の専門スタッフなど、多様な人材が指導に携わることができる学校を実現することが求められる。また、事務職員が校務運営に参画する機会を一層拡大し、主体的・積極的に財務・総務等に通じる専門職としての役割を果たすことが期待される。さらに、教師同士の関係においても、校長のリーダーシップの下、教師が担う業務の適正化や、校内の各種委員会の整理・統合等の学校の組織体制の在り方を見直すこと、主幹教諭、指導教諭をはじ

め、経験豊富で専門性の高いミドルリーダーとなる教師がリーダーシップを発揮できるような組織運営を促進することを通じて、教師が子供としっかりと向き合い、教師本来の業務に専門性を発揮できるようにするとともに、学級担任、教科担任、養護教諭、栄養教諭や部活動顧問等の役割を適切に分担し、学校組織全体としての総合力を発揮していくことが求められる。

○ また、子供たちの教育は、学校・家庭・地域がそれぞれの役割と責任を果たすとともに、相互に連携・協働してこそ効果が上がるものであり、以下のような取組を通じて、地域全体で子供たちの成長を支えていく環境を整えていくことが必要である。

・コミュニティ・スクールの設置が努力義務であることを踏まえ、また、地域学校協働本部の整備により、保護者や地域住民等の学校運営への参加・参画を得ながら、学校運営を行う体制の構築

・家庭生活や社会環境の変化によって家庭の教育機能の低下も指摘される中、幼児教育段階はもとより、義務教育段階を含め、子育てに悩みや不安を抱える保護者に対して、身近な子育て経験者等による学習機会の提供や相談体制の整備など、地域の実情に応じた家庭教育支援に関する取組の推進

○ その他、学校が家庭や地域社会と連携することで、社会とつながる協働的な学びを実現するとともに、働き方改革の観点からも、保護者やPTA、地域住民、児童相談所等の福祉機関、NPO、地域スポーツクラブ、図書館・公民館等の社会教育施設など地域の関係機関と学校との連携・協働を進め、学校・家庭・地域の役割分担を文部科学省が前面に立って強力に推進することで、多様性のあるチームによる学校とし、「自立」した学校を実現することが必要である。

○ その実現に向けては、教育課程と関連付けることが求められており、新学習指導要領を踏まえ、教育課程に基づき組織的かつ計画的に各学校の教育活動の質の向上を図ること（カリキュラム・マネジメント）が重要である。

（3）これまでの実践とICTとの最適な組合せを実現する

○ 新たなICT環境や先端技術を効果的に活用することにより、以下のようなことに寄与することが可能となると考えられる。

・新学習指導要領の着実な実施（例えば、児童生徒自身による端末の自由な発想での活用を「主体的・対話的で深い学び」の実現に向けた授業改善に生かすこと、学びと社会をつなげることにより「社会に開かれた教育課程」を実現すること、プログラミング的思考、情報モラル等に関する資質・能力も含む情報活

用能力を教科等横断的に育成すること）

・学びにおける時間・距離などの制約を取り払うこと（例えば、遠隔教育により、学びの幅が広がる、多様な考えに触れる機会が充実する、様々な状況の子供たちの学習機会が確保されるなど、場面に応じた学びの支援を行うこと）

・全ての子供たちの可能性を引き出す、個別に最適な学びや支援（例えば、子供の学習状況に応じた教材等の提供により、知識・技能の習得等に効果的な学びを行うこと、子供の学習や生活、学校健康診断結果を含む心身の健康状況等に関する様々な情報を把握・分析し、抱える問題を早期発見・解決すること、障害のある子供たちにとっての情報保障やコミュニケーションツールとなること）

・可視化が難しかった学びの知見の共有やこれまでにない知見の生成（例えば、教育データの収集・分析により、各教師の実践知や暗黙知の可視化・定式化や新たな知見を生成すること、経験的な仮説の検証や個々の子供の効果的な学習方法等を特定すること）

・学校における働き方改革の推進（例えば、教材研究・教材作成等の授業準備にかかる時間・労力を削減すること、書類作成や会議等を効率的・効果的に実施すること、遠隔技術を活用して教員研修や各種会議を実施すること）

・災害や感染症等の発生等による学校の臨時休業等の緊急時における教育活動の継続（例えば、同時双方向型のオンライン指導を通じた家庭学習や、オンラインを活用して学校・教師・子供同士のつながりを維持すること）

○　令和時代における学校の「スタンダード」として、「主体的・対話的で深い学び」の実現に向けた授業改善に資するよう、GIGAスクール構想により児童生徒1人1台端末環境と高速大容量の通信ネットワーク環境が実現されることを最大限生かし、端末を日常的に活用するとともに、教師が対面指導と家庭や地域社会と連携した遠隔・オンライン教育とを使いこなす（ハイブリッド化）など、これまでの実践とICTとを最適に組み合わせることで、学校教育における様々な課題を解決し、教育の質の向上につなげていくことが必要である。

○　なお、ICTはこれからの学校教育に必要不可欠なものであり、基盤的なツールとして最大限活用していく必要があるが、その活用自体が目的でないことに留意が必要である。

○　AI技術が高度に発達するSociety5.0時代にこそ、教師による対面指導や子供同士による学び合い、地域社会での多様な体験活動の重要性がより一層高まっていくものであり、教師には、ICTも活用しながら、協働的な学びを実現し、多様

な他者と共に問題の発見や解決に挑む資質・能力を育成することが求められる。

（4）履修主義・修得主義等を適切に組み合わせる

○　現行の日本の学校教育制度では、所定の教育課程を一定年限の間に履修することでもって足りるとする履修主義、履修した内容に照らして一定の学習の実現状況が期待される修得主義、進学・卒業要件として一定年限の在学を要する年齢主義、進学・卒業要件として一定の課程の修了を要求する課程主義の考え方がそれぞれ取り入れられている。

○　修得主義や課程主義は、一定の期間における個々人の学習の状況や成果を問い、それぞれの学習状況に応じた学習内容を提供するという性格を有する。個人の学習状況に着目するため、個に応じた指導、能力別・異年齢編成に対する寛容さという特徴が指摘される一方で、個別での学習が強調された場合、多様な他者との協働を通した社会性の涵養など集団としての教育の在り方が問われる面は少なくなる。

○　一方で、履修主義や年齢主義は、対象とする集団に対して、ある一定の期間をかけて共通に教育を行う性格を有する。このため修得主義や課程主義のように学習の速度は問われず、ある一定の期間の中で、個々人の成長に必要な時間のかかり方を多様に許容し包含する側面がある一方で、過度の同調性や画一性をもたらすことについての指摘もある。

○　我が国においては現在、制度上は原級留置が想定されているものの、運用としては基本的に年齢主義が採られている。進級や卒業の要件としての課程主義を徹底し、義務教育段階から原級留置を行うことは、児童生徒への負の影響が大きいことや保護者等の関係者の理解が得られないことから受け入れられにくいと考えられる。

○　全ての児童生徒への基礎・基本の確実な定着への要請が強い義務教育段階においては、進級や卒業の要件としては年齢主義を基本に置きつつも、教育課程を履修したと判断するための基準については、履修主義と修得主義の考え方を適切に組み合わせ、それぞれの長所を取り入れる教育課程の在り方を目指すべきである。高等学校においては、これまでも履修の成果を確認して単位の修得を認定する制度が採られ、また原級留置の運用もなされており、修得主義・課程主義の要素がより多く取り入れられていることから、このような高等学校教育の特質を踏まえて教育課程の在り方を検討していく必要がある。

○　「個別最適な学び」及び「協働的な学び」との関係では、

・個々人の学習の状況や成果を重視する修得主義の考え方を生かし、「指導の個別化」により個々の児童生徒の特性や学習進度等を丁寧に見取り、その状況に応じた指導方法の工夫や教材の提供等を行うことで、全ての児童生徒の資質・能力を確実に育成すること、

・修得主義の考え方と一定の期間の中で多様な成長を許容する履修主義の考え方を組み合わせ、「学習の個性化」により児童生徒の興味・関心等を生かした探究的な学習等を充実すること、

・一定の期間をかけて集団に対して教育を行う履修主義の考え方を生かし、「協働的な学び」により児童生徒の個性を生かしながら社会性を育む教育を充実することが期待される。

○ その際、これまで以上に多様性を尊重し、ICT等も活用しつつカリキュラム・マネジメントを充実させ、発達の段階に応じて、全ての子供たちの可能性を引き出す「個別最適な学び」と「協働的な学び」を一体的に充実していくことが重要である。

（5）感染症や災害の発生等を乗り越えて学びを保障する

○ 今般の新型コロナウイルス感染症対応の経験を踏まえ、新たな感染症や災害の発生等の緊急事態であっても必要な教育活動を継続することが重要である。このため、「新しい生活様式」も踏まえ、子供一人一人の健康に対する意識を向上させるとともに、健やかに学習できるよう、トイレの乾式化・洋式化や特別教室等への空調設備の設置等の衛生環境の整備や、新しい時代の教室環境に応じた指導体制や必要な施設・設備の整備を図ることが必要である。

○ また、やむを得ず学校の臨時休業等が行われる場合であっても、スクールカウンセラーやスクールソーシャルワーカー等の専門スタッフや、市町村や児童相談所、警察等の関係機関との連携を図りつつ、子供たちと学校との関係を継続することで、心のケアや虐待の防止を図り、子供たちの学びを保障していくための方策を講じることが必要である。

○ さらに、感染症に対する差別や偏見、誹謗中傷等を許さないことが重要である。学校においては、誤った情報や認識や不確かな情報に惑わされることなく、正確な情報や科学的根拠に基づいた行動を行うこと、感染者、濃厚接触者等とその家族に対する誤解や偏見に基づく差別を行わないことなどの点について、しっかりと取り上げ、身に付けさせることが必要である。あわせて、保護者や地域においては、学校における感染症対策と教育活動の両立に対する理解や協力に加え、差

別等を許さない地域を作ることが期待される。

○　これらの取組を円滑に進めるためには、総合教育会議等も活用して、首長部局との連携を積極的に行うとともに、教育委員会等の学校の設置者が学校における取組を後押しすることも重要である。特に、今般の新型コロナウイルス感染症対応においては、教育委員会が、学校の自主的・自立的な取組を積極的に支援するという役割を果たしていたか否かが、子供たちの学びの保障においても重要であったことを踏まえ、教育委員会が率先して課題に取り組み、学校を支援する教育委員会の在り方について検討していくことが必要である。また、今般の新型コロナウイルス感染症の発生のような危機的な状況を乗り越えるためには、特に保護者や地域と協働し、学校運営や教育行政を推し進めることが必要である。

（6）社会構造の変化の中で、持続的で魅力ある学校教育を実現する

○　少子高齢化や人口減少などにより社会構造が変化する中にあって、学校教育の持続可能性を確保しながら魅力ある学校教育を実現するため、幼児教育、義務教育、高校教育、特別支援教育において、必要な制度改正や運用改善を行うことが必要である。

○　特に「団塊ジュニア世代」が65歳以上となる令和22（2040）年頃にかけて、我が国全体の人口構造は大きく変容していくと言われている。国立社会保障・人口問題研究所の推計によれば、今後人口減少は加速し、令和22（2040）年頃には毎年約90万人が減少する。生産年齢人口（15〜64歳）の減少幅は増大する一方、高齢者人口（65歳以上）はピークを迎える。既に多くの市町村が人口減少と高齢化に直面しているが、今後は、大都市圏を含め、全国的に進行することが予想されている。

○　このような時代の到来を見据えつつ、魅力的で質の高い学校教育を地方においても実現するため、高齢者を含む多様な地域の人材が学校教育に関わるとともに、学校の配置やその施設の維持管理、学校間の連携の在り方を検討していくことが必要である。

【⑫教育ニ關スル勅語】

　朕惟フニ我カ皇祖皇宗國ヲ肇ムルコト宏遠ニ徳ヲ樹ツルコト深厚ナリ我カ臣民克ク忠ニ克ク孝ニ億兆心ヲ一ニシテ世々厥ノ美ヲ済セルハ此レ我カ國體ノ精華ニシテ教育ノ淵源亦實ニ此ニ存ス爾臣民父母ニ孝ニ兄弟ニ友ニ夫婦相和シ朋友相信シ恭儉己レヲ持シ博愛衆ニ及ホシ学ヲ修メ業ヲ習ヒ以テ智能ヲ啓發シ徳器ヲ成就シ進テ公益ヲ廣メ世務ヲ開キ常ニ國憲ヲ重シ國法ニ遵ヒ一旦緩急アレハ義勇公ニ奉シ以テ天壤無窮ノ皇運ヲ扶翼スヘシ是ノ如キハ獨り朕カ忠良ノ臣民タルノミナラス又以テ爾祖先遺風ヲ顯彰スルニ足ラン

　斯ノ道ハ實ニ我カ皇祖皇宗ノ遺訓ニシテ子孫臣民ノ倶ニ遵守スヘキ所之ヲ古今ニ通シテ謬ラス之ヲ中外ニ施シテ悖ラス朕爾臣民ト倶ニ拳々服膺シテ咸其德ヲ一ニセンコトヲ庶幾フ

索　引

執筆分担（2023年12月現在）

佐久間裕之（さくま・ひろゆき）

玉川大学教育学部教育学科教授
編者，第2章、第3章、第8章第3節、コラム1、コラム6

山口意友（やまぐち・おきとも）

玉川大学教育学部教育学科教授
第1章、第4章、コラム3

山口圭介（やまぐち・けいすけ）

玉川大学教育学部教育学科教授
第5章、コラム2、コラム4

福本みちよ（ふくもと・みちよ）

東京学芸大学大学院教育学研究科（教職大学院）教授
第6章、第7章、コラム5

新谷喜之（しんや・よしゆき）

玉川大学教育学部教育学科元教授
第8章第1節

帆足哲哉（ほあし・てつや）

広島国際大学健康スポーツ学部講師
玉川大学教育学部全人教育研究センター特別研究員
第8章第2節

玉川大学 教職専門シリーズ

教職概論 改訂第2版

2012年2月25日　初版　第1刷発行
2019年2月15日　　　　第7刷発行
2021年2月28日　改訂版　　第1刷発行
2024年2月15日　改訂第2版　第1刷発行

編著者————佐久間裕之

発行者————小原芳明

発行所————玉川大学出版部

　　　　　　〒194-8610　東京都町田市玉川学園6-1-1
　　　　　　TEL 042-739-8935　FAX 042-739-8940
　　　　　　www.tamagawa-jp.up
　　　　　　振替：00180-7-26665

印刷・製本——創栄図書印刷株式会社